Hans Bentzien · Was geschah am 17. Juni?

W0011103

Hans Bentzien

Was geschah am 17. Juni?

Vorgeschichte – Verlauf – Hintergründe

edition ost

Inhalt

ANHANG

Es ist wieder einmal so weit

Man kann zu bestimmten Jahrestagen darauf warten, daß die Wellen der gewünschten Erinnerungen mit aller Wucht an die Ufer des politischen Tagesgeschehens rollen werden und die Meinungsbildner in der konzertierten Aktion mitspielen, die Presse, Rundfunkstationen, Buchverlage und natürlich auch die gelehrten Gesellschaften. Das wird auch 50 Jahre nach den »Ereignissen vom 17. Juni« der Fall sein. Wir werden wieder die tausendmal gedruckten Bilder sehen, wie sich der spontane Volkszorn Bahn bricht und einige Jugendliche von Westberlin aus mit Steinen auf sowjetische T 34 werfen. Dann kommen die Kommentare, in denen mit allen Schattierungen – von Streik über Volksaufstand bis Revolution – den Unruhen vom 17. Juni 1953 auf den Leib gerückt werden soll. Doch inzwischen sind die Floskeln erstarrt, niemand glaubt mehr an einen faschistischen Putschversuch oder an einen Volksaufstand. Allerdings sind sie zu Stereotypen erstarrt und werden wie Kampfbegriffe benutzt, immer wieder, obwohl dieser Tag bereits am 4. August 1953 zu einen nationalen Feiertag erklärt wurde, selbstverständlich nur im Westen, der Osten wurde vom Gedenken möglichst ferngehalten. Während sich die Festredner alle Mühe geben werden, über die Geschehnisse originell zu sprechen, um die berüchtigte Betroffenheit zu erzeugen, fragen sich diejenigen, die aus Altersgründen noch gar keine Erinnerung haben können, was damals wirklich in der DDR vor sich gegangen ist an diesem Tag X.

Es kommt aber nicht nur auf die Beschreibung der Vorgänge an, darüber gibt es genügend Material, sondern auf die Beantwortung der Frage, welche unterschiedlichen Strömungen in diesen Tag X mündeten. Wie ein politischer Seismograph hat der vorausahnende Dichter Bertolt Brecht den Ausgangspunkt, die Zeit nach der Gründung der beiden deutschen Staaten, beschrieben:

ZWEI GESELLSCHAFTSORDNUNGEN

Wenn sich durch besondere Umstände in einem Teil eines Landes eine neue Gesellschaftsordnung bildet, während der andere in der alten verharrt, muß eine scharfe Feindschaft dieser beiden Teile des Landes erwartet werden. Beide werden sich bedroht fühlen, und sie werden sich einander barbarisch nennen.

Im Osten Deutschlands hat sich nach einem schrecklichen Krieg ein Arbeiter- und Bauernstaat gebildet, der Politik und Wirtschaft nach völlig neuen Grundsätzen behandelt. Eigentums- und Produktionsverhältnisse sind gründlich geändert worden und die öffentlichen Geschäfte sowie die Meinungsbildung der Bevölkerung folgen bisher unerhörten Methoden. Wie man weiß, hat das Unerhörte keinen guten Klang, was noch nie gehört wurde, gilt als ungehörig. So bedürfen die neuen Grundsätze und Methoden der Erläuterung, während die alten für selbstverständlich gehalten werden.

Der Westen Deutschlands ist unter der Herrschaft der großen bürgerlichen Eigentümer und damit der bürgerlichen Ideen geblieben. Es gibt Arbeitsgeber und Arbeitsnehmer, und die einen können völlig frei Arbeit geben oder nicht geben, die anderen Arbeit nehmen oder nicht nehmen. Allerdings verhungern die Arbeitsgeber nicht, wenn sie Arbeit nicht geben, während die Arbeitsnehmer verhungern, wenn sie nicht Arbeit nehmen.

(1951, Brecht, Werke, Frankfurt/Main, Bd. 20, S. 317)

Der Dichter führt die fundamentalen Unterschiede zwischen Ost und West auf die gründliche Änderung der Eigentumsverhältnisse zurück, wodurch sich auch die Produktionsverhältnisse geändert haben.

Um die Weiterführung dieses Prozesses im Osten oder um die Restauration der alten Verhältnisse ging es acht Jahre nach dem Kriegsende. Wenn man die unerhörten Verwandlungen von Konzernbetrieben in volkseigene Betriebe noch aufhalten wollte, dann mußte man es bald machen, solange der Staat noch nicht gefestigt war, seine Fehler ausnutzen, seine unsichere internationale Stellung zwischen den beiden Blöcken mit feinen diplomatischen Rankünen weiter in der Schwebe lassen oder ignorieren, was da mit wachsendem Bewußtsein sich zu Worte meldete.

Liest man die kargen Unterlagen und Berichte über die Vorbereitungen der deutschen Emigranten in Moskau auf die ersten

Schritte zum Aufbau des zerstörten Heimatlandes, die im Jahre 1944 begannen, so fällt auf, daß kein genaues Bild der Lage vorhanden war, nicht vorhanden sein konnte. Neben den drei ersten Gruppen – Ulbricht für Berlin und Brandenburg, Ackermann für Sachsen und Sobottka für Mecklenburg – beschäftigten sich auch spezielle Arbeitsgruppen mit dem Aufbau der Verwaltungen und deren Zielstellungen, so für Wirtschaft, Landwirtschaft, Volksbildung usw.

Die Großbourgeoisie im Lande aber bereitete sich seit eben diesem Zeitraum mit genauen Kenntnissen über die innerdeutsche Situation, etwaigen Reserven und das vorhandene Führungspersonal mit gründlichen Untersuchungen vor, mit denen vor allem der spätere Vater der sozialen Marktwirtschaft, des Wirtschaftswunders und Nachfolger des ersten Bundeskanzlers Adenauer, Ludwig Erhard, an der Wirtschaftshochschule in Nürnberg beschäftigt war. Diese Arbeiten kreisten um die Frage, wie der Wirtschaftsaufbau erfolgen müsse, ohne die Besitzverhältnisse grundsätzlich zu ändern. Daß die Industrie belastet war und mit dem großen Landadel zusammen Hitler gebraucht hatte und mit ihm reich geworden war, stand außer Frage. Dieser Zusammenhang ist später versteckt und in die allgemeine Verantwortung der Deutschen für Auschwitz umgeformt worden. Die Einzeluntersuchungen über die IG Farben kamen erst von einer neuen Generation von Historikern, nachdem die Wehrwirtschaftsführer abgetreten waren. Und die schamlose Ausbeutung bis zum Tod der Arbeitssklaven aus dem Osten hält die Verantwortlichen auch heute noch nicht ab, um ein paar Taler mit dem Staat zu feilschen. Sie haben gute Juristen, welche die Auszahlung einer »Entschädigung« abzulehnen oder hinauszuzögern verstehen.

Gewiß, Forderungen nach Verstaatlichung der Grundstoffindustrien und Banken regten sich auch in den Westzonen und drangen sogar in die Programme bürgerlicher Parteien ein, aber mit dem zunehmenden »Wirtschaftswunder« verschwanden sie leise wieder aus der aktuellen Zielstellung. Mit dem formalen Verfahren der Entnazifizierung war die Kampagne gegen die Clique um Hitler erledigt, und man ging zur Tagesordnung über, nur wenige Schuldige schieden aus dem öffentlichen Leben aus und verschwanden meistens bei ihren Freunden in den Unternehmen, wo sie angeblich als Fachkräfte unentbehrlich waren. Sie sorgten dafür, daß der Antifaschismus als Grundlage für einen Neuanfang schnell aus der Diskussion kam. Wo würde das hinführen?

Die maßgebenden Wirtschaftsführer und Politiker der liberalen Bourgeoisie, ob belastet oder nicht, waren längst in den Westzonen, als im Osten, Sachsen voran, die ersten Betriebe der Kriegsverbrecher und -gewinnler enteignet wurden. Wer vom technischen Personal noch da war, wurde mit der Betriebsführung beauftragt, aber hatte mit den klassenbewußten Arbeitern aus den Parteien und Gewerkschaften eine mißtrauische Kontrolle an seiner Seite. Wo niemand mehr da war, der zur alten Betriebsführung gehörte und sich loyal verhielt, wurde versucht, mit gutwilligen, aber meistens überforderten Arbeiterfunktionären die Lücken zu schließen.

Unter den fähigen Funktionären der Arbeiterbewegung, die nunmehr durch die sowjetischen Kommandanten vor allem in kommunalen Verwaltungen eingesetzt wurden, waren nur wenige, die vor Machtantritt der Nazis hatten Erfahrungen sammeln können. Für sie war es eine Frage auf Leben und Tod, die richtigen Bündnisse mit den verschiedenen politischen Kräften zu schließen. Zur Führung eines Staates gehören sachkundige Funktionäre, vor allem, wenn er den Anspruch erhebt, die großen Betriebe selbst zu leiten. Die bürgerlichen Parteien, bald nach den beiden Arbeiterparteien zugelassen, verfügten meistens über Mitglieder aus dem alten Bildungsbürgertum, Lehrer, Anwälte, Kleinindustrielle und Händler. Sie arbeiteten in den Volksvertretungen mit, aber nur wenige standen an den Brennpunkten des Wirtschaftsaufbaus. Außerdem hatten sie tiefsitzende Vorbehalte gegen eine führende Rolle der Arbeiterschaft, der sie sachgerechte Entscheidungen gar nicht zutrauten.

Die Bauernschaft war wie neu entstanden, da viele bisherige Landarbeiter von den ostelbischen Gütern durch die Bodenreform ein Stück Land bekommen hatten, das sie mehr schlecht als recht bewirtschaften konnten. Unter ihnen waren viele Umsiedler, die erst in der neuen Umgebung heimisch werden mußten. Dennoch lagen hier die natürlichen Verbündeten, und zu Anfang erhielt die antifaschistische Politik von ihnen die meiste Unterstützung. Dennoch hemmten viele objektive Umstände eine schnelle Entwicklung. Das Land war zu klein, um eine größere

Anzahl von Tieren, besonders Großvieh, zu halten, das Ablieferungssoll war hoch und wurde mit Nachdruck verlangt, Ställe und Wohngebäude mußten mühsam, unter Materialmangel und mit wenig technischem Gerät erbaut werden, Maschinen fehlten zu Anfang völlig, wurden aber dann konzentriert importiert und nach und nach selbst gebaut. Ihr Einsatz erfolgte über Ausleihstationen, die zugleich auch politische Zentren waren.

Der größte Verbündete der Antifaschisten war die Jugend. Der Krieg, aus dem die jungen Männer nach und nach zurückkamen, hatte auch die jungen Mädchen und Frauen nicht verschont, sie waren oftmals zwangsverpflichtet worden und berufsfremd eingesetzt. Nunmehr erhielten sie die gleichen politischen Grundrechte wie die Erwachsenen, praktisch unbegrenzte Bildungschancen und gleichen Lohn für gleiche Arbeit. Wer sich ein neues Leben aufbauen wollte, erhielt Vertrauen und Unterstützung, auch wenn er in der Hitlerzeit erzogen worden und der Hitlerideologie verfallen gewesen war. Überall fehlte es an Arbeitskräften, überall an Kursen für Umschulungen in Berufe, die jetzt gebraucht wurden. Das betraf besonders die Frauen, unter denen viele allein standen, die ohne den Mann, der gefallen war oder noch in der Gefangenschaft wartete, für die vaterlose Familie sorgen mußten. In dem Lehrerkollegium, in dem ich nach dem Krieg unterrichtete, gab es außer dem Rektor und einem schwerkriegsbeschädigten Kollegen nur noch mich aus der männlichen Abteilung, alle anderen Lehrkräfte waren Frauen, darunter mehrere Offizierswitwen, mit Abitur und einem Neulehrerkurs.

Die Grundhaltung für den Unterricht war antifaschistische Gesinnung, die sehr wohl angenommen wurde, da der Krieg mit seinen Ungeheuerlichkeiten tief in den Seelen saß. Es wurde verstanden, daß die aktive oder passive Unterstützung des Faschismus die Schuld der meisten Deutschen war, von der sie sich reinigen mußten. Geschah das oberflächlich, opportunistisch, hängte man den Mantel wieder einmal nach dem Wind, konnte man den Eindruck haben, daß der Antifaschismus verordnet worden war. In der Wirklichkeit aber war die Sache weit komplizierter. Die aus den Zuchthäusern oder der Emigration zurückgekehrten Hitlergegner standen an den Schaltstellen der Kommunen, Länder und der Republik, und je nach Erlebnissen und Erfahrungen, nach Können und Charakter formten sie die

Umwelt neu. Mancher von ihnen war mißtrauisch und sah überall verkappte Nazis, und so mancher ehrliche, aufbauwillige Mensch wurde von ihnen vor den Kopf gestoßen. Erst langsam verbesserte sich das Klima des Umgangs miteinander, der Nebel in den Hirnen lichtete sich und der zweifelnde Bürger fand seinen festen Platz in der antifaschistisch-demokratischen Gesellschaft, zu der man ein uneingeschränktes Bekenntnis forderte.

Diese politischen Köpfe aus der Zeit vor dem Faschismus aber hatten die zwölf Jahre der braunen Diktatur in der Regel nicht durchgemacht oder im Abseits gestanden, und daraus erklärt sich manche falsche Aufgabenstellung, unverstandene Losung, manches Unverständnis, Rechthaberei und diktatorisches, bürokratisches Machtgehabe. So war das Bündnis immer in Gefahr zu zerreißen. Dabei spielten die alten Bindungen in den anderen Teil Deutschlands, die familiär oder aus alter Bekanntschaft nach wie vor weiter bestanden, eine besondere Rolle. Im Westen forderte man keinerlei Erklärungen oder Demonstrationen für die ständig wechselnden Losungen, dort wurden keine überlebensgroßen Porträts an die Häuser gehängt, eine Mode, die aus dem russischen Nachbarreich in den Ostteil des Landes kam. Man übertrug einfach die Methode, die führenden Männer zu zeigen, damit jedermann sich ein Bild machen konnte in der unübersehbaren Zahl der abgelegenen Städte und Dörfer von den Regierenden in der Hauptstadt Moskau, was manchmal religiöse, ikonenhafte Züge bekam. Und überall tauchte jetzt Stalin auf, dem wahre Wunderfähigkeiten zugeschrieben wurden.

Die praktischen Schritte wurden täglich auf die Erkenntnisse und Weisheiten von Marx, Engels, Lenin und Stalin zurückgeführt und alle Diskussion beeinflußt mit den Zitaten aus ihren Werken: »Genosse Stalin hat gesagt ...« Das kannte man in Deutschland nur aus der kirchlichen Predigt, wo ein Bibelwort das Alpha und Omega war.

Die demokratischen Traditionen waren zwar verschüttet gewesen, aber nicht völlig vergessen. Bereits 1948 mußte man sich mit den Problemen der bürgerlichen Revolution beschäftigen und auf die Forderungen der Liberalen theoretisch eingehen. Die Diskussion über den zweiten, grundlegenden Pfeiler der Gesellschaftsordnung, die Demokratie, fand hieran gebunden statt, und insofern haben Jahrestage auch positive Folgen, wenn sie überall behandelt werden. Zwar wurde der revolutionär-demokratische Teil der 48er besonders hervorgehoben, aber das stärkte die selbstbewußten Kräfte. Man lernte, daß Marx aus dem liberalen Bürgertum kam und Engels gar ein Fabrikant gewesen war, der nach dem Gesetz des Kapitals produzierte. Die Zeit war widerspruchsvoll und schwierig, einfache Antworten fand niemand, er mußte sich seine Überzeugung selber suchen. Die heutigen, oft maulflinken Antworten geben das Bild von der Nachkriegszeit nicht richtig wieder, manches erinnert sogar an die Situation von damals, an die Schwierigkeiten, sich durch den Dschungel der falschen Prophetien den eigenen Weg zu bahnen. Die Jugend faßte die Aufgaben unbekümmert an, aber in einer Beziehung hatte sie es leichter als die heutige junge Generation, sie kannte die zynische Frage nicht, die neulich in der Zeitung stand: »Gehst du noch zur Schule, oder bist du schon arbeitslos?«

Besatzer als Freunde?

Seit dem Einmarsch der Sowjetarmee in den östlichen Teil unseres Landes überließ sie nichts dem Zufall, wie die westlichen Besatzungsmächte übrigens auch nicht. Obwohl die Exzesse gegenüber der Zivilbevölkerung bald abgestellt wurden, trug die Rote Armee im Gegensatz zu den amerikanischen und englischen Truppen doch den Ruch mit sich, sie hätte Millionen von Einwohnern aus den Ostgebieten bis zur Oder aus deren Heimat vertrieben, auf die Flucht geschickt. Niemand wollte sich daran erinnern, daß der Befehl von Himmler ausgegeben worden war, daß die deutschen Armeen die Politik der verbrannten Erde praktiziert hatten, daß die Brücken und Kirchtürme nicht von der Roten Armee gesprengt worden waren. Jedes Pferd, jede Kuh sollte nach dem Westen getrieben werden, alle Männer zwischen 16 und 60 wurden in den Volkssturm gepreßt, Frauen an der Panzerfaust ausgebildet. Dieses Bild erhielten die Fronttruppen von den Deutschen. Mit wenigen Ausnahmen kapitulierten die Städte nicht, sondern leisteten bis in die Ruinen von Berlin erbitterten Widerstand, in der Hoffnung auf eine der versprochenen Wunderwaffen. Als das Ende unausbleiblich war, machte sich in Not und Elend tiefe Verzweiflung breit. Doch die überall eingesetzten Stadtkommandanten waren angewiesen, schnelle und wirksame Maßnahmen zur Normalisierung einzuleiten. An ihnen lag es, welche deutschen Partner sie suchten und einsetzten. So gewöhnte sich die Bevölkerung daran, daß die Anordnungen der Besatzungsmacht immer als Befehle veröffentlicht wurden und dadurch den Charakter von Zwangsmaßnahmen bekamen, den sie meistens gar nicht hatten. Waffen mußten natürlich abgeliefert werden, aber auch Radiogeräte. Die großen Naziführer waren wie vom Erdboden verschluckt, so hielt man sich an die kleinen. Besonders streng verhielt man sich gegen die »Wehrwölfe«, eine von der Hitlerjugend geplante, aber nicht mehr wirkungsvoll umgesetzte Partisaneneinheit. Den sowjetischen Truppen fiel die Liste mit den Namen der Kandidaten in die Hände, und so wurden die jungen Leute, die oft gar nichts von den Plänen wußten, in Zwangslager gesteckt, in die ehemaligen KZ oder andere schnell aufgebaute Gefängnisanstalten. Mit ihnen wurden die Blockleiter, untergeordnete Vertrauensleute in den Wohnbezirken, eingesperrt. Wer schuldig war, kam vor die Militärgerichte, später auch vor die neue Justiz. Heute werden sie oftmals als »Opfer des NKWD« (Narodny kommissariat wnutrennich djel – Volkskommissariat des Innern) hingestellt.

Die Besatzung verfuhr also nach einer Doppeltaktik. Sie entfernte wirkliche oder vermeintliche Nazianhänger aus dem öffentlichen Leben – so wurden alle Lehrer, die in der NSDAP Mitglied gewesen waren, aus dem Schuldienst entfernt – und sie organisierte die antifaschistischen Kräfte zur Belebung der gesellschaftlichen Funktionen. Man hört heute, daß es um den Aufbau eines sozialistischen Systems nach sowjetischem Vorbild gegangen sei, aber das ist nicht richtig. Im »Aufruf der KPD« vom Juni 1945 steht davon unter den anderen Aufgaben, die mit der Beseitigung des Faschismus und dem Aufbau demokratischer Verhältnisse zusammenhingen, kein Wort. Dieser Aufruf mußte Stalin in Moskau vorgelegt werden. Die Kommunisten Fred Oelßner, der Vertrauens- und Verbindungsmann Stalins in der KPD-Führung in Moskau, und Paul Wandel waren bei Wilhelm Pieck als redaktionelle Hilfen. In einem Gespräch, das ich mit Paul Wandel, damals schon hoch betagt, geführt habe, bestätigte er, daß Stalin persönlich in den von der KPD ausgearbeiteten Entwurf folgende Ergänzung eingearbeitet habe:

»Wir sind der Auffassung, daß der Weg, Deutschland das Sowjetsystem aufzuzwingen, falsch wäre, denn dieser Weg entspricht nicht den gegenwärtigen Entwicklungsbedingungen in Deutschland. Wir sind vielmehr der Auffassung, daß die entscheidenden Interessen des deutschen Volkes in der gegenwärtigen Lage für Deutschland einen anderen Weg vorschreiben, und zwar den Weg der Errichtung eines antifaschistisch-demokratischen Regimes, einer parlamentarisch-demokratischen Republik mit allen demokratischen Rechten und Freiheiten für das Volk.«

Die Zielstellung einer Republik mit parlamentarischer Demokratie war sicherlich richtig, auch deren antifaschistische Grundlage, aber weder die sowjetische Besatzungsmacht noch die Masse des deutschen Volkes hatte ein solches Regime persönlich erlebt. Welcher sowjetische Offizier konnte schon sagen, wie diese Republik zu funktionieren hätte. So blieb es von Anfang an beim Kommandosystem gegenüber den deutschen Interessen und deren Vertretern. Die polemischen Attacken gegen die Steigbügelhalter Moskaus in der Sowjetischen Besatzungszone (SBZ) u. ä. sind lediglich bösartig, den Kern des Verhältnisses treffen sie nicht. Die Entscheidungen wesentlicher Art fielen ausnahmslos in Moskau und wurden von der Militärverwaltung, der Sowjetischen Militäradministration in Deutschland (SMAD) mitgeteilt. Danach konnten vielleicht noch diese oder jene sekundären Änderungen angebracht werden, am Charakter änderte das nichts.

Dazu kam ein System von Beratern aus der SMAD, das sich nach Gründung der DDR in die Sowjetische Kontrollkommission umwandelte. In Karlshorst, dem Berliner Stadtteil, in dem die SKK ihren Sitz genommen hatte, arbeiteten über 700 Spezialisten, entsprechend den Sektoren des öffentlichen Lebens. Die Entscheidungen lagen bei den Militärs, vertreten durch die Marschälle Sokolowski und, als sein Nachfolger, Tschuikow, der Sieger von Stalingrad. Der Aufbau der Polizei erfolgte unter ihrer unmittelbaren Anleitung. In der politischen Abteilung arbeiteten die Kulturoffiziere, meistens Germanistik- oder Philosophieprofessoren, die über eine gründliche Bildung in deutscher Sprache und Dichtung verfügten und viele Deutsche dadurch verblüfften, daß sie Goethe und Heine fehlerfrei vortragen konnten. Der Leiter dieser Abteilung war Oberst Tulpanow, zugleich der Parteivertreter der KPdSU.

Einen entscheidenden Einfluß hatten die als Berater bezeichneten, in Wirklichkeit aber sehr einflußreichen Funktionäre mit ausgezeichneten Kenntnissen auf ihren Gebieten, vor allem der Wirtschaft und Landwirtschaft. Sie alle waren immer durch ihre Vertrauensleute bis in die Einzelheiten genau informiert und reagierten meistens mit detailreichen Vorschlägen an ihre deutschen Partner. Der für unsere Betrachtung entscheidende Mann ist der Diplomat Wladimir Semjonowitsch Semjonow, außerordentlich begabt, elegant und wendig in seinem Auftreten. Als er 1945 die Aufgabe in Deutschland übernahm, war er ein junger Mann von 34 Jahren. Er wirkte zehn Jahre lang in der DDR und wurde abberufen, um im Jahre 1955 die Position eines stellvertretenden Außenministers zu übernehmen. Ihm oblag es, die Verbindung zu den Partei- und Staatsstellen in jeder Phase der Entwicklung zu halten, stets genauestens informiert zu sein und direkten Einfluß auf die Durchsetzung der sowjetischen Interessen zu nehmen. Er nahm an den Sitzungen des Politbüros teil und verhandelte häufig auch mit einzelnen Politikern, die er direkt zu sich bestellte. Auf seine Informationen stützten sich in Moskau das Zentralkomitee der KPdSU und das Außenministerium. Sein Einfluß erstreckte sich auch auf Verbindungen in den Westen.

Aus der Struktur der sowjetischen Verwaltung ergibt sich bereits, daß der Einfluß der Besatzungsmacht überhaupt nicht zu überschätzen ist. Die Ereignisse um den 17. Juni 1953 werden das noch zeigen.

Planwirtschaft

Unter der Leitung der SMAD begannen im Osten tiefgreifende Veränderungen der Besitzverhältnisse. Der Boden der großen Güter über 100 ha wurde aufgeteilt. Die Neubauern erhielten das ihnen zugeteilte Land als erblichen Besitz, also entschädigungslos. Darauf ließ sich bauen. Die Großbetriebe der Rüstungskonzerne in den östlichen Ländern und die Unternehmen der Kriegsgewinnler, die von den Aufträgen der Wehrmacht gelebt hatten, wurden enteignet. Ein Volksbegehren in Sachsen, dem sich die anderen Länder anschlossen, brachte eine eindeutige Zustimmung der Bevölkerung, die darin eine Bestrafung der Schuldigen sah. Etwa 100 der großen Betriebe und Konzerne der Chemie, der Grundstoffindustrie, des Maschinenbaus, des Bergbaus, darunter die Urangruben in Sachsen und Thüringen wurden nicht der deutschen Verwaltung in Gestalt der Deutschen Wirtschaftskommission (DWK) unterstellt, sondern gingen in das Eigentum einer Sowjetischen Aktiengesellschaft (SAG) über als ein Teil der Reparationen, der Entschädigungen für die angerichteten Zerstörungen in der Sowjetunion. Diese Betriebe wurden durch einen sowjetischen Generaldirektor geleitet, der die deutsche Betriebsleitung anweisen konnte.

Aus diesem Grunde wußten die deutschen Planungsorgane der DWK niemals genau, welche Produkte für den Aufbau in der Ostzone zur Verfügung stehen konnten. Aber auf der Planung beruhten die Berechnungen für die Perspektiven. Allerdings beschränkten sich die Reparationsleistungen nicht auf diese Betriebe, auch andere wurden dazu herangezogen. Ein weiteres Problem, das den Aufbau hemmte, waren die willkürliche Beschlagnahme und als Reparationszahlung erklärten Abbauten funktionierender Betriebe oder Betriebsteile durch örtliche Kommandanten. Hier wurde eine Kleinbahn, dort die Turbine eines Wasserkraftwerkes verpackt und abtransportiert. Diese unkontrollierten Maßnahmen brachten der Sowjetunion keinen Gewinn, denn sie konnten nicht irgendwo aufgebaut werden und wurden oftmals gar nicht eingesetzt. Ende der 50er Jahre wurden die Turbinen eines Wasserkraftwerkes aus dem Harz bei Leningrad entdeckt, sie lagen noch verpackt wie beim Abbau auf einem Lagerplatz, wurden zurückgegeben und wieder eingebaut.

Das Hauptproblem des industriellen Aufbaus in der DDR aber war das Fehlen nennenswerter Kapazitäten von Eisen und Stahl. Um diesen Mangel zu überwinden, wurde das Eisenhüttenkombinat Ost (EKO) bei Fürstenberg an der Oder geplant. Nach verschiedenen Konzeptionen, die auf Steinkohle aus dem Ruhrbergbau und Erz aus Schweden basierten, entwickelte Fritz Selbmann, verantwortlicher Minister für Grundstoffindustrie, eine andere Lösung, die störungsfrei funktionieren konnte. Er plante mit polnischer Steinkohle und ukrainischem Erz. Es war ihm von vornherein klar, daß dazu die Genehmigung Stalins persönlich erforderlich war.

Mit seinem Genossen aus der zwölfjährigen Haft in Zuchthäusern und Konzentrationslagern, Fritz Grosse, dem letzten Vorsitzenden des Kommunistischen Jugendverbandes und langjährigen Mitarbeiter der Kommunistischen Internationale, entwickelte er die Einzelheiten, um die Zustimmung zu bekommen. Grosse war gleich nach 1945 der Vertreter der SED in Moskau geworden und hatte dort seine alten Freunde aus der Zeit vor dem Faschismus aufgesucht. Einer von ihnen saß als Referent im Vorzimmer Stalins. Über diesen Mann wurde der detaillierte Plan auf den Schreibtisch des mächtigsten Mannes der sozialistischen Welt gelegt. Auf den Rat des Mitarbeiters hatten Selbmann und Grosse am Ende ihrer Pläne den Vorschlag gemacht, Werk und Wohnstadt den Namen Stalins zu geben und um dessen Zustimmung ersucht. Ob diese Schmeichelei nun den Ausschlag gegeben hat, weiß niemand mehr zu sagen, aber der eigenmächtige Plan, von dem außer den beiden niemand etwas wußte, wurde ohne Beanstandungen genehmigt. So wurde als wichtigste Maßnahme der fünfziger Jahre das riesige Kombinat und die erste neue Stadt mit erheblichen Wohnqualitäten unter großen Anstrengungen gebaut.

Da die Autorität Stalins dahinter stand, wurde natürlich alles getan, um den Erfolg zu garantieren, aber die Eigenmächtigkeit Selbmanns, eines Mannes mit selbständigem Denken und Tatkraft, wurde ihm beinahe zum Verhängnis. In den Jahren der Jagd auf Agenten des Imperialismus in den eigenen Reihen, der fingierten Prozesse, um die Theorie des sich ständig verschärfenden Klassenkampfes im Inneren des sozialistischen Lagers zu stützen, dem die höchsten Funktionäre in Bulgarien, Ungarn und der Tschechoslowakei zum Opfer fielen, wurde auch nach Verbindungen zu dem angeblichen Agenten der USA Noel Field gesucht. Da man diese schwerlich bei Leuten nachweisen konnte, die während der ganzen Hitlerzeit im Zuchthaus gesessen hatten, wurden andere Wege gefunden, dem selbstbewußten Selbmann, der es gewagt hatte, direkt mit Stalin Verbindung aufzunehmen, Versagen vorzuwerfen.

Die üblichen Anlaufschwierigkeiten beim Bau des Hochofens wurden auf das subjektive Versagen der leitenden Männer zurückgeführt. Der Hauptverantwortliche dafür war der Minister Fritz Selbmann. Er und einige andere seiner Mitarbeiter erhielten Parteistrafen, der Werkleiter wurde abberufen und Selbmann zusätzlich zu seinem Ministeramt mit der Leitung des Werkes beauftragt, eine einmalige Konstruktion. Der Minister für Staatssicherheit, Wilhelm Zaisser, auf der Suche nach Material für Agentenprozesse, fand unter den Häftlingen des Zuchthauses Brandenburg einen seit 1945 einsitzenden Gießereitechniker, Hubert Hermanns. Für seine Entlassung erhielt er von Zaisser den Auftrag, ein Gutachten über die Planung, Projektierung und den Aufbau des EKO anzufertigen. Dieses »Gutachten« wurde den Ausarbeitungen der bisher an diesen Aufgaben arbeitenden Leiter entgegengesetzt. Über diese Männer wurden gleichzeitig Dossiers angefertigt und diese Walter Ulbricht vorgelegt.

Ulbricht hatte sich im Februar 1952 persönlich von der Lage im EKO überzeugt und war beunruhigt. Da kam eine Anklageschrift gerade recht. Drei Polizisten hatten 16 Seiten einer Schrift eingereicht mit dem Titel »Verdacht der bewußten Störung bei der Projektierung und Aufbau des Eisenhüttenkombinates Ost in Fürstenberg.« In dieser Denunziation wurde Minister Selbmann verantwortungsloses Verhalten gegenüber einer Verschwörung von Technikern und Ingenieuren vorgeworfen. Sollte hier eine Neuauflage des Industrieprozesses von 1929 in der Sowjetunion gestartet werden? Ein Hinweis aus der »Spitze der SKK« deutet darauf hin, man müsse dem Selbmann eins auf den Kopf geben. Hatte Ulbricht den Hinweis verstanden?

Die Sache ging jedoch ganz anders aus. Zwei sowjetische Ingenieure, auf Bitten Ulbrichts zur Begutachtung gekommen, erteilten ausschließlich Lob für »die Grundkonstruktion des Ofens«, die auftretenden Probleme seien der Unerfahrenheit deutscher, zweifellos gutwilliger Kollegen geschuldet. Es fehlte eine Sinteranlage, die war aber gerade von Ulbricht als entbehrlich gestrichen worden. Wer hatte nun Recht? Zur Unterstreichung der Rolle Ulbrichts verfaßte der junge Dichter Bernhard Seeger das Gedicht »Spitzbartkraulen«, in dessen letzter Strophe es heißt:

> »Und zwischen Stubben und Schienen –
> der Sand ist noch pulvrig und hart –
> steht Walter Ulbricht und lächelt
> und krault sich sinnend den Bart.«

Selbmann erhielt, wie erwähnt, seine Parteistrafe, und der Spitzbart von Ulbricht sollte am 17. Juni des folgenden Jahres noch eine Rolle in den Losungen spielen, ebenso wie die Tatkraft des Kommunisten Fritz Selbmann. Hermanns erhielt 1000 Mark Lohn und wurde in den Westen abgeschoben.

Der 17. Juni ist nicht vom Himmel gefallen

Schwierigkeiten beim Aufbau der Wirtschaft in der DDR waren also durchaus nicht alle objektiver Natur. Das Mißtrauen schlich sich auch auf anderen Feldern ein. In der Landwirtschaft gab es Schwierigkeiten mit den Großbauern, die mit den Pflichtabgaben, die ihnen fast nichts von ihrer Produktion für den freien Verkauf ließen, mit dem sie höhere Preise erzielen konnten, nicht einverstanden waren. Gegen sie wurde mit administrativen Maßnahmen verschiedener Art, mit Steuererhöhungen, Geld- und Haftstrafen vorgegangen. Anstatt das Bündnis mit den am meisten erfahrenen Landwirten zu pflegen, brachte man sie gegen sich auf. Die bald entstehenden Landwirtschaftlichen Produktionsgenossenschaften konnten den Ernteverlust und das Aufkommen aus der Viehzucht noch nicht ausgleichen, in den Dörfern staute sich der Unwille nun auch der Mittelbauern, die sich ebenfalls benachteiligt fühlten.

Vergleichbare Vorgänge konnte man auch unter der Intelligenz beobachten. In der Kunst kam die Theorie auf, die alle modernen Strömungen als Formalismus bezeichnete, weil die Ansichten und Praktiken der Künstler über die richtige Form des Ausdrucks ihrer Empfindungen seit dem Anfang des Jahrhunderts sich von dem bis dahin herrschenden Naturalismus erheblich unterschieden. Anfang der 5oer Jahre begann eine vom Zaune gebrochene Diskussion über »Realismus und Formalismus in der Kunst«, ausgelöst durch einen Artikel in der »Täglichen Rundschau«, dem Blatt der SKK, angefertigt ebendort, natürlich unter einem Pseudonym. In diesem Artikel und den nachfolgenden Äußerungen wurden bedeutende Strömungen deutscher Kunst angegriffen und Käthe Kollwitz und Ernst Barlach als dekadent klassifiziert. Ähnliche Angriffe mußten auch Brecht und Eisler hinnehmen, an ihren Werken wurde herumgekrittelt, sogar das

Politbüro befaßte sich damit. Wer von da ab in irgendeiner Weise Anstoß erregte oder Neues schuf, das nicht gleich angenommen wurde, mußte sich einen »Formalisten« schimpfen lassen. Natürlich hatte das auch Folgen für die Veröffentlichung seiner Werke und mit diesen Einschränkungen auch für seine materielle Lage.

Diese Vorgänge waren nicht zufällig, sie folgten der Bekämpfung der Intelligenz in der Sowjetunion und dem Muster, wie große Meister vom Range eines Schostakowitsch oder Prokofjew gemaßregelt wurden und auf die Maßstäbe subalterner Geister zurückgestutzt werden sollten. In Deutschland waren die Künstler aus dem Exil mit wenigen Ausnahmen in die DDR zurückgekehrt und fanden hier gute Arbeitsmöglichkeiten vor, vor allem konnten sie einen wesentlichen Beitrag bei der Umerziehung der Bevölkerung leisten und eine neue humanistische Haltung aufbauen. Der offiziellen Erklärung wurde nunmehr eine rigide Praxis entgegengestellt. Niemand verstand das. Die meisten Künstler standen traditionell links, viele waren Mitglied der Arbeiterparteien und in der Weimarer Republik Mitglied der sozialistischen Künstlervereinigungen gewesen, sie hatten gleich nach Kriegsende die neuen Berufsverbände gegründet, nun wehrten sie sich gegen eine neue Bevormundung und Zensur.

Ähnlich sah die Lage bei den Pädagogen aus. Die Schulreform in der DDR war eine bedeutende Leistung, die auf den Erkenntnissen aus der Weimarer Republik fußte. In der Pädagogik gaben damals die Schulreformer mit einem entschiedenen Flügel, den radikalen Schulreformern, den Ton an. Die Nazis beendeten diesen Prozeß, die Schule lebensverbunden zu gestalten, und schickten die Schulreformer in die Wüste.

Nun, nach dem Ende dieser Tyrannei, konzipierten führende Schulreformer die neue Schule als Einheitsschule, die allen Schülern die gleichen Bildungschancen einräumten. Die einklassige Dorfschule wurde von der achtklassigen Grundschule mit Fachunterricht abgelöst, ihr folgte die vierklassige Oberschule, die zum Abitur führte. Privatschulen für Reiche gab es nicht. Die Lehrpläne waren in allen Schulen gleich, und bald erhöhte sich das Lehr- und Lernniveau der Schulen. Eine neue Lehrergeneration führte das Werk der Schulreformer, in deren Geist sie ausgebildet war, sicher fort.

Wie in der Kunst wurden auch hier plötzlich Ansprüche erhoben, die Sowjetpädagogik zum höchsten Maßstab zu erheben. Jedermann fragte sich, was Besonderes an dieser Sowjetpädagogik sei. Die allgemeinen Grundzüge waren ähnlich der Erziehung in allen Schulsystemen, die Lehrbücher sammelten Meinungen von den Klassikern des Marxismus, meistens von weit hergeholt, wo sie sich aus gegebenem Anlaß in dieser oder jener Form, jedoch niemals systematisch mit der Erziehung beschäftigt hatten. Blieb noch der Hinweis auf die originellen Erziehungsmethoden des Pädagogen Makarenko, aber er war ein Sonderfall. Seine Verdienste bestanden darin, daß er für die vielen herumstreunenden Jugendlichen, die in den Wirren der Oktoberrevolution eine kriminelle Gefahr geworden waren, eine Internatserziehung mit Arbeitsaufgaben eingeführt hatte. Dagegen war nichts zu sagen, aber diese Situation traf bei uns nicht zu, seine Bücher wurden gelesen wie Nachrichten aus einem anderen Land.

An meiner Universität gab es eine starke Pädagogik, angeführt von Professor Peter Petersen, der in Jena eine Versuchsschule zur Einführung wissenschaftlich begründeter Methodiken für verschiedene Fächer leitete, die der Friedrich-Schiller-Universität unterstand. Für die Studenten waren Hospitationen bei diesen Lehrern anregend und interessant in verschiedener Hinsicht. Alles drehte sich darum, aus ganz durchschnittlichen Schülern mit normaler Begabung leistungsstarke Persönlichkeiten zu bilden. Plötzlich war diese Schule zu einer elitären Anstalt erklärt worden, die in einem modernen Schulwesen nichts zu suchen hätte. Die wissenschaftlich ausgearbeiteten Experimente wurden auf Weisung des Thüringer Volksbildungsministeriums abgebrochen, der verdiente Petersen ins Abseits gestellt. Sein »Jena-Plan« hatte eigentlich eine sozialistische Zielstellung gehabt, er diente dem Prinzip der Gemeinschaft als Mittel und Ziel der Erziehung. In den Jahren von 1923, seit dem Aufschwung der Schulreformbewegung, bis 1950, fast dreißig Jahre lang, hatte er an seinem dreibändigen Werk »Der Große Jena-Plan« gearbeitet, das nun nichts mehr wert sein sollte. Man sagte, er sei an Gram gestorben.

Kaum hatte die Orientierung auf eine antifaschistisch-demokratische Ordnung erste Erfolge gezeigt, wurde die günstige Entwicklung unterbrochen, sogar versucht, sie abzubrechen und die sie tragenden Persönlichkeiten herabzusetzen, zu behindern, zu verunsichern. Der erste große Schaden für den Neuaufbau war eingetreten, die neue Idee diskreditiert. Der 17. Juni hat eine Vorgeschichte, er ist nicht vom Himmel gefallen. Der Hauptvorwurf gegen die DDR bestand darin, daß eine freiheitliche Entwicklung des Einzelnen nicht garantiert sei. Noch bis in die 90er Jahre bekämpfte man die DDR mit dem Slogan »Freiheit statt Sozialismus«. Dazu muß allerdings gesagt werden, daß die Behauptung, es hätte in der DDR keine Freiheiten gegeben, in der allgemeinen Form nicht zutrifft.

Richtig ist, daß es nicht selten willkürliche Entscheidungen gab, die von oben verordnet wurden, wie überhaupt der Eindruck erweckt wurde, der Einzelne könne glücklich werden, wenn er die weisen Entscheidungen der Leitenden akzeptierte. Die reformerische Entwicklung in den vierziger und fünfziger Jahren ähnelte sehr einer Revolution von oben, so wie sie in Deutschland nicht zum ersten Mal vorkam, auch die Stein-Hardenbergschen Reformen gehören dazu, die erste preußische Verfassung wurde von Friedrich Wilhelm IV. erlassen, und auch die in der Revolution 1918 erkämpften Rechte wurden immer wieder durch konterrevolutionäre Entwicklungen in Frage gestellt, bis dann der Faschismus alle Freiheiten zugrunde richtete. Wir jungen Leute verstanden damals unter Freiheit etwas ganz Konkretes, nämlich die Teilhabe und Mitwirkung an den großen Veränderungen, die realiter auf allen Gebieten vor sich gingen. Wir halfen den Neubauern, das Baumaterial zu bergen, das sie für ihre Wohnungen und Ställe benötigten. Wir brachen die hohen Mauern der Gutshöfe und Parks ab, die Besitzer hatten ihr Dorf im Stich gelassen, und die Flüchtlinge und Umsiedler, die jetzt in den Gutshäusern Unterkunft bekommen hatten, brauchten keine Mauern. Freiheit – das war für uns zu jenen Zeiten die Forderung des Tages.

Es wird dem heutigen Leser schwer fallen zu verstehen, warum die neuen Ansätze des gesellschaftlichen Lebens auf allen Gebieten in Frage gestellt oder gar abgebrochen wurden. Die Antwort ist nicht mit ein paar Worten zu geben, man wird sie an verschiedenen Stellen dieses Buches finden. Hier nur wenige allgemeine Hinweise: Schon im Jahre 1947 wurde in vielen Städten der SBZ die »Gesellschaft zum Studium der Kultur der Sowjetunion« gegründet. Sie sollte einen geistigen Beitrag dazu leisten, das belastete Verhältnis zwischen den Ländern zu verbessern und Informationen über die Sowjetunion zu vermitteln. Dabei kamen viele Tendenzen in die SBZ und später in die DDR, in denen auch Fehlentwicklungen in der Sowjetunion vermittelt wurden, so zum Beispiel in der Genetik oder in der Literatur- und Kunstauffassung. Alle diese für uns neuen Informationen wurden ausnahmslos unkritisch diskutiert. Obwohl wir oft zweifelten, gab es doch keine souveräne Diskussion.

Weiterhin ist zu beachten, daß es durchaus starke Kräfte in Moskau gab, die mit dem sogenannten besonderen deutschen Weg zum Sozialismus nicht einverstanden waren. Mit der Ablehnung dieses Versuches, der auf Stalins Einfügung in den KPD-Aufruf zurückging, wurde das Sowjetmodell nach und nach durchgesetzt, da es in jedem Fall als maßgeblich und vorbildlich hingestellt wurde. Die Gesellschaft zum Studium wurde bereits zwei Jahre später in die »Gesellschaft für deutsch-sowjetische Freundschaft« umgewandelt. Das allgemeine Studium wurde beendet, was die selbstlose Verwendung vorbildlicher Erfahrungen einschloß, und der stärker werdende Stalin-Kult propagiert. Die Anhänger eines zu Recht anzustrebenden freundschaftlichen Verhältnisses zur Sowjetunion wurden durch massenhafte Werbung für die Gesellschaft vermehrt, so daß bald jeder Werktätige dort seinen geringen Mitgliedsbeitrag bezahlte. Damit war er ein »Freund«.

Im Westen nichts Neues?

Auch im westlichen Deutschland waren die Erwartungen an die Neugestaltung aller Lebensgebiete groß. Besonders die Arbeiter hatten gehofft, es würde sich grundsätzlich etwas ändern, statt dessen sahen sie, daß die alten Krähen alle wieder auf denselben Ästen saßen. Bereits 1946 kam es zu den ersten Streikaktionen gegen die Hungerpolitik, für die sie die alten Kräfte verantwortlich machten. Im Frühjahr 1947 veränderten sich dann die Streikforderungen. Sie lauteten durchaus politisch: Demokratische Bodenreform, Kontrollausschüsse zur Sicherung der Ernährung, Säuberung der Verwaltung und Wirtschaft von faschistischen Elementen, Verstaatlichung der Bergbaubetriebe und Überführung der Schlüsselindustrien in die öffentliche Hand bei entschädigungsloser Enteignung der Kriegsverbrecher und Naziaktivisten.

Die Proteststreiks und Demonstrationen mußten von den Besatzungsmächten genehmigt werden und wurden von den Bergarbeitern des Ruhrgebietes angeführt. Den Höhepunkt erreichten sie, als 300 000 Bergarbeiter an der Ruhr, unterstützt von 12 000 Arbeitern des Aachener Reviers, die Arbeit niederlegten. Sie erhoben neben den bekannten Forderungen auch erstmals die nach gleichberechtigter Mitbestimmung der Gewerkschaften und nach Erhöhung der Hungerlöhne. Ein Jahr später, 1948, ergriff ein Generalstreik die Bizone, an dem 9 Millionen Werktätige einen Tag lang ihre Entschlossenheit zeigten. Die beiden Arbeiterparteien beurteilten die Bewegung unterschiedlich, und es zeigten sich erstmals Risse in der Parteienlandschaft des Westens.

Doch die Restauration der alten Besitzverhältnisse ging weiter. Statt einer wirklichen Enteignung der Schlüsselbetriebe wurde eine sogenannte Konzernentflechtung durchgeführt, die einige Teile ausgliederte und verselbständigte. Sie erhielten einen neuen Namen, die Kapitalverflechtung aber blieb unbekannt, und die Zusammenarbeit der Besitzer funktionierte wie gehabt. Das entsprach nicht den Wünschen der Bevölkerung, die alle Kriegslasten zu tragen hatte, sie glaubte nicht an Entflechtung und forderte die Entmachtung der Großindustriellen als Hauptschuldige am Kriege. Gewiß, die Besatzungsmächte hatten einige Exponenten eingesperrt und verurteilt, die meisten aber als Mitläufer entnazifiziert. Die Verurteilten kamen bald wieder frei und erhielten ihr Vermögen in der Regel zurück. Oftmals behaupteten sie, heimlich Widerstand geleistet zu haben. Aus dieser Zeit stammt das ironische Wort, sie hätten alle einen Juden im Schrank versteckt. Die Wirklichkeit aber sah anders aus. Alle, mit wenigen Ausnahmen, hatten mitgemacht und Hitler unterstützt und sich an der Rüstung goldene Nasen verdient. So besaßen sie die Kapitalien, den Aufbau starten zu können. Sie lieferten die alten Fließbänder und Einrichtungen als Reparationen ab und produzierten neue Produktionsmittel, modern, auf höherem Niveau, effektiver.

Die Herren hatten aber aus den Streikbewegungen und den programmatischen Forderungen nach Enteignung auch ihre Schlußfolgerungen gezogen. Sie erfüllten die ökonomischen For-

derungen von nun ab meistens bereits im Vorfeld der Streikbewegung, schufen aus eigener Überlegung betriebliche Vergünstigungen wie zusätzliches Monatsgehalt, Weihnachts- und Urlaubs-
geld usw. Sie waren gut durch den Krieg gekommen, waren dabei,
neue Produkte zu entwickeln, der Markt war unersättlich, alles
wurde abgesetzt, die Gewinne stiegen und stiegen. Ihre Theore-
tiker entwickelten neue Lehren, die auf einen Volkskapitalismus
hinausliefen. Vor allem die als gemeinsame Verantwortung dekla-
rierte »Sozialpartnerschaft«, die auf eine Verwischung der Interessen von Kapital und Arbeit hinauslief, erweckte den Anschein,
als sei der Hauptwiderspruch des Kapitalismus nunmehr gelöst
und der Kampf der Klassen überholt.

Im Sommer 1948 unternahmen die Westzonen eine separate
Währungsreform. Damit war Deutschland von einem Tag auf den
anderen gespalten und die Beschlüsse von Potsdam mit Unterstützung der westlichen Siegermächte außer Kraft gesetzt, nur drei
Jahre nach ihrer Beschlußfassung, nach der Deutschland als einheitliches Ganzes zu behandeln sei. Anstelle der Reichsmark trat
nun die D-Mark. Während der kleine Sparer 90% seines Gutha-
bens verlor, betrug der Verlust der Aktiengesellschaften nur 16%.
Sie behielten fast alle Kriegs- und Nachkriegsgewinne.

Fast zeitgleich unterzeichneten die drei westlichen Militär-
gouverneure in Paris die Konvention über den »Marshallplan«.
Als ihr Berater fungierte der deutsche Banker Otto Schniewind.
Wie andere kriegsgeschädigte Länder erhielt auch die Bundesrepublik noch vor ihrer Gründung eine beträchtliche Wirtschaftshilfe. Von 1948 bis 1952 fließen ihr 1,4 Milliarden Dollar zu, das
sind 5,6 Milliarden DM. Der geringere Teil der Mittel wird als
Finanzkredit zur Verfügung gestellt, für eine halbe Milliarde
Dollar werden Nahrungsmittel importiert, für fast die gleiche
Summe Roh- und Treibstoffe und für 40 Millionen Dollar maschi-
nelle Ausrüstungen und Transportmittel. Die Importe erfolgen
in der Regel aus den USA und beleben auch dort die Wirtschaft.

Mit der harten D-Mark, die in der westlichen Welt frei kon-
vertierbar war, konnten die alten Konzerne wieder ohne Begren-
zungen produzieren, neue Techniken, die durch den Krieg nicht
zur Wirkung gekommen waren, anwenden und mit jedermann
Handel treiben. Bald war die DM sehr begehrt. Der Kapitalismus
hatte sich nach dem Krieg wieder gefangen und neue Gebiete

erschlossen. Die Produktion lief bald auf vollen Touren, es fehlten überall Arbeitskräfte, vor allem gut ausgebildete Facharbeiter. Frauen füllten die Lücken aus, die der Krieg gerissen hatte und die Fachleute aus der DDR, die früher in den Konzernbetrieben, die jetzt wieder im Westen in Schwung waren, gearbeitet hatten. Sie wurden oftmals gezielt mit hohen Versprechungen abgeworben. Da die Grenze offen war, bedeutete es keine Schwierigkeiten, plötzlich umzusiedeln. Im Zeisswerk in Jena, das noch unter den Demontagen litt, fehlten am Wochenanfang oft ein Dutzend Arbeitskräfte hoher Qualifikation. Ihnen versprach man im Westen den vollen Ersatz ihrer Verluste, die dadurch entstanden waren, daß sie ihren Besitz nicht mitnehmen konnten. Dieses System wurde perfektioniert, die im Westen angekommenen berichteten von den besseren Verhältnissen, die dort angetroffen wurden und das verleitete manchen Ingenieur oder Meister nachzuziehen. Der Volksmund sagte: »Er ist nach dem Westen gegangen«, was hieß, er hat seine Arbeit, seine Kollegen und das Aufbauwerk im Stich gelassen und sich bei den Kapitalisten verdingt.

Aber auch die Westzonen mußten die Umwälzungen in der Ostzone berücksichtigen. Sie gingen ab von den früheren Methoden der Ausbeutung und verstanden, daß die Arbeiter vor allem die privaten Verluste durch den Krieg ausgleichen wollten. Daher entwickelte Ludwig Erhard die Theorie der sozialen Marktwirtschaft. Diese beiden Worte sind, bis heute in vielen Formen abgewandelt, die Kurzform für seine Auffassung, daß die Marktwirtschaft (der Kapitalismus) durchaus mit den sozialen Ansprüchen der Arbeitnehmer zu vereinbaren ist. Kapitalisten und Arbeiter hätten keine getrennten Ziele, beide seien am Erfolg des Unternehmens gleich interessiert. Diese Theorie hörte ich zum erstenmal bei einer Vorlesung des Philosophen Hans Leisegang 1948 in Jena. Er legte dar, daß man sich den Arbeiter als Pferd, den Kapitalisten als Reiter vorstellen müsse. Ohne Reiter könne das Pferd keine Richtung halten, der Reiter aber ohne Pferd sich nicht fortbewegen. Einer sei auf den anderen angewiesen. Diese Vorlesung löste bei den fortschrittlichen Studenten offene Empörung aus, und man stimmte im Volkshaus Jena darüber ab, ob man solche Theorien gelehrt haben wolle. Wer dafür war, ging durch die eine Tür, wer dagegen stimmte, durch die andere (Hammelsprung).

Die meisten waren dafür, daß die Freiheit der Lehre den Vorrang habe. Nur wenige stimmten gegen Leisegang.

Obwohl er durch die Mehrheit rehabilitiert war, ging auch er, schon nicht mehr jung, an die Freie Universität in Westberlin.

Wirtschaftsminister Erhard regierte entschlossen nach seiner neuen Theorie. Gegen den Widerstand der Besatzungsmächte hob er mit dem Tag der Währungsreform die Zwangsbewirtschaftung, die aus den Kriegszeiten stammte, auf und überließ alles dem freien Markt. Und siehe da, plötzlich füllten sich die Schaufenster mit den lang entbehrten Waren. Das Geld war knapp, aber das Angebot reizte zu Überstunden und der Zustimmung zu Akkordlöhnen. Vergessen die alte Arbeiterlosung »Akkord ist Mord«. Diese Politik führte zum sogenannten Wirtschaftswunder in der BRD, zu einem hohen Lebensstandard, zu früher nie gekannten Urlaubsreisen in den Süden, zum eigenen Auto und zum Reihenhaus. Die ernsten Konflikte mit den Gewerkschaften blieben aus, die junge Generation der Gewerkschaftsführer verstand sich als Manager der Arbeitnehmer, der Streikführer verschwand fast völlig aus dem betrieblichen Blickfeld.

Der wirtschaftliche Aufschwung war die Grundlage für die feste Einbindung Westdeutschlands in die verschiedenen westlichen Bündnisse bis hin zur NATO, dem Militärbündnis. Die Amerikaner hatten ihre Kredite hineingesteckt, nun wollten sie die Erfolge sehen und sahen sie. Obwohl große Teile der Bevölkerung gegen die Remilitarisierung waren, zu frisch noch waren die Erinnerungen an den Krieg, setzten sie mit Hilfe der alten Generäle den Aufbau einer Armee durch, zuerst noch in Polizeiuniformen, bis dann die Bundeswehr entstand. Auch hier wieder eine eigene, neue Theorie über den »Staatsbürger in Uniform«, der nur für die Verteidigung des Landes seine Waffen trug.

Der Kalte Krieg verbreitete ohne Unterlaß die alten, kaum gewandelten Theorien von der Gefahr des Kommunismus, der langen Hand Moskaus. Friedensfreunde, Pazifisten, Antimilitaristen aus Gewissensgründen, Kommunisten – sie alle wurden ohne viel Federlesens bekämpft und oft von den alten Richtern verurteilt, zu Haftstrafen oder Berufsverboten. Schließlich wurde die KPD, welche die meisten Opfer im Kampf gegen Hitler gebracht hatte, auch verboten. Das gleiche Schicksal erlitten der Jugendverband FDJ und andere Friedensorganisationen.

Zwei deutsche Staaten, gespaltene Welt

Die wirtschaftliche und politische Spaltung, die Angriffe auf die
einheitliche deutsche Kultur, die unterschiedliche Beeinflussung
durch die Besatzungsmächte hatten sichtbar gemacht, daß das
besiegte Deutschland tief gespalten war. Es ist müßig, darüber zu
streiten, wo die Ursachen dafür liegen. Bereits auf der Konferenz
in Jalta (1945) hatten die drei Mächte USA, England und Sowjetunion ihre Einflußsphären, die sich mit den Besatzungszonen
deckten, festgelegt. Daran hatten sich nur unwesentliche Dinge
geändert. Das aber bedeutete, daß die unterschiedlichen Gesell-
schaftssysteme in West und Ost auf die besiegte deutsche Nation
übertragen wurden. Dieser Zustand hielt bis zum Jahre 1990 an,
als der Dualismus durch die Schwäche der Sowjetunion aufgehoben wurde zugunsten der nunmehr einzigen Führungsmacht
in der Welt, den USA.

In den Jahren nach dem Krieg steuerte alles auf die Spaltung
unseres Landes und, da es in der Mitte von Europa liegt, auch
unseres Kontinents zu. Die Grenze war geographisch durch Elbe
und Werra bezeichnet, politisch durch den Gegensatz von Kapitalismus und Sozialismus. Geteilte Staaten tragen immer den Keim
von Kriegen in sich. In der Gegenwart erleben wir diesen Vorgang im Nahen Osten, wo seit der Jahrtausendwende ein Kon-
flikt hervorbricht, der seit langem besteht, einige behaupten, schon
seit 3000 Jahren. In der Nachkriegszeit kam es nicht nur in Europa
zu gefährlichen Spannungen, sondern vor allem in Asien. Die
koreanische Halbinsel war am 38. Breitengrad in zwei Einflußsphären geteilt, in ähnlicher Weise auch Indochina. Es wäre also
nicht richtig, wenn wir nur auf unser Land sehen, es handelt sich
um eine internationale Auseinandersetzung zweier Weltsysteme.
Bereits der erste Weltkrieg hatte zur Entstehung des ersten sozialistischen Staates, der Sowjetunion, geführt, der militärisch
wütend angegriffen wurde. Es gelang auch nicht, eine friedliche
Lösung der Konflikte zwischen den kapitalistischen Staaten zu
erreichen, und nach nur 20 Jahren begann ein neuer Weltkrieg,
der Europa und Asien stark zerstörte.

Nun hofften die Völker auf eine bessere Lösung, aber die Wege
dazu blieben umstritten. Dazu kam die längst fällige Ablösung
des Kolonialismus in Afrika und Asien, die mit nationalen Befrei-

ungsbewegungen Hand in Hand ging. Trotz des Kriegsendes brodelte die Erde, und überall drohte eine politische Eruption. Deutschland hatte noch keinen Friedensvertrag, daher liefen wir treppauf und treppab und sammelten Unterschriften »Für Einheit und gerechten Frieden!« Wir spürten, wie die beiden Ziele zusammenhängen. Die Vereinigung der getrennten Landesteile konnte allein den Frieden sichern, dachten wir. Indes lief alles auf eine weitere Spaltung hinaus.

Die Bewegung für Einheit und gerechten Frieden wurde im Westen verboten, da sie vom Osten ausging und somit von den bürgerlichen Parteien als »kommunistisch« verleumdet und bekämpft wurde. Das Wort »Einheit« führte jedermann im Munde, aber der führende CDU-Politiker Adenauer hatte bereits 1945, als er Kölner Oberbürgermeister war, die sofortige Bildung eines separaten Westzonenstaates vorgeschlagen. Darin unterstützten ihn Separatisten aus Bayern und Südwürttemberg. Kardinal Faulhaber aus München strebte sogar eine österreichisch-ungarische Donaumonarchie mit Süddeutschland an.

Auch die SPD-Führung lehnt es bereits im Oktober 1945 ab, ihre Leitung für ganz Deutschland in Berlin aufzubauen. Ihr Sprecher, Kurt Schumacher, erklärt sich für die Besatzungszonen als Organisationsbasis, und damit ist auch die sozialdemokratische Arbeiterbewegung für lange Zeit gespalten. Ein gesamtdeutscher Parteitag der SPD, wie er nach den 12 Jahren Faschismus erforderlich gewesen wäre, kommt gar nicht zustande.

Dort liegen die Wurzeln für die Spaltung unseres Landes: In Jalta beschlossen, nach dem Waffenstillstand beim Neuaufbau praktiziert, indem alle Versuche blockiert wurden, die auf ein Zusammengehen der Bevölkerung abzielten.

Alle Komplikationen verstärken sich noch in Berlin. Die Stadt ist in vier Besatzungszonen eingeteilt, wird aber zu Anfang noch einheitlich vom Magistrat regiert. Nach den ersten Wahlen 1946 heißt der Oberbürgermeister Otto Ostrowski und ist Mitglied der SPD. Um die Folgen des barbarischen Winters 1946/47 zu überwinden, trifft er sich mit Vertretern der SED, um ein gemeinsames Arbeitsprogramm abzuschließen. Seine eigene Partei beruft den alten Funktionär mit dieser Begründung ab und nominiert Ernst Reuter zu seinem Nachfolger. Dieser aber wird nicht vom sowjetischen Kommandanten bestätigt, da er als Antikommunist bekannt ist. Danach wird Louise Schröder die neue Oberbürgermeisterin. Es liegt auf der Hand, daß alle diese Schritte unproduktiv waren und an den Interessen der Bevölkerung vorbeigingen. Sie waren aber wirksame Maßnahmen, um die Spaltung, die Hervorhebung der Gegensätze, zu propagieren.

Die separaten Schritte, die Anfeindungen der politischen Gegner, die Währungsspaltung führen schließlich zur Gründung der westdeutschen Bundesrepublik am 7. September 1949. Damit ist die ökonomische und politische Spaltung Deutschlands nur vier Jahre nach Kriegsende vollzogen. Die am Krieg schuldigen Monopole haben ihren eigenen Staat errichtet, wenn auch nur auf einem Teil des Territoriums, das etwa zwei Drittel ganz Deutschlands umfaßt. Im Ruhrgebiet und im übrigen rheinländisch-westfälischen Wirtschaftsgebiet liegen die entscheidenden Betriebe der Schwerindustrie. Nach den Vorkriegsdaten von 1937 entfallen auf Westdeutschland 72,1% der gesamten Industrieproduktion, 77,1% der Steinkohle, 99,1% des Kokereikokses, 98,4% des Roheisens und 92,3% des Rohstahls. Die Demontagen sind gering und werden im November von den Konzernen der Grundstoffindustrie nicht mehr verlangt. Es bleiben noch einige Wirtschaftsbeschränkungen bestehen, es darf noch kein synthetisches Benzin und Gummi produziert werden, der Schiffbau unterliegt Einschränkungen, und die Produktion von Aluminium und Stahl ist limitiert, der Außenhandel wird noch kontrolliert. Aber es ist klar, daß diese Einschränkungen bald fallen müssen.

Das Regierungsprogramm der BRD umfaßt die Entwicklung der sozialen Marktwirtschaft, die Förderung freier Unternehmerinitiative und der Kapitalbildung, eine enge Bindung an die Westmächte, den Ausgleich mit Frankreich, die Nichtanerkennung der Oder-Neiße-Grenze. Zur Wiedervereinigung wird gesagt, daß sie vor allem Sache der Siegermächte sei. Die Sowjetregierung protestiert gegen die Bildung der Bundesrepublik und stellt fest, daß eine separate westdeutsche Regierung gegen das Potsdamer Abkommen verstößt und damit eine neue Lage in Deutschland schafft.

Die Bundesregierung war dennoch nicht in vollem Maße souverän. Die Hohen Kommissare der Westmächte setzen das Besatzungsstatut in Kraft. Ihre Rechte erstrecken sich weiterhin auf die Auswärtigen Angelegenheiten, die völkerrechtlichen Abkommen, die Kontrolle des Außenhandels und der Devisenwirtschaft, die Überwachung der Verwaltung, ein Vetorecht gegenüber der Gesetzgebung und die Kontrolle der Wirtschaft. Sie behalten noch einen Fuß in der Tür.

Da eine neue Lage in Deutschland geschaffen wurde, wie die UdSSR in ihrem Protest feststellt, mußte für den Osten des Landes entsprechend gehandelt werden. Vier Wochen später, am 7. Oktober 1949 konstituiert sich die Volkskammer der DDR, bis zu den erforderlichen Wahlen noch als Provisorische Volkskammer. Der Artikel I der Verfassung deklariert einen Anspruch des Volkes auf eine unteilbare, demokratische deutsche Republik. Die Volkssouveränität garantiert die Bürgerrechte, darunter erstmals auch das Recht auf Arbeit, Bildung und Erholung. Frauen und Jugendliche sind nunmehr gleichberechtigt, jedermann hat das Recht auf Glaubens- und Gewissensfreiheit.

Glaubens-, Rassen- und Völkerhaß, militärische Propaganda werden unter Strafe gestellt. Damit ist eine feste Basis im Kampf um die Lösung der nationalen Frage geschaffen, so verstehen die in der Volkskammer vertretenen Parteien und Organisationen ihre Zusammenarbeit als Nationale Front. Am 10. Oktober übergibt der Chef der sowjetischen Militärverwaltung, Marschall W. I. Tschuikow, die bisherigen Verwaltungsfunktionen seiner Behörde an die Regierung der DDR. Die SMAD wird aufgelöst und die Sowjetische Kontrollkommission gebildet. Also auch im Osten bleibt ein Fuß der Siegermacht in der Tür.

Das Regierungsprogramm der DDR bekennt sich zu den Prinzipien des Potsdamer Abkommens, anerkennt die Oder-Neiße-Grenze als endgültig und unantastbar. Feste Grundlage der Außenpolitik soll die Freundschaft zur Sowjetunion und den volksdemokratischen Ländern sein, gleichzeitig ist die DDR bereit, normale friedliche Beziehungen mit allen anderen Ländern aufzunehmen. Innenpolitisch steht die Beseitigung der Kriegsschäden an erster Stelle, um die Lebenslage der Bevölkerung zu verbessern.

Einige Tage nach der Verkündung des Regierungsprogramms der DDR kommt die Antwort aus Bonn: Die Bundesrepublik erhebt den Alleinvertretungsanspruch, allein sie sei befugt, für Deutschland zu sprechen. Jedwede Verhandlungen mit der DDR werden abgelehnt. Es finden danach nur Gespräche auf der Ebene von Handelsvertretern statt. Bereits wenige Wochen danach tritt Adenauer in einem Interview mit einer amerikanischen Zeitung für die Beteiligung Deutschlands an einer westeuropäischen Armee ein. In der Deutschlandpolitik werden gesamtdeutsche Wahlen nur nach Erlaß eines Wahlgesetzes durch die vier Besatzungsmächte für denkbar gehalten, die dazu noch von der UNO kontrolliert werden sollten. Verhandlungen darüber mit der DDR werden ausgeschlossen. Die Verantwortung für die deutsche Einheit wird somit den Siegermächten zugeschoben.

Bei dieser Grundlinie bleibt die Politik der BRD bis zum Jahr 1990, wenn auch unter Aufgabe des Alleinvertretungsanspruches, der sogenannten Hallstein-Doktrin, weil er nicht zu halten war. Es gab in Westdeutschland einige Versuche, die starre Haltung Adenauers aufzubrechen und die deutsche Frage in gegenseitigem Einvernehmen zu lösen. Ein Jahr nach der Gründung der BRD trat der Innenminister Gustav Heinemann (CDU) zurück. Er warf seinem Chef vor, er hätte das Kabinett nicht von einem geheimen Memorandum zur Wiederbewaffnung der BRD informiert. Heinemann forderte die Regierung auf, die Remilitarisierungspolitik aufzugeben und eine friedliche Lösung der deutschen Frage anzustreben. Doch er scheitert mit seinem mutigen, auf die Einheit gerichteten Schritt. Statt einer Annäherung ruft die Bundesregierung und der Bundesausschuß für gesamtdeutsche Fragen zum Boykott der Volkskammerwahl, die am 15. Oktober 1950 stattfindet, auf.

Normen und Aktivisten

Schon im Jahre 1947 beschloß der II. Parteitag der SED, daß der Neuaufbau aus eigener Kraft erfolgen sollte. Die Voraussetzung für eine erfolgreiche Belebung der Industrie sei allerdings die Erfüllung der Pläne, die als staatlich festgelegte Ziele für alle verbindlich waren. Der weitere Mechanismus der Planwirtschaft führe dadurch zu einer Steigerung der Arbeitsproduktivität, die ebenfalls als Planziel vorgegeben wurde. Die geplante Senkung der Selbstkosten erfordere eine sich ständig verbessernde Arbeitsorganisation, die Vermeidung von Leerlauf, woran jeder Werktätige mitwirken könne. Er sei daher am Erfolg seiner Arbeit persönlich zu interessieren, er müsse also mehr in seiner Lohntüte vorfinden.

Dieser Beschluß hatte zur Folge, daß in den Betrieben eine wirtschaftliche Rechnungsführung eingeführt wurde, die eine stimmige Bilanz ermöglichte. Durch Wettbewerb und punktuelle Abrechnung sollten die erforderlichen Möglichkeiten geschaffen werden, in jedem Betriebsabschnitt weit höhere Leistungen zu erzielen. Partei, Gewerkschaft und Werkleitung veranstalteten Diskussionen, und es fanden sich kluge Köpfe unter den Belegschaften, die durchaus in der Lage waren, Verbesserungen in der Produktion einzuführen. Die Aktivistenbewegung entwickelte sich, im Mai 1948 nahmen bereits 15 000 Aktivisten daran teil. Eine Berechnung der Deutschen Wirtschaftskommission sprach davon, daß im Halbjahr zwischen Herbst 1947 bis Frühjahr 1948 die Produktion in einzelnen Betrieben und Bereichen stieg, und zwar zwischen 10% und 25%. Zu einem guten Teil war das auf die Überbietung der Vorkriegsnormen zurückzuführen.

Man konnte aufatmen, die theoretisch errechneten Maßnahmen begannen in der Praxis zu greifen. Trotzdem wurde das Tempo des Fortschritts als viel zu langsam angesehen, vor allem fehlte es an Rohstoffen, an Energie. Die SBZ verfügte über nur wenige Vorkommen an Steinkohle, umso dringender wurde sie gebraucht, und so nahm im Zwickauer Steinkohlenrevier ein Versuch, mehr in einer Schicht zu produzieren, seinen Lauf, weit über die eigene Grube hinaus. Der Häuer Adolf Hennecke fuhr eine Hochleistungsschicht und erreichte durch kluge Anwendung seines Gerätes und gute Einteilung seiner Kräfte eine Erfüllung der bis dahin üblichen Norm auf 387%, das war also fast das Vierfache der bekannten Leistungen. Dieses Ergebnis war so erstaunlich, daß es für erfunden angesehen wurde. Die Glückwünsche aus Berlin blieben einige Tage lang aus, weil man den Meldungen nicht traute.

Erst als alles überprüft war, gratulierte Wilhelm Pieck, und die Zeitungen und der Rundfunk überschlugen sich in Berichten. Adolf Hennecke war ein bescheidener Mensch. Er kam aus der Sozialdemokratie und war ein zäher, qualifizierter Bergmann, wie seine Vorfahren auch schon gewesen waren. Er war selbst über das Echo erstaunt, wie er mir sagte. Auf Sitzungen trafen wir uns manchmal. Als er älter geworden war, hatte man ihn in die Verwaltung geholt zur Behandlung der Normenangelegenheiten. Als ich ihn einmal fragte – ich wollte ein Interview von ihm haben –, welches nach dem 13. Oktober 1948, dem Tag seiner berühmten Schicht, sein wichtigstes Erlebnis gewesen sei, sagte er, daß er es nicht für möglich gehalten hätte, wie er angefeindet worden sei. Seine Kollegen, die ihn kannten, standen zu ihm und ließen sich berichten, wie man eine solche Leistung erreichen könnte, aber viele andere redeten die hämischen Bemerkungen der westlichen Propaganda nach, die erwartungsgemäß alles als eine Irreführung der Arbeiter hinstellen wollte, denn sie konnte sich ausrechnen, welches Ergebnis eine Massenbewegung erzielt hätte.

Das Interview lehnte er allerdings ab, er wolle nicht über sich reden, das sähe nach Eigenlob aus. Trotzdem fragte ich ihn, ob er die Schicht noch wiederholt hätte, »nicht nur einmal und nicht nur ich« antwortete er, und »wir hatten noch mehr Kohle auf dem Förderband«. Aus der Leistung dieses Aktivisten entstand die »Henneckebewegung«, die sich rasch ausbreitete nach dem Motto: was die in Zwickau können, das können wir auch. Aus der Leistung dieses Mannes ergaben sich viele Fragen der Arbeitsorganisation, der Unterstützung der Verwaltung für die unmittelbar Produzierenden, schließlich wurde aus diesen Anfängen die schnelle Entwicklung der Technik verlangt: »Modernisieren – Mechanisieren – Automatisieren!«

Es ist eine alte Weisheit der sozialistischen Bewegung, daß der Mensch kein Anhängsel der Maschine, sondern der Beherrscher der Maschine sein muß. Sie soll ihm die Arbeit erleichtern, er soll sie steuern, damit das Gesamtprodukt reichhaltiger wird und immer mehr und besser die Bedürfnisse, die wir alle haben, erfüllt werden können.

Der Mensch ist also der entscheidende Produktionsfaktor, und bei ihm kommt alles auf sein Selbstverständnis, sein Bewußtsein, auf seine Weltanschauung an. Er ist im weiten Sinne der Schöpfer seiner selbst, wenn er die Umstände, unter denen er lebt, menschlich, friedlich, solidarisch gestaltet.

Veränderungen der Lebensweise

In jeder Versammlung wurde auf das Lenin-Wort verwiesen, daß in letzter Instanz die höhere Arbeitsproduktivität die Überlegenheit einer Gesellschaftsordnung über die andere entscheidet. Diese Erkenntnis ist zwar richtig, bleibt aber für den einzelnen weitgehend abstrakt. Für ihn ist entscheidend, wieviel seine Arbeitskraft wert ist, was er dafür bekommt. Die Regierung hatte längst erkannt, daß die Entscheidungen über eine schnelle Erhöhung des Lebensstandards, des materiellen Wohlstandes in der Wirtschaft fielen. Bisher und im Westen auch heute noch waren die Parteien, etwas vereinfacht gesprochen, Wahlvereine. Sie wollten und sollten gewählt werden, damit ihre Mitglieder die staatlichen Posten besetzen konnten, um die Politik ihrer Interessengruppen zu vertreten.

Im Osten wurde das radikal verändert. Die SED, die Gewerkschaften und die anderen Massenorganisationen bis hin zum Sport hatten ihre entscheidende Arbeitsbasis in den Betrieben gefunden, wenn auch nicht ausschließlich. Die neu gegründeten Betriebsgruppen beschäftigten sich intensiv mit den wirtschaftlichen Aufgaben des Betriebes. Um die Bindungen der Arbeitskräfte an den Betrieb zu stärken, wurden auch Sozialfunktionen direkt in die Betriebe verlegt. Sozialpläne kümmerten sich um die Kranken, die Alten, die Kinder, die werdenden Mütter; Ärzte übernahmen die medizinische Betreuung in betriebseigenen Polikliniken. Man baute Kulturhäuser, Sportanlagen, Bibliotheken, organisierte den Besuch von Kulturveranstaltungen und Theaterfahrten. Der Betrieb erfaßte den Menschen ganz, seine Arbeitszeit, seine Familie, seine Freizeit, seine Hobbys. Dieser Umstand wird heute gar nicht mehr verstanden. Verliert jemand seinen Arbeitsplatz, redet man von Abfindungen und Arbeitslosengeld, über den Verlust der sozialen Bindungen denkt kaum jemand nach.

Für den Einzelnen hatten die engen Bindungen an seinen Arbeitsplatz Vor- und Nachteile. Der entscheidende Vorteil bestand in der sozialen Sicherheit. Der Arbeitsplatz blieb auch nach längerer Krankheit sicher. Bei der Vergabe von Betriebswohnungen redete die Gewerkschaft ein entscheidendes Wort mit. Hast du gut gearbeitet, sind auch die Chancen gut, einen vorderen Listenplatz zu bekommen. Andernfalls wird man dir sagen, du müßtest dich mehr anstrengen. Die Nachteile dieses Verfahrens liegen auf der Hand. Es hängt sehr viel davon ab, wie du funktioniert hast im Sinne der Aufgabenstellung von oben. Hast du dich der Aufgabe ganz oder teilweise entzogen und nur deine Arbeitszeit ausgefüllt, am gesellschaftlichen Leben kaum teilgenommen, wirst du bald spüren, daß man mit dir nicht zufrieden ist und daß du dich ändern sollst.

Gewiß ist der Druck in dieser oder etwas anderer Form auch in den kapitalistischen Betrieben vorhanden, wir erleben das ja auch heute jeden Tag, aber dort interessiert es niemanden, wie du dir deine Wohnung besorgst; im sozialistischen Betrieb wirst du kaum eine Wohnung auf andere Weise bekommen. Ähnliches konnte man für das Anrecht auf ein neues Auto oder einen billigen Ferienplatz sagen. Gewiß gab es andere Regelungen für kleinere Betriebe, und auch örtlich differierten die Formalitäten, aber der Betrieb und dein Anteil am Produkt blieben entscheidend. Wer also gut arbeitete und bei seinen Vorgesetzten und Partei und Gewerkschaft angesehen war, hatte ein behütetes Leben, das sich allerdings nach den gesetzten Normen richtete. Wer sein Leben auf andere Weise bestimmen wollte, hatte es schwerer, galt als Außenseiter, Nörgler, unsicheres Element oder gar Feind.

So kam es, daß sich viele Menschen einrichteten und mit ihrem Leben zufrieden waren. Alle sahen ein, daß wenige Jahre nach dem Krieg und unter den Bedingungen der Reparationszahlungen allerhand erreicht worden war, und täglich verbesserte sich dieses oder jenes. Es gab neue Straßenbahnen, das Eckhaus war repariert, im Wohnblock wurde die Heizungsanlage erneuert, die Beseitigung der Trümmer ging voran, die Arbeiten an der zerbombten Brücke waren beendet. Mit der ideologischen Grundlage des neuen Lebens, dem Antifaschismus und der Demokratie, waren die meisten zufrieden. Nach der Bestrafung der Kriegsverbrecher und der Entfernung ihres Anhangs aus den Führungspositionen erfolgte die Behandlung der ehemaligen NSDAP-Mitglieder durch die Entnazifizierungskommissionen recht unkompliziert und ohne ernsthafte Beeinträchtigungen ihrer Berufskarriere, mit Ausnahme der Lehrer. Da in der Praxis fast jede Familie in den 12 Jahren der Nazizeit so oder so davon betroffen war, beruhigte sich auch die Furcht vor ungerechter Vergeltung. Das bedeutete jedoch nicht, daß heimliche Sympathien bei allen früheren Anhängern der Nazis verschwunden waren, sie waren unterdrückt, und mancher alte Kamerad zeigte sich wieder bei den Unruhen am 17. Juni 1953.

Berlin als Spaltungszentrum

Ein starkes Deutschland nicht zuzulassen entsprach der Politik der Großmächte. Die Sowjetunion und die USA standen sich seit dem Kriegsende an der Elbe gegenüber, jeder hatte seinen Einflußbereich in Europa erheblich ausgedehnt, vorläufig war an eine Veränderung der Grenzen kaum zu denken. Die USA waren aus dem Krieg allseits gestärkt hervorgegangen und befanden sich in einer komfortablen Situation. Die Sowjetunion litt nach wie vor unter den unglaublichen Kriegsverlusten an Menschen (weit über 20 Millionen) und an materiellen Werten. Das Land war bis zur Wolga weitgehend zerstört, die Bevölkerung lebte auf einem geringen Existenzminimum.

Obgleich der Kalte Krieg längst im Gange war, wurde die Waffenbrüderschaft noch beschworen, aber im Alliierten Kontrollrat, der gemeinsamen Militärregierung, war die Spaltung bereits im Gange. Verbindliche Beschlüsse kamen nicht mehr zustande. Die Hauptfrage war das Geld, im Berliner Ostsektor galten die DM-Scheine nicht, der Geltungsbereich war auf die drei Westsektoren beschränkt. Damit war Berlin gespalten. Alles andere ergab sich aus dieser fundamentalen Lage: Wer besitzt welches Geld? War Berlin noch regierbar? Eine auf diese Weise gespaltene Stadt mußte ein ständiger Konfliktherd werden.

Nunmehr sperrt die Sowjetische Besatzungsmacht den Personen- und Güterverkehr zwischen Westdeutschland und Berlin (24.6.1948),um eine Wirtschaftsstörung in ihrem Bereich zu verhindern. Gleichzeitig erklärt sich die UdSSR bereit, die Versorgung der westberliner Bevölkerung zu sichern. Darauf gehen die Westmächte nicht ein und beginnen mit einer Luftbrücke, auf der sogar Kohle herangeflogen wird, mit der Versorgung des Westteils. Verhandlungen in Moskau, die Berlinkrise beizulegen, verlaufen anfangs erfolgreich, werden aber anschließend durch die USA gesprengt und ihre Durchführung verhindert. Jetzt wird

Westberlin als ein Bundesland behandelt, das von den Steuern der Westdeutschen am Leben erhalten wird (Notopfer Berlin). Die weiteren Schritte waren: Gründung der Freien Universität, separate Wahlen in den Westzonen, Gründung der KgU (Kampfgruppe gegen Unmenschlichkeit, einer Terror- und Sabotageorganisation zur Störung der Entwicklung in der sowjetischen Zone), Sprengung der Sendetürme des Berliner Rundfunks in Tegel, Bildung einer Dreimächtekommandantur für Westberlin. Eine Reihe von Bundesbehörden wird nach Westberlin gelegt, die Gesetzgebung angeglichen, die wirtschaftliche Eingliederung in die westdeutsche Wirtschaft forciert.

Gleichzeitig mit den administrativen Maßnahmen gehen politische Störungen überein. Streiks bei der Reichsbahn, hervorgerufen durch westberliner Spalter in den Gewerkschaften, stören den Bahnverkehr erheblich. Eine eigene Gewerkschaftsorganisation des Deutschen Gewerkschaftsbundes (DGB) wird gegründet. Bei einer Unterschriftensammlung für die Ächtung der Atombombe werden 1500 Personen festgenommen. Eine eigene Verfassung für ganz Berlin wird verkündet, provokatorisch auch für den Ostsektor formuliert. Um alle diese Maßnahmen zu unterstützen, etablieren sich mehrere Geheimdienste in Westberlin. Letztendlich sollen es an die 80 gewesen sein.

Am 1. Oktober 1952 protestiert der Vorsitzende der Sowjetischen Kontrollkommission, Armeegeneral Tschuikow, in einem Schreiben an die Hohen Kommissare der Westmächte gegen diese Geheimorganisationen und fordert die sofortige Schließung aller Spionage-, Diversions- und Terrorzentralen und die Einstellung ihrer Tätigkeit gegen den Ostsektor Berlins und die DDR, darunter die »Kampfgruppe gegen Unmenschlichkeit«, der »Untersuchungsausschuß freiheitlicher Juristen«, die »Vereinigung politischer Ostflüchtlinge«, das »Ostbüro der SPD und CDU« u. a. Die Hohen Kommissare der Westmächte antworten, der Charakter dieser Organisationen sei völlig harmlos. Inzwischen gibt es schon die ersten Opfer dieser Untergrundorganisationen, es sind der Volkspolizist Helmut Just und der Eisenbahner Ernst Kamieth.

Der ungeklärte Status von Berlin lief auf eine gefährliche Zuspitzung der Politik hinaus, sogar die Telefonleitungen der DDR wurden vom amerikanischen Sektor aus angezapft, wofür ein großer Tunnel gegraben wurde. Im März 1952 lag eine Note der Sowjetunion auf dem Tisch, die eine Regelung der deutschen Frage in einem Friedensvertrag vorschlug.

Die Stalin-Noten

Die Spaltung des Landes durch die verschiedenen kleinen und großen Schritte diente der Einbeziehung der Bundesrepublik in das westliche Militärbündnis. Das wurde anfangs nicht offen gesagt, doch die politischen Beobachter aus Ost und West machten sich darüber keine Illusionen. Besonders die Sowjetunion mußte befürchten, daß eine von Hitlergeneralen geführte Armee wieder ihre Spitzen gegen Osten richten würden.

In Moskau erfolgte intern eine Diskussion, wie man sich zur Wiederaufrüstung Westdeutschlands und der Eingliederung in den NATO-Pakt verhalten sollte. Dabei muß man heute wissen, daß die russische Führung und auch, ich habe es mehrfach erlebt, die Bevölkerung der deutschen Politik und den Deutschen allgemein nicht traute und den Friedensbeteuerungen von Ost wie West sehr skeptisch gegenüberstand. Zu frisch war die Erinnerung an den letzten Krieg. Die Kriegsfolgen betrafen jede Familie, die meisten hatten Verwandte verloren, sie waren ohne Kenntnis, wo sie umgebracht wurden und begraben, meistens verscharrt, lagen. Es mußte aus sowjetischer Sicht eine Friedensregelung her, die für lange Zeit garantierte, daß die Sowjetunion nicht wieder bedroht werden konnte. So setzte sich in der Diskussion die Meinung durch, die Besatzung in Deutschland zu beenden, das Land zu neutralisieren, so wie es in den Friedensverträgen mit Österreich und Finnland geschehen war. Eine deutsche Armee sollte lediglich auf die Landesverteidigung beschränkt bleiben. Außerdem sollten die Grenzen nach dem Stand des Potsdamer Abkommens anerkannt werden. Verträge und Pakte dürften sich nicht gegen die Siegermächte richten. Das waren die Vertragsbedingungen, die in Finnland und Österreich zum Frieden geführt hatten und die sich dort im zunehmenden Wohlstand bemerkbar machten. Die Besatzungsmächte sollten gesamtdeutsche Wahlen überwachen und ein Jahr nach den Wahlen ihre Truppen abziehen.

Der Inhalt der Note war nicht neu, die meisten Vorschläge

waren seit 1947 auf Außenministerkonferenzen von sowjetischer Seite erhoben und regelmäßig von den Westmächten abgelehnt worden. In einem entscheidenden Punkt allerdings ging die Note vom 10. März 1952 weiter: Ihre Durchführung hätte bedeutet, daß die Grenze des sozialistischen Lagers von Elbe und Werra zu Oder und Neiße verschoben worden wäre.

Doch auch diese Note wurde abgelehnt. Die Westmächte bemängelten Vorschläge über Verfahrensfragen. Dahinter aber stand die verbreitete Behauptung, es handele sich nur um einen taktischen Schachzug der »Soffjetts«, wie Adenauer zu sagen pflegte. Nach dieser Ablehnung glaubte man, wie geplant die Verträge mit der Westbindung der BRD schnell abzuschließen. Doch so einfach ging es nicht, die Sowjetunion legte vier Wochen später, am 9. April 1952, eine zweite Note auf den Tisch. Sie behandelte nun noch zusätzlich das Problem der freien Wahlen, das von den Westmächten so stark vermißt worden war. Die anderen Hauptforderungen nach Neutralität und lediglich nationalen Streitkräften blieben bestehen. Für die Abhaltung freier gesamtdeutscher Wahlen sollten die vier Mächte eine Besprechung über die Modalitäten vereinbaren.

Nun kam die zweite unbefriedigende Antwort, sie lautete, kurz gefaßt, daß ein Friedensvertrag erst ausgearbeitet werden könne, wenn die Wahlen zu einer Regierung geführt hätten. Faßt man zusammen, so lautet der Standpunkt des Westens: Erst Wahlen, dann Friedensvertrag, der Standpunkt des Ostens: Erst Friedensvertrag, dann Wahlen. Dahinter standen diplomatische Finessen, die Zeitgewinn für den Abschluß der Verträge bringen sollten. Das ergibt sich aus den Terminen. Die zweite Stalin-Note wurde am 13. Mai abgelehnt, der Deutschlandvertrag am 26. Mai in Bonn und danach gleich in Paris abgeschlossen.

Diesen Handlungen blieben die Sozialdemokraten fern, sie waren der Meinung, die Vorschläge der Sowjetunion seien nicht eingehend geprüft worden, die deutsche Einheit habe Vorrang vor der Westbindung und sei daher wichtiger. Auch Jacob Kaiser, der als Minister der CDU für die gesamtdeutschen Fragen zuständig war, drängte Adenauer, die Gelegenheit zu nutzen, andere CDU-Politiker schlossen sich an, aber Adenauer vertrat starr die amerikanische Linie und setzte auf die wachsenden inneren Widersprüche der Sowjetunion.

Natürlich beobachtete die Sowjetunion, daß die Lage der DDR geändert werden mußte. Der Lebensstandard stieg zu langsam im Vergleich mit dem Westen, und das lag hauptsächlich an der offenen Grenze, die kein Hindernis für ein Hinüber und Herüber war, das weitgehend unkontrolliert verlief. War die mehrere 100 Kilometer lange »Grüne Grenze« schon kaum zu überwachen, illegale Handelsstraßen über den Harz transportierten Strümpfe aus Sachsen nach Hamburg und Heringe dafür zurück, so war die innerstädtische Grenze für Fußgänger, Radfahrer, Autofahrer und S-Bahnbenutzer ohne jede wirksame Kontrolle. Wechselstuben gleich hinter der Grenze manipulierten die unterschiedlichen Währungen, man konnte für wenig Geld im Ostsektor wertvolle Waren einkaufen. Die Verluste an Menschen und Wirtschaftswaren stiegen unübersehbar an. Das konnte die Planwirtschaft auf die Dauer nicht aushalten. Dazu kam die Beschränkung für den Handel mit westdeutschen Firmen, Stahlexporte in die DDR z. B. wurden verboten. Der Stahl mußte von weit her gegen Devisen besorgt werden. Die Menschen aber wurden unentwegt zur qualitätvollen Arbeit aufgerufen, immer neue Aktivistenbewegungen ins Leben gerufen, und es entstand in der Öffentlichkeit der durch die Propaganda noch verstärkte Eindruck, daß die Dinge sich gut entwickelten. Doch wenn man bestimmte Waren benötigte, konnte man sie nicht regulär beschaffen und mußte Tante und Onkel aus dem Westen bitten, sie zu schicken, oder man fuhr nach Westberlin, sie dort gegen den manipulierten Umtauschkurs 1:5 zu kaufen.

Die materielle Seite war schon schwierig genug, die ideelle war es nicht weniger. Aus der Tatsache, daß Deutschland sich nicht aus eigener Kraft vom Faschismus befreit hatte, wurde ein ständiges Verhältnis der Dankbarkeit abgeleitet und die sowjetischen Soldaten als Befreier bei vielen, sich immer wiederholenden Gelegenheiten gefeiert. Doch in der Bevölkerung hatte man das Bild einer Armee, die sich sowieso nur selten zeigte, meistens in kleinen Gruppen von Soldaten durch die Stadt geführt wurde, die keine wirklichen Kontakte zur Bevölkerung aufnehmen durften. An Feiertagen paradierten ausgewählte Einheiten an Denkmälern und Tribünen mit offiziellen Vertretern. Freundschaft konnte auf diese Weise nicht entstehen, von einzelnen persönlichen Beziehungen abgesehen.

Eine gewisse steife Förmlichkeit gab es auch zwischen den Vertretern der sowjetischen Verwaltung und ihren deutschen Partnern. Im allgemeinen herrschte der Befehlston vor, die Beziehungen waren förmlich und äußerten sich in Trinksprüchen mit allgemeinen Floskeln. Es ist heute auch verständlich, daß der Krieg die Beziehungen noch lange belastete, aber die Propaganda zeigte ein anderes Bild, und die Bevölkerung wußte, daß es lakkiert war. Zum Beispiel galt es als Tabu, von den Übergriffen, die während des Krieges auf Zivilisten verübt worden waren, vor allem auf Frauen, oder über das Abfackeln eroberter Ortschaften zu sprechen. Der Krieg verroht alle, das war den meisten Menschen, die Lebenserfahrung hatten, klar, aber wenn eine Armee als in jeder Beziehung untadelig hingestellt wurde, es aber offensichtlich nicht war, sondern Schwächen und Fehler hatte, die zu Rachegelüsten an Unschuldigen führten, dann glaubt man Beteuerungen nicht, die das Gegenteil behaupten. Dazu kamen die Berichte der Männer, die nach langer Kriegsgefangenschaft zurückkehrten, über die wirklichen Lebensverhältnisse der arbeitenden Bevölkerung in der Sowjetunion, die durchweg als primitiv bezeichnet wurden. Die Reisen in das Sowjetland erfolgten ohne Ausnahme in Gruppen und wurden nach strengem, vorher genau festgelegtem Programm absolviert, so daß ein geschöntes Bild über den »großen Bruder« entstand, das die wirklichen Probleme aussparte.

Die Diskussion in der sowjetischen Führung, was mit Deutschland geschehen solle, hatte auch noch einen anderen Hintergrund. Die in der DDR stationierten Soldaten, etwa eine halbe Million, sahen Lebensverhältnisse, die sie zu Hause nicht gekannt hatten, auch wenn die Kontakte selten oder auch nur organisiert waren. Das Propagandabild vom Deutschen als Faschisten bröckelte, ein neues als Freund wollte nicht gelingen. In den späteren Jahren hat sich das Verhältnis erheblich verbessert, aber dieser karge Blick in den Westen sollte Anfang der fünfziger Jahre auf Dauer vermieden werden.

Der Wortführer in Moskau, der für eine Aufgabe der DDR als direktes Einflußgebiet der Sowjetunion plädierte, war der Geheimdienstchef Berija. Er war ein besonders grausamer Verfolger aller wirklichen oder vermeintlichen Feinde und schickte sie erbarmungslos in den Gulag, die versteckten Arbeitslager, oder brachte sie um. Stalin bediente sich ohne Skrupel dieser brutalen Kreatur, die auch als sein Scharfrichter bezeichnet wurde. Nachdem die Verfolgungen von meistens unschuldigen Menschen, die bezichtigt wurden, Feinde des Sowjetlandes zu sein, obwohl in den allermeisten Fällen das Gegenteil zutraf, im Krieg nachgelassen hatte, weil man die Kräfte für die Verteidigung brauchte, nahm man sie wenige Jahre nach dem Krieg wieder auf. Wer in deutsche Gefangenschaft geraten war, und das waren etwa 5 Millionen, oder wer als Zwangsarbeiter hier schuften mußte, war schon verdächtig. Dann erweiterte man die Theorie des verschärften Klassenkampfes im Inneren des Landes beim Aufbau des Sozialismus/Kommunismus und griff jedermann an, der eigene Meinungen äußerte oder als kreativer Mensch Neues schuf. Das galt für die weltbekannten und geachteten Komponisten ebenso wie für Dichter, für Physiker ebenso wie für Genetiker. Das ganze Sowjetsystem war im Inneren so strukturiert, daß Mißtrauen und Beschuldigung in zunehmender Weise herrschten und Furcht und Schrecken verbreiteten.

Wie ist diese Verfolgung nach innen zu erklären? Ein Beispiel, das endlos ergänzt werden könnte, mag es deutlich machen. Die von Stalin ausgearbeitete These des sich gesetzmäßig verschärfenden Klassenkampfes war das ideologische Instrument, um jedwede Kritik am genialen Vater des Siegers und Führer der Völker zu unterdrücken. Wer sich eigene Gedanken machte, gar westliche Literatur ohne Erlaubnis las, westliche Lebensweise bevorzugte und den »Nationalstolz der Großrussen« (eine späte Arbeit Stalins) als im Widerspruch zum Internationalismus stehend ansah, war als bürgerliches Element verdächtigt und wurde überwacht. Das ging so weit, daß die Drosophila, eine kleine Fruchtfliege, die sehr gut für genetische Experimente geeignet war, in den Labors völlig ausgerottet wurde und nach Stalins Tod aus dem Ausland eingeführt werden mußte. Sie »verstieß« gegen dessen Behauptung, erworbene Eigenschaften könnten in wenigen Generationen erblich übertragen werden, die von einem Scharlatan, dem Biologen Lyssenko, verbreitet wurden. Er behauptete, aus Sommerweizen winterharte Sorten für den Norden der Sowjetunion züchten zu können. Noch im Frühjahr 1958 (!) hielt er Vorlesungen an der Parteihochschule der KPdSU und gab damit die Richtung für die praktische Arbeit der Parteifunktionäre an.

Ich habe sie anhören müssen. Daraus wurde die Schlußfolgerung gezogen, daß die Genetik eine »westliche Wissenschaft« sei, der Kommunismus würde sich auf eine eigne, die stalinsche Wissenschaft, gründen. Das Ergebnis war der völlige Niedergang der sowjetischen Landwirtschaft und die Einfuhr von Weizen und Mais aus den USA. Die sowjetische Genetik, einst führend in der Welt, lag am Boden, die Genetiker dezimiert und der Arbeit beraubt.

Der eigentlich dafür Verantwortliche, Stalin, wurde als Schöpfer des Sowjetstaates zusammen mit Lenin gefeiert, als Modernisierer des rückständigen Landes, als genialer Feldherr und Bezwinger Hitlers. Er war mittlerweile über siebzig Jahre alt und nicht mehr gesund. Die offiziellen Fotos zeigten einen abgeklärten Staatsmann, in Wirklichkeit aber hielt er die Zügel nicht mehr fest in der Hand, und der verbrecherische Berija rückte als zweiter Mann an die Nachfolgerstelle. Wahrscheinlich ist die Politik, die in den Noten von Anfang des Jahres 1952 vorgeschlagen wird, von ihm maßgeblich beeinflußt worden.

Nachdem von den westlichen Mächten und von der BRD die Absage an ein neutrales Deutschland erklärt wurde und die Sowjetunion mit leeren Händen dastand und sich brüskiert fühlen mußte, änderte Berija die Taktik gegenüber Deutschland und versuchte, mit anderen Mitteln seinen Plan, die Grenze des sozialistischen Lagers an die Oder und Neiße zu verlegen, durchzusetzen. Er brauchte den eisernen, undurchdringlichen Vorhang vor dem sozialistischen Lager, die vollkommene Abschottung.

Bereits in den Noten war eine wichtige Frage nicht geklärt. Die Durchführung freier und geheimer Wahlen hätte zweifellos bedeutet, daß die Führung der DDR, die SED und die Blockparteien, in die Opposition gegangen wären. Das hätte zur Aufgabe der Macht der Arbeiter und Bauern, wie die offizielle Sprachregelung lautete, geführt. Das wäre die Selbstauflösung der DDR gewesen. So weit zu gehen, war selbst Adenauer und seiner Regierung unvorstellbar, daher die Versuche, die Sowjetunion auf die Probe zu stellen. Da man die Vorschläge wegen dieser Konsequenz für eine Finte hielt, erfolgte die Ablehnung. Hätte man sie angenommen, wäre die Vereinigung von Ost und Westdeutschland schon in den fünfziger Jahren erfolgt.

Straffung der Führung

Die Entwicklung in der DDR schritt voran. Fast täglich mußte sich die Bevölkerung auf die Lösung neuer Probleme einstellen. Auch die Regierung stand vor Fragen, an die bisher noch niemand gedacht hatte, weil sie sich aus der Praxis der Veränderungen ergaben, die 1945 und 1946 eingetreten waren, vor allem aus der Bodenreform, der Industriereform und der Schulreform. Manche der Fachleute fühlten sich überfordert, die neuen Kräfte wurden noch ausgebildet oder waren, soweit sie Verantwortung übernommen hatten, ohne ausreichende Erfahrung. Überall hatte man den Eindruck, daß irgend etwas nicht klappte und dauernd improvisiert werden mußte.

Aus den gleichen Gründen war nicht nur die Bevölkerung unzufrieden, sondern im hohen Maße auch die Führung. Verschiedene Pläne für eine Vereinfachung der Leitungsstruktur wurden diskutiert, alles lief auf eine Straffung des Zusammenwirkens von Oben und Unten hinaus.

Um schnelle Entscheidungen zu treffen, wurde zum Januar 1949 die 1. Parteikonferenz der SED einberufen. In der bisherigen Praxis der Leitungsentscheidungen waren Parteikonferenzen nicht vorgesehen, generelle Beschlüsse blieben statutengemäß den Parteitagen vorbehalten. Die Konferenzen gaben aber Richtlinien aus, die tiefgreifende Folgen für alle Organisationen nach sich zogen. Wilhelm Pieck referierte über den Kampf um den Frieden und gegen die aufkommende Kriegshetze im Westen, Walter Ulbricht über die Erfahrungen bei der Leitung der Planwirtschaft, und Otto Grotewohl hatte die Entwicklung der SED zur »Partei neuen Typus« zu begründen.

Hier lagen die Hauptveränderungen im Parteiverständnis. Bisher waren entsprechend der antifaschistisch-demokratischen Ordnung auch die bekannten Parteipraktiken üblich, die Leitungen waren sogar, als einzige wirkliche Neuerung nach der Vereinigung von KPD und SPD, von der Kreisleitung bis zum ZK paritätisch besetzt, d. h., die Vorsitzenden kamen aus jeder alten Partei, de facto gab es zwei Vorsitzende. Obwohl sich die beiden in der praktischen Arbeit ohnehin arrangieren mußten, gab es doch Reibungen durch Meinungsverschiedenheiten, charakterliche Unterschiede und dergleichen mehr.

Die paritätische Besetzung wurde nun abgeschafft, dafür das Prinzip der »Kollektivität der Leitung« eingeführt, was vor allem bedeutete, daß nur einer, der Vorsitzende, im Namen der Leitung sprechen durfte. Meinungsverschiedenheiten sollten im Vorfeld geklärt werden, gegensätzliche Standpunkte wurden somit nicht mehr öffentlich diskutiert. Zusätzlich wurde das »Prinzip des demokratischen Zentralismus« eingeführt, was bedeutete, daß die Beschlüsse der vorgesetzten Leitung von der nachgeordneten Leitung bedingungslos durchgeführt werden mußten. In der Diskussion ging es nur darum, wie das am besten zu geschehen habe, nicht, ob die Besonderheiten der Region oder des Betriebes ausreichend berücksichtigt waren. In der Praxis wirkten die Beschlüsse wie militärische Befehle.

Innerhalb der Mitgliedschaft war durch die statistische Wertung des leitenden Personals als »Angestellte« der Anteil der Arbeiter zurückgegangen, weshalb eine stärkere Mitgliederwerbung unter jungen Arbeitern begonnen wurde. Da man die einzelnen nicht genau kannte, waren zwei Bürgen erforderlich. Nach zwei Jahren endete die Kandidatenzeit, und man konnte als Mitglied aufgenommen werden, worüber die Grundorganisation abstimmte. Damit sollten genügend Sperren eingebaut sein, um sogenannte parteifeindliche oder parteifremde Elemente, Karrieristen und ähnliche unerwünschte Mitglieder fernzuhalten.

Auch in der Parteispitze waren entscheidende Änderungen vorbereitet worden. Nach dem Zentralkomitee, dem höchsten Gremium zwischen zwei Parteitagen, stand bisher als Gremium für die tägliche Arbeit das Sekretariat. Nunmehr kam, dem Sekretariat übergeordnet, das Politbüro hinzu, eine weitere beschlußfassende Instanz. Eine Grundorganisation mußte sich nunmehr mit fünf übergeordneten Beschlüssen beschäftigen, wohl nicht in jedem Falle, aber es kam häufig vor. Besonders Personalentscheidungen bedurften immer der Bestätigung durch die obere Leitung. Die Funktionen in der Gesellschaft, die von SED-Mitgliedern oder Mitgliedern der Blockparteien zu besetzen waren, wurden in einer Nomenklatur erfaßt, einer umfassenden, gestaffelten Liste für alle Gebiete, die von den Kaderabteilungen geführt wurde.

Diese hier nur skizzenhaft angeführten Veränderungen durch die 1. Parteikonferenz liefen auf die Festigung der führenden Rolle der Arbeiterklasse hinaus, wie die Umschreibung für den Führungsanspruch der SED auf allen Gebieten lautete. Wegen der unterschiedlichen Entwicklung in Ost und West wird die organisatorische Verbindung zwischen der SED und KPD in den Westzonen formell aufgehoben.

Die führende Kraft der Sowjetischen Zone, die SED, war nun auf dem Weg zur Partei neuen Typus. Sie versuchte damit die straffe organisatorische Verbindung einer Massenpartei des sozialdemokratischen Typus mit der Kaderpartei leninschen Typus. Da die Arbeiterklasse, so Lenin, unter den kapitalistischen Bedingungen nur ein gewerkschaftliches Bewußtsein entwickeln könne, sei eine Kaderpartei unerläßlich, eine Avantgarde, welche die Arbeiter führen muß. Der Referent, Otto Grotewohl, führte aus: In der DDR hielten sich immer noch überholte, sozialdemokratische Vorstellungen, die die Partei als Wahlverein verstünden und überwunden werden müßten. Eine schnelle, zentralistisch gesteuerte Entwicklung zu einer Partei neuen Typus sei erforderlich, die Mittel dazu ein ideologischer Klärungsprozeß und die straffe Parteikontrolle. Deshalb wurden beim ZK, in den Ländern und Kreisen Parteikontroll-Kommissionen gebildet, deren Aufgabe die Durchsetzung der Reinheit der Partei und die Ausschaltung parteifremder Elemente war.

Der Leninismus ist die Anwendung des Marxismus auf die russischen Verhältnisse, jetzt wurde er zur allgemeingültigen Lehre für alle Parteien erklärt, sie wurden sozusagen kompatibel gemacht, eine Schlußfolgerung aus der Abspaltung der jugoslawischen Partei vom Diktat der Moskauer Zentrale. Die Folgen für die SED waren im weiteren Verlauf erheblich. Die sozialdemokratischen Traditionen kamen dabei unter die Räder, viele Funktionäre aus der Sozialdemokratie verschwanden aus dem Parteileben. Entweder zogen sie sich zurück oder traten aus oder arbeiteten illegal mit der SPD und ihrem dafür geschaffenen Ostbüro, das die oppositionellen Mitglieder führen sollte, zusammen.

Zu den vielfältigen Aufgaben in der täglichen Arbeit kam nunmehr noch eine quälende Diskussion über innerparteiliche Probleme hinzu. Nicht jeder Genosse war mit der straffen zentralistischen Führung der SED zur »marxistisch-leninistischen Kampfpartei« einverstanden, aber wenige vertraten diesen Standpunkt offen in der Diskussion, im Gegenteil, in einer Grundorganisation der Universität Jena machte sogar jemand den Vorschlag, man solle nun auch noch Stalin in die offizielle Titelei einbinden, er sei ein noch größeres Genie als die drei ehrenwerten Köpfe, die inzwischen auf den Publikationen des Dietz-Verlages und über den meisten Bühnen, auf denen Präsidien saßen, prangten.

In den bürgerlichen Parteien spalteten sich die Leitungen bald in einen angepaßten Kurs, das waren die meisten, und in einen traditionellen Kreis, der die führende Rolle der SED nicht anerkennen wollte. Die Kritiker wurden meistens als feindliche Kräfte hingestellt, ausgeschlossen oder als »Westagenten« verhaftet. Sogar der Außenminister Dertinger (CDU) wird wegen Spionagetätigkeit zu 15 Jahren Zuchthaus verurteilt. In den Zeitungen mehren sich die Meldungen über die Aburteilung von Spionage- und Terrorgruppen und Organisationen, die Spezialisten aus Volkseigenen Betrieben abwerben. Ungeachtet der Verschärfung der Situation zwischen Ost und West werden weitere Angebote auf verschiedenen Ebenen an die BRD gemacht, in Verhandlungen über gemeinsame Probleme einzutreten und Besprechungen über Regelungen in einem Friedensvertrag abzuhalten. Doch die Alleinvertretungsanmaßung wehrt alle diese Angebote ab. Bonn reagiert nicht. Nachdem die beiden sogenannten Stalin-Noten abgelehnt wurden, mußte es eine weitere Zuspitzung der Situation geben.

Früher Kurs auf den Sozialismus

Bisher war vom Ziel des Sozialismus außer in theoretischen Betrachtungen keine Rede gewesen. Gewiß, das Fernziel war schon im Parteinamen und im Parteiprogramm bestimmt, doch eine konkrete Aufgabe war damit nicht verbunden. Nun war im Mai beschlossen worden, die Grenzen der DDR durch Sperrzonen an der Westgrenze und der Ostseeküste verstärkt zu sichern. Einwohner, die als unsichere Kantonisten galten und deren Anwesen die Kontrolle jedes Meters der Grenze stören konnten, wurden ins Innere des Landes umgesiedelt und erhielten eine geringe Entschädigung für den Eingriff in ihre Eigentumsrechte.

Sie kämpfen heute noch um die Rückgabe der enteigneten Grundstücke.

Dieses neue Grenzregime zeigte schon den härteren Willen, notfalls auch ohne Erfolge bei der Wiedervereinigung des Landes voranzugehen. Das allerdings bedeutete nichts anderes, als daß die BRD-Regierung sich mit ihrem Verweigerungskurs durchgesetzt hatte und die nationale und internationale Handlungsweise bestimmte. So wurde in einer Atmosphäre erwarteter Veränderungen die zweite Parteikonferenz Anfang Juli 1952 nach Berlin einberufen, die wiederum, wie die erste Parteikonferenz 1949, entscheidende Weichenstellungen beschloß, die einem Parteitag zugekommen wären. Vor über 1 500 Vertretern der Partei referierte Walter Ulbricht.

In seinem Referat über die Lage und die neuen Aufgaben hielt er zwar an der Konzeption fest, den wiedererstehenden Imperialismus in Westdeutschland in demokratischer Auseinandersetzung im nationalen Rahmen zu überwinden, aber die Forderung nach Aktionseinheit der Arbeiterklasse in Ost und West hatte keinen Realitätswert. Die Arbeiter im Westen standen unter dem Einfluß der SPD und der von ihr beeinflußten Gewerkschaften, und diese Kräfte, die »rechten Führer«, hatten sich den neuen Konzeptionen von Adenauer und Erhard vollständig angepaßt. Der Einfluß der KPD war zwar vorhanden, aber begrenzt, sie und die FDJ wurden bei jeder Gelegenheit in ihren demokratischen Rechten beschnitten und bekämpft.

Ulbricht verkündete wie aus heiterem Himmel die »planmäßige Errichtung der Grundlagen des Sozialismus in der DDR«. Die offizielle Formulierung im Beschluß der 2. Parteikonferenz lautet: »Die politischen und die ökonomischen Bedingungen sowie das Bewußtsein der Arbeiterklasse und der Mehrheit der Werktätigen sind soweit entwickelt, daß der Aufbau des Sozialismus zur grundlegenden Aufgabe in der Deutschen Demokratischen Republik geworden ist. Das deutsche Volk, aus dem die bedeutendsten deutschen Wissenschaftler Karl Marx und Friedrich Engels, die Begründer des wissenschaftlichen Sozialismus, hervorgegangen sind, wird unter der Führung der Arbeiterklasse die großen Ideen des Sozialismus verwirklichen.« Nicht einmal das Zentralkomitee wußte am Vorabend der Konferenz, ob eine Zustimmung des KPdSU vorlag. Über diesen Punkt gibt es verschiedene Annahmen und Berichte. Stalin hatte bei der Korrektur des »Aufrufes der KPD« im Juni 1945 den Zusatz hineingeschrieben, daß das Sowjetsystem für Deutschland nicht geeignet sei.

Von dieser Festlegung des Zentralkomitees der KPD mit Billigung der KPdSU und Stalins persönlich war bisher nicht abgegangen worden. Auch die Gründung der DDR folgte dieser Zielstellung, von Sozialismus war nicht die Rede. Es war also klar, daß bei einer Neuformulierung des Ziels die Zustimmung der KPdSU vorliegen mußte. Um das zu erreichen, ging die Führung der SED zwei Schritte. In einer Beratung, die am 1. und 7. April die Konsequenzen aus der Ablehnung der Noten behandelte und an der Stalin teilnahm, kam es Pieck, Grotewohl und Ulbricht darauf an, daß die Sowjetunion keine weiteren Zugeständnisse an die BRD machen sollte, welche die SED in die Opposition zwingen würden. So sprachen sie von dem breiten Echo, das die sowjetischen Vorschläge im Westen ausgelöst hätten. Aktionen der Arbeiter würden zu einer breiten Bewegung der Massen führen, die den Sturz der Adenauer-Regierung erzwingen würde. Daher sei es wichtig, daß die DDR anziehend würde durch eine Gesellschaftsstruktur, die es ermöglichte, durch bessere Versorgung und soziale Maßnahmen die Arbeiter in der DDR besser zu stellen als in der BRD. Seitdem taucht diese Zielstellung immer wieder auf. Stalin zeigte sein Einverständnis.

Als Wilhelm Pieck nunmehr vorschlug, von der Volkspolizei den Schritt zur Bildung einer Volksarmee zu gehen, ergänzte Stalin zustimmend, daß nicht nur Schritte einzuleiten seien, sondern daß sofort daran gegangen werden müßte. Und er entwickelte, das geht aus den Notizen Wilhelm Piecks hervor, sogleich weitere Maßnahmen: 9 bis 10 Armeekorps – 30 Divisionen = 300 000 Mann. Ausbildung der Offiziere in Moskau. Ein vorbereitender Jugenddienst, genannt »Dienst für Deutschland«. In der zweiten Sitzung am 7. April ergänzte Stalin noch: »Militärische Ausbildung für Infanterie, Marine, Aviation (Luftstreitkräfte), sofortige Bewaffnung mit russischen Gewehren und Patronen«. Für diese beschleunigten Maßnahmen gäbe es den Grund, daß die »Demarkationslinie« eine »gefährliche Grenze« sei und daß mit terroristischen Akten zu rechnen sei. Gegenüber dem italienischen Kommunisten Pietro Nenni sagte er etwas später, zur Schaffung eines militärischen Gleichgewichtes zwischen Ost und West sei eine gleichstarke Armee in der DDR notwendig.

Auch die Anregung für die Gründung der LPG, um die Groß-bauern einzukreisen, kommt aus dieser Sitzung, und in diesem Zusammenhang spricht er zum ersten und einzigen Mal vom »Weg zum Sozialismus«. Im Protokoll dieser Sitzung heißt es: »Gen. Ulbricht sagt, daß dies eine Konsequenz (die Bildung der LPG) hat. Bisher haben wir in der DDR davon gesprochen, daß wir für ein demokratisches Deutschland eintreten, und wir haben eine Reihe von Maßnahmen nicht durchgeführt, die man durch-führen muß bei einer Entwicklung in Richtung zum Sozialismus. Wir haben auch niemals davon gesprochen, daß wir zum Sozia-lismus gehen.

Gen. Stalin sagt, daß das richtig war.

Gen. Ulbricht fragt, werden wir nach der tiefen Spaltung Deutschlands diese Taktik fortsetzen müssen?

Gen. Stalin sagt, daß ein Geschrei über den Sozialismus anzu-stellen auch jetzt nicht nötig sei. Doch Produktionsgenossen-schaften – sie sind ein kleines bißchen Sozialismus.«

Später fügte Stalin dann noch hinzu: »Obwohl in Deutschland zwei Staaten geschaffen werden, soll man vorerst nicht lauthals vom Sozialismus sprechen!« Die Propaganda für die Einheit Deutschlands solle fortgesetzt werden.

Aus diesen Bemerkungen zogen die entscheidenden Männer des Politbüros dennoch den Schluß, die Losung der 2. Partei-konferenz zu ändern, und sie lautete nunmehr »Für Frieden, Ein-heit, Demokratie und Sozialismus!«.

Der Ordnung halber richtete am 2. Juli Walter Ulbricht einen formellen Brief an Stalin und bat darum, zuzustimmen, daß nun die Arbeiterklasse und die Werktätigen den Weg des Sozialismus beschreiten würden. Diese Zustimmung wurde durch einen Beschluß des Präsidiums des ZK der KPdSU vom 8. Juli erteilt, aber anscheinend nicht rechtzeitig übermittelt.

Paul Wandel, damals Sekretär des ZK, schilderte mir in einem Gespräch, das in Vorbereitung eines Fernsehinterviews kurz vor seinem Ableben stattfand, daß sich alle im unklaren waren, wie die Antwort ausfallen würde. Die Beobachterdelegation der KPdSU traf am Vorabend ein, brachte aber diese Zustimmung nicht mit. Das Grußtelegramm Stalins enthielt lediglich gute

Wünsche beim Aufbau für ein einheitliches, unabhängiges, demokratisches und friedliebendes Deutschland. In einer vor der Eröffnung der 2. Parteikonferenz zusammengetretenen Sitzung des Präsidiums überließ man es dem Referenten Walter Ulbricht, wie er die neue Linie ankündigen würde.

In meiner Zeit als Fernsehmitarbeiter habe ich ungezählte Male die Filmbilder angesehen, als Walter Ulbricht auf der Rednertribüne die entscheidenden Sätze sprach. Das Präsidium blickte wie elektrisiert auf den Redner und sprang dann wie befreit auf und applaudierte: Er hatte es gewagt und die Partei aus der Rolle eines Bauernopfers in der Deutschlandpolitik der Sowjetunion befreit.

Als das Hauptinstrument für die Errichtung der Grundlagen des Sozialismus würde die Staatsmacht fungieren. Dazu wurde die bisherige Struktur, die noch aus der Weimarer Republik stammte, vollkommen umgekrempelt. Die Länder und damit alle Landesinstitutionen wurden kurz danach aufgelöst und statt der fünf Länder ein Geflecht von 14 Bezirken geschaffen, das bis 1990 bestand. Vorher wirkten 132 Kreise, nun 217 Kreise. Das war ein folgenschwerer Eingriff in das Staatsleben der DDR. Man kann sich vorstellen, daß eine solche Vergrößerung des Staatsapparates eine vollkommen andere Qualität erforderte. Alle Leitungen der Parteien und Massenorganisationen mußten personelle Grundlagen für 90 neue Kreise und für 9 neue Bezirke schaffen.

Ich habe diese Tage in Thüringen mitgemacht. In kürzester Zeit wurden Entscheidungen getroffen. Ich sollte von Erfurt nach Suhl versetzt werden, am Tage der Abreise wurde ich nach Gera umgeleitet und gleichzeitig zum Abteilungsleiter befördert. So ging es vielen. Die Konsequenzen für die Familien waren einschneidend. Viele hatten innerhalb kurzer Zeit umzuziehen, dazu mußten Wohnungen bereitgestellt, Arbeitsplätze gefunden werden. Aber in den ehemaligen Landeshauptstädten wurden Lücken aufgerissen. Zehntausende Personen kamen in ein neues Umfeld. Mir war, mit Ausnahme Jenas, der Bezirk Gera bis dahin gar nicht bekannt; wie ich mußten sich viele andere von Grund auf neu einarbeiten. Schon im September stand meine Frau, die ihre Schulklasse gerade einige Monate geführt hatte, vor einer neuen Klasse in Gera, die ein Lehrer in Richtung Westen verlassen hatte. Schüler und Eltern glaubten, sie hätte diesen beliebten Mann verdrängt.

Entsprechend schwer waren die ersten Monate im neuen Umfeld. Diese an sich unerhebliche Geschichte zeigt jedoch, welche unberechenbaren Eingriffe die Neugliederung des Verwaltungsaufbaus ausgelöst hatte.

Der eigentliche Sinn dieses radikalen Umbaus des Staates war nicht nur in organisatorischer Hinsicht folgenreich. Es entstanden kleinere Einheiten, die von einem viel größer gewordenen Überbau zu leiten und zu kontrollieren waren. Die politische Arbeit wurde intensiver, die Entscheidungen konnten schneller getroffen werden, wurden aber durch die bessere Übersicht auch zahlreicher, die Schwächen deutlicher und die Anforderungen an die Präsenz vor Ort höher. Auch damit wurden neue Veränderungen ausgelöst, denn die bisherigen Verbindungen zu den Länderverwaltungen wurden teilweise durchtrennt, neue mußten aufgebaut werden. Das Schwierigste aber war die Formierung der neu zusammengesetzten Verwaltungseinheiten auf allen Ebenen. Man kannte sich teilweise gar nicht, oft wurden andere Arbeitsgebiete notgedrungen übernommen, nur der Parteidisziplin der Kader war es zu verdanken, daß kein Chaos eintrat.

Ein weiterer Punkt der 2. Parteikonferenz war die Festlegung, mit dem Aufbau bewaffneter Streitkräfte zu beginnen. Alle ehemaligen Soldaten der Wehrmacht, die jetzt Mitglieder der Partei geworden waren, wurden befragt, ob sie bereit waren, den Dienst in den Einheiten der kasernierten Volkspolizei aufzunehmen. Die meisten fürchteten, ihr Leben noch einmal mit der Waffe verbringen zu müssen und verwiesen auf das Versprechen am Ende des Krieges, nie mehr eine Waffe in die Hand zu nehmen. Auch auf diesem gesellschaftlichen Feld wurden wieder qualifizierte Kräfte aus den Betrieben abgezogen, der Aderlaß der Betriebe hielt an, denn jeder Weggang, egal wohin, zog wiederum Folgen für die Produktion nach sich, und die sollte natürlich gesteigert, das sozialistische Eigentum gemehrt werden: Die materiell-technische Basis des Sozialismus in der Industrie sei aufzubauen.

Die Gesamtheit der Maßnahmen, eingeleitet im Jahre 1952, veränderte die Struktur der DDR völlig. Alle Blockparteien begrüßten den Aufbau des Sozialismus.

Das Tempo wird angezogen

Es ist heute müßig darüber zu streiten, ob die Beschleunigung des Aufbaus zu vermeiden gewesen wäre, vor allem in Hinsicht auf den 17. Juni. Das Tempo wurde von der Entwicklung im Westen diktiert. Wenn man nicht noch größere Verluste an qualifizierten Arbeitern und Intellektuellen hinnehmen wollte, mußte man der Bevölkerung mehr Wohlstand bieten. Auf dem Lande tat sich eine weitere Problematik auf. Ein erheblicher Teil der Mittel- und Großbauern, die wirtschaftlich am stärksten in den Gemeinden waren und dementsprechend auftraten, waren mit der Pflichtabgabe in der vorgeschriebenen Höhe nicht einverstanden, rieben sich an den bürokratischen Bestimmungen, kritisierten die Förderung der Neubauern, die noch Schwierigkeiten hatten, durch den Staat und schufen ein Unruhepotential. Viele beugten sich dem Druck, andere wollten ihn nicht hinnehmen und verließen Haus und Hof in Richtung Westen. Dort bekamen sie zwar eine Abfindung, aber in der Regel kein Land. Ihr Weggang war auch persönlich ein Fehler, aber wenn ein Bauer seinen Hof verläßt, ist dieser Entschluß, über das persönliche Schicksal hinaus, ein ernstes politisches Signal an die Gesellschaft. Es gingen die wirtschaftlich potenten Kräfte, mit denen ein Bündnis zu schließen eine Lebensfrage für den Staat der Arbeiter und Bauern war.

Die Gemeinden sollten nun für die weitere Bewirtschaft der verwaisten Höfe sorgen, aber wer sollte diese Arbeit leisten? Wem gehörte nun das notverwaltete Privateigentum? Die Dörfer waren überfordert, und aus dieser Situation entstand nach Stalins Hinweis die Idee von Landwirtschaftlichen Produktionsgenossenschaften, deren baldige Umsetzung erfolgte. Sie waren die verblüffende Antwort auf ein Bündel von Problemen: die verlassenen Höfe, die Zusammenlegung der kleinen Flächen der Neubauern, die mit ihren 5 ha und ein paar Stück Vieh trotz vieler Arbeit nicht ertragreich zu bewirtschaften waren, der ökonomische Einsatz der Traktoren und anderer Maschinen bei Zusammenlegung der Flächen, damit sie in der gleichen Zeit ihre Möglichkeiten erheblich steigern konnten. Die LPG waren heftig diskutiert, aber sie wurden konsequent unterstützt und regelten ihre Angelegenheiten im wesentlichen in eigener Regie.

Alle Partei- und Staatsorgane waren zur Unterstützung verpflichtet, die vor allem im Aufbau eines funktionierenden Netzes der Maschinen- und Traktorenstationen und der Bäuerlichen Handelsgenossenschaften bestand. Es flossen erhebliche Mittel in diesen Sektor der Landwirtschaft, und nach und nach traten auch die leistungsfähigeren Bauern ein. Vor allem die Frauen forderten von ihren Männern, daß sie zum erstenmal die Gelegenheit bekamen, eine geordnete Arbeitszeit einzuhalten. Bisher hatten sie in den Ställen gearbeitet, ohne Sonn- und Feiertag zu kennen. Nunmehr bekamen sie nach einer Anlaufphase sogar Urlaub.

Ähnliche Umwälzungen standen in der Industrie an. Auf dem Gebiet der DDR waren Schwerindustrie, Bergbau und Schwermaschinenbau kaum vorhanden. Somit entstand eine vorrangige Aufgabe, die Kapazitäten der Stahl- und Walzwerke auszubauen und neue zu schaffen. Dazu wurde 1950 in Brandenburg/Havel der Grundstein für ein großes Stahl- und Walzwerk gelegt. Welches Tempo angeschlagen wurde, zeigt, daß bei Grundsteinlegung am 15. Februar 1950 bereits am 20. Juli der erste Stahl aus dem ersten Siemens-Martin-Ofen fließt und bis Ende des Jahres schon 5 Öfen in Betrieb sind. Im Sommer des gleichen Jahres beginnen die Arbeiten am größten Eisenhüttenkombinat bei Fürstenberg/Oder, damit ist das größte Vorhaben des 1. Fünfjahrplanes in Angriff genommen worden, bereits ein gutes Jahr später wird der erste Hochofen angeblasen. Gleichzeitig beginnt der Bau einer Wohnstadt, die großzügig angelegt wurde, Betrieb und Wohnung sind zwar getrennt, aber in erreichbarer Nähe, also mit kurzen Entfernungen zwischen Arbeitsplatz und Wohnort konzipiert.

In ähnlicher Weise werden begonnen: das erste Edelstahlwerk in Döhlen, der südliche Außenring der Reichsbahn um Berlin, die Großkokerei Lauchhammer, in der nach einem neuen Verfahren Braunkohle zu hüttenfähigem Hochtemperaturkoks gewonnen wird. Im VEB Bergmann-Borsig Berlin wird das größte Drehwerk in Deutschland angefahren. Es kann alle Großteile für Turbinen und Generatoren von Kraftwerken produzieren. In Calbe nimmt der erste Niederschachtofen seinen Betrieb auf. In ihm können mit dem Braunkohlenkoks aus Lauchhammer einheimische Erze mit geringem Eisen- und starkem Kieselsäuregehalt verhüttet werden. Ein neues nähwirktechnisches Verfahren (Malimo) zur Stoffherstellung wird erfunden. Der erste 1050-t-Trawler, gebaut auf der Volkswerft Stralsund, läuft im Frühjahr 1951 zur Fangreise aus, das erste Hochseehandelsschiff der DDR in Rostock vom Stapel. Inzwischen wurden 66 SAG-Betriebe an die Regierung der DDR übergeben, darunter die Motorenwerke Eisenach, die Neptunwerft Rostock, das Braunkohlenkombinat Borna, das Kombinat für flüssige Brennstoffe in Böhlen, das Elektromeßgerätewerk Chemnitz, die Schreibmaschinenfabrik Olympia Erfurt, das Filmstudio Babelsberg.

Allein aus dieser unvollständigen Aufzählung kann sich auch der Laie die Vorstellung machen, welche Leistungen hinter diesen Vorhaben standen, zu denen vor allem die leitende Intelligenz und die Jugend beitrugen, die einen mit ihrer Erfahrung und dem fachlichen Können, die anderen mit einem Schwung und Eifer, der in der Arbeit zu soliden Kenntnissen führte und zugleich dem einzelnen Jugendlichen eine sichere Perspektive für das persönliche Leben gab. In großen Jugendtreffen manifestierten sie ihre Verbundenheit mit dem Staat, der DDR, der ihnen gleiche Rechte gab und von ihnen gleiche Pflichten forderte. Sie nahmen es nicht als selbstverständlich hin, wenn die Steuern für die LPG um 25% ermäßigt wurden und die Maschinen- und Traktoren-Stationen (MTS) zu den niedrigsten Tarifen bei den kleinen Bauern arbeiteten. Die jungen Frauen und Mädchen wußten sehr wohl zu schätzen, daß das »Gesetz über den Mutter- und Kinderschutz und die Rechte der Frau« ihnen Unterstützung bei Kinderreichtum gab, Krippen, Kinderheime und -polikliniken, Tagesstätten, einen 11-wöchigen Schwangerschaftsurlaub und besondere berufliche Förderung garantierte. Durch die allgemein abgeschlossenen Betriebskollektivverträge vereinbarten Gewerkschaften und Betriebsleitungen Verpflichtungen zur Erfüllung des Planes und zur sozialen und kulturellen Betreuung. Es wurde angestrebt, die Mitbestimmung der Werktätigen bei der Planung und Leitung der Wirtschaft zu stärken.

Remilitarisierung

Die Teilung des asiatischen Landes, die ungeklärte Frage der nationalen Einheit führte im Sommer des Jahres 1950 zum Ausbruch des Koreakrieges. Jede der beiden Seiten beschuldigte die andere, die Demarkationslinie überschritten und die Kämpfe ausgelöst zu haben. Mit dieser nationalen Auseinandersetzung war zugleich das gesamte Gleichgewicht der Nachkriegszeit berührt. Die beiden Großmächte UdSSR und USA betrachteten ihre Einflußzonen als angegriffen, die nordkoreanischen Truppen besetzten fast ganz Südkorea. Der UNO-Sicherheitsrat beschloß, bei Abwesenheit der UdSSR, die damit ihr Veto nicht einlegte, Nordkorea zum Aggressor zu erklären, und stellte eine UNO-Streitmacht auf, die in ihrer Mehrheit von den USA gestellt wurde, kommandiert von General MacArthur. Die anderen 15 Kontingente spielten nur eine Randrolle. In fünf Landungsoperationen wurden die nordkoreanischen Truppen bis an die chinesisch-koreanische Grenze zurückgeschlagen. Mit 200 000 Freiwilligen aus China wurden die UNO-Truppen wiederum hinter Seoul zurückgeworfen. Danach stabilisierte sich die Front etwa am 38. Breitengrad. MacArthur wollte die Atombombe gegen China einsetzen, doch Präsident Truman enthob ihn seiner Funktion.

Im Sommer 1953 kam es zum Waffenstillstandsabkommen, der 38. Breitengrad bildete wieder die Grenze, umgeben von einem 4 Kilometer breiten, entmilitarisierten Streifen. Ein Friedensvertrag kam seither, trotz gegenwärtiger Versuche, nicht zustande.

Der Koreakrieg ist für unser Thema von einiger Bedeutung. Auch hier handelte es sich um ein geteiltes Land im Ergebnis des Zweiten Weltkrieges, auch hier, wie in Deutschland, waren die Großmächte beteiligt, auch hier spielte die Sowjetunion, durch ihre Abwesenheit im Sicherheitsrat, eine merkwürdige Rolle. Ihr Veto hätte den Krieg verhindern können. Das Ergebnis war wiederum ein Unentschieden zwischen den Großmächten.

Für die Bevölkerung in Deutschland hatten die Kämpfe in Ostasien keine aktuelle Bedeutung, wohl aber für die Wirtschaft im Westen. Auch dieser Krieg erforderte viele Rüstungsgüter und verschlang riesige Gelder. Man sprach von einem regelrechten Koreaboom. Die Industrieproduktion der BRD stieg um 25%, der Export verdoppelte sich gegenüber dem Jahr 1949, verlangt wurden vor allem Werkzeugmaschinen aller Art, Stahl, Schiffe, synthetisches Benzin, also Güter, deren Produktion noch einiger Beschränkung unterlag. Nun nutzt die Wirtschaft die internationale Nachfrage, und die Hohen Kommissare heben die Produktionsbeschränkungen auf. Im Handel mit der DDR aber gelten nach wie vor die strengen Embargobestimmungen. Ende 1950 hat die Produktion in der BRD die Vorkriegsleistung um etwa 10% überschritten, doch trotz steigender Produktion werden 1,7 Millionen Arbeitslose gezählt.

Nunmehr wird die BRD in verschiedene westliche Abkommen aufgenommen, in die Europäische Zahlungsunion, und mit dem Beitritt zur Europäischen Gemeinschaft für Kohle und Stahl, der Montanunion, der Frankreich, Italien, Belgien, die Niederlande und Luxemburg angehören, wird ein gemeinsamer Markt für Kohle und Stahl geschaffen, in dem das westdeutsche Monopolkapital die Möglichkeit erhält, seine volle wirtschaftliche und politische Macht wieder zu errichten. Als personelles Zeichen wurde bereits der Kriegsverbrecher Alfried Krupp von Bohlen und Halbach durch den amerikanischen Hohen Kommissar McCloy begnadigt und ihm seine nach dem Krieg konfiszierten Vermögenswerte zurückgegeben. Der Kriegsgewinnler bekommt seinen Gewinn zurück. Bemerkenswert ist weiterhin, daß sich die IG Bergbau mit einer Forderung nach 12 %iger Lohnerhöhung durchsetzt.

Auf dieser außenpolitischen und wirtschaftlichen Grundlage betreibt die westdeutsche Regierung den Beitritt zur NATO. Alle Vorschläge der DDR und der Sowjetunion zur demokratischen Wiedervereinigung werden entweder ignoriert oder abschlägig behandelt, und es ist die Folge dieser Politik, daß sich die Spaltung weiter vertieft und der Glaube der Bevölkerung an eine Wiedervereinigung verlorengeht. Andererseits wirkt die DDR durch ihre sozialen Maßnahmen auf die Lage der Werktätigen im Westen ein, wie die Erfüllung der Bergarbeiter-Forderungen zeigt. Insofern ist die DDR für den politischen Kurs der Monopole eine reale Gefahr, wenn auch die von Ulbricht gegenüber Stalin geäußerte Hoffnung auf Massenaktionen gegen den Adenauerkurs nur Wunschträume sind.

Zusammenfassend ist die Position der westdeutschen regierenden Kräfte nach der Niederlage Hitlerdeutschlands etwa folgendermaßen zu beschreiben: Sie erkennen die Hegemonie der USA in der westlichen Hemisphäre an und warten auf den Moment, mit eigenen Forderungen aufzutreten, die Ergebnisse des Zweiten Weltkrieges zu revidieren. Dieser Moment, der Tag X, scheint zu kommen. Inzwischen ist der Staatsapparat ausgebaut und mit vielen Nazis bis in die höchsten Stellen besetzt. Die KPD und die FDJ werden zurückgedrängt und etwas später verboten. Zum Beispiel verlangt die Gewerkschaftsführung von allen Funktionären, daß sie einen Revers unterschreiben, in den Betrieben keinerlei politische Betätigung auszuüben. Das führt in der KPD, die besonders in den Betrieben stark ist, auf dem sogenannten Münchener Parteitag, der in Weimar stattfand, zu großen Diskussionen, wie sich ein Kommunist zu verhalten habe. Man überließ es schließlich dem einzelnen und der Situation in seinem Bereich, wie er sich entscheiden würde.

Obwohl es eine starke Gegenbewegung gibt, die Remilitarisierung zu verhindern, kann sie schließlich nur den Zeitpunkt des Beitritts hinausschieben. Im sogenannten »Amt Blank« werden die vorbereitenden Maßnahmen für die Aufstellung der Bundeswehr getroffen und die bewährten Nazioffiziere gesammelt. Die Niederlage MacArthurs in Korea, die eine Demütigung für die USA durch die chinesischen Freiwilligen darstellt, wird nicht als Zeichen der sozialistischen Länder verstanden, nicht an den Ergebnissen des Krieges rütteln zu lassen. Anfang 1953 wird der Bundesgrenzschutz auf 20 000 Mann erhöht, die freiwilligen Nazioffiziere bekommen ihre Einheiten zur Ausbildung.

Widersprüchliche Politik

Zu allen Spannungen der letzten Jahre baut sich im ersten Vierteljahr 1953 eine Fülle von Problemen auf, die den neu strukturierten Verwaltungsapparat in der DDR vor unbekannte Aufgaben stellten. Die Beschleunigung des sozialistischen Aufbaus, die Konzentration auf wichtige Großprojekte schuf Disproportionen in der Volkswirtschaft, die mit der Verteilung der Investitionsmittel zusammenhingen. In der marxistischen Ökonomie spielt das Verhältnis zwischen der Abteilung I, darunter versteht man die Produktionsmittelindustrie, und der Abteilung II, darunter versteht man die Konsumtionsmittelindustrie, eine maßgebende Rolle. Um ein wirtschaftliches Wachstum zu erzielen, muß die Abteilung I immer schneller wachsen als die Abteilung II. Mit anderen Worten: Die Produktion von Produktionsmitteln ist eine Anlage für die Zukunft, sie wird erst wirksam, wenn diese Mittel wirksam werden können, während die Konsumtionsmittel für den sofortigen Verbrauch bestimmt sind, für die vielfältigen Bedürfnisse der Menschen.

Nun waren Anfang der 50er Jahre die Menschen noch nicht verwöhnt, sie hungerten nicht, aber es fehlte an hochwertigen Gütern und Dienstleistungen. Der Kurs auf die Zukunft wurde straff geplant, für die Abteilung I jede erreichbare Mark, die Abteilung II kann warten! Waren nicht auch die Betriebe der Konsumindustrie durch den Krieg stark geschädigt und durchaus zu modernisieren? In der Praxis aber wurde, oft in vulgarisierender Form, die Leninsche These dazu herangezogen, um einseitige Entscheidungen zu begründen.

Für die Bevölkerung, die im allgemeinen nichts gegen einen Kurs auf eine sozialistische Entwicklung hatte, wirkte sich aber die Vernachlässigung der Konsumtion negativ aus. Sie bekam nicht viel und vor allem nicht das Gewünschte zu kaufen. Jedermann spürte den Mangel, er war zwar nicht absolut, aber latent rechnete man immer mit ihm. Es ist klar, daß dieser Zustand zu einer Unzufriedenheit führte.

Auch im außerwirtschaftlichen Bereich verspannte sich das Verhältnis bestimmter Bevölkerungsgruppen, anscheinend ohne Grund. Seit kurzer Zeit diskutierte man die Tätigkeit der Jungen Gemeinde, der kirchlichen Jugendorganisation, an den Oberschulen und Universitäten. Das Verhältnis der Sozialisten zur Religion war seit langem bestimmt. Es war ihnen klar, daß es politisch unklug war, einen Kampf gegen gläubige Menschen wegen ihrer Bindung an die Religion zu führen. Es galt daher die bekannte Devise Friedrichs II., daß jeder nach seiner Façon selig werden solle. Außerdem waren die Kirchen, wenn auch nur zu einem Teil, gegen den Faschismus aufgetreten, daher ergab sich in der antifaschistischen Ordnung eine sachliche, auf die Linderung der Not gerichtete Zusammenarbeit. In einem Vorbereitungslehrgang von Emigranten in Moskau für den Einsatz nach dem Krieg hatte Wilhelm Pieck ausdrücklich auf die katholische

Kirche verwiesen, die ihre Organisation im wesentlichen frei von faschistischen Einflüssen gehalten habe, sie sei ernsthaft zu studieren und von ihr zu lernen.

Woher kam nun die Bekämpfung der jungen Christen, die zu einem Teil Mitglied der FDJ waren und ihren Platz in der sozialistischen Gesellschaft suchten? Der andere Teil, wollte er auch der FDJ nicht beitreten, war deshalb doch nicht als gegnerisch zu betrachten. Die Junge Gemeinde wurde von Jugendpfarrern angeleitet, die natürlich im Dienst ihrer Kirche standen und deren Linie vertraten. In den Kirchen dominierten Einflüsse aus den Westzonen, die Grenzen zwischen den Staaten galten zum Teil nicht für die Kirchengebiete. Es gab eine Reihe von Besonderheiten, aber keinen Grund, eine ideologische Auseinandersetzung um die Frage Sozialismus oder Christentum zu beginnen, die schließlich in einer administrativen Konfrontation mündete und so weit führte, daß 832 aktive Christen und besonders Pfarrerkinder nicht zum Abitur oder zum Studium zugelassen wurden. Die Tätigkeit der Jungen Gemeinde wurde schließlich untersagt. Es stimmt, daß es westliche Einflüsse gab, im Eichsfeld kamen Theologiestudenten heimlich über die grüne Grenze und hielten abends und nachts Seminare ab. Wir Studenten der Philosophie aus Jena wurden dafür eingesetzt, an diesen Diskussionen teilzunehmen und den Atheismus zu vertreten.

Unser Professor Georg Klaus erklärte uns, daß Religion und Kirche durchaus kein Unsinn oder Unfug seien, sondern in der Geschichte und für viele Menschen auch in der Gegenwart gemeinschaftsbildende und soziale Funktionen in der Gesellschaft ausübten. In diesem Sinne war auch für uns die Teilnahme an den Veranstaltungen sehr lehrreich und in jedem Falle sachlich und nützlich, obwohl wir überraschend und nicht eingeladen an den Diskussionen teilnahmen.

Allerdings ging es in den meisten Gesprächen durchaus nicht sachlich zu, es hieß: Entweder trittst du aus der Jungen Gemeinde aus, oder es ist für dich kein Platz im Sozialismus. Das aber widersprach der bisher im Ganzen erfolgreichen Linie, daß lediglich die antifaschistische Haltung und die demokratische Einstellung maßgebend seien. Was steckte hinter diesem Sektierertum? War es bloße Dummheit und freidenkerische Kirchenfeindlichkeit? Wenn man ohne emotionale Wertung an diese Situation heranging, mußte man zur Erkenntnis kommen, daß man mit Angriffen auf Pastoren gleichzeitig ganze Gemeinden angriff. Wem konnte das nützen? Niemandem, es beeinträchtigte die Zusammenarbeit (siehe Anhang, Seite 200 ff).

Nicht nur die Folgen für die Beziehungen zwischen der SED und der CDU waren offensichtlich, hatte diese Partei doch den Weg zum Sozialismus begrüßt, sondern auch in der SED begannen merkwürdige Diskussionen, die mit Vehemenz geführt wurden. Wer sich mit den Forderungen der Partei neuen Typus nicht schnell genug anfreundete, wurde leichthin des Sozialdemokratismus bezichtigt, d. h. er wurde als Anhänger der SPD und ihres Ostbüros betrachtet und als unsicherer Kantonist oder gar ideologischer Gegner angesehen. Das gleiche galt für den Titoismus. Damit wurde der Sonderweg der jugoslawischen Partei bezeichnet, die sich vom stalinschen Einfluß befreit hatte und dafür gleichsam exkommuniziert wurde. Ein von Kurt Hager ausgearbeitetes Schulungsheft verteufelte den Weg der jugoslawischen Partei in schrillen Tönen. Als junger Student hatte ich den Auftrag, in einer Grundorganisation bei Carl Zeiss Jena darüber zu referieren und zu diskutieren. Natürlich stützte ich mich auf diese Broschüre und wurde von den alten Genossen stark angegriffen. Sie wollten nicht vorgeschrieben bekommen, wie sie zu denken hatten. Einige verließen die Versammlung vorzeitig. Die Sache war noch Gegenstand mehrerer Versammlungen, bis alle davon genug hatten.

Eine Parteiüberprüfung sollte die »ideologische Reinheit« der Partei herstellen. In manchmal langen Gesprächen über einen handgeschriebenen Lebenslauf und Fragebogen wurde in der Vergangenheit vor allem der älteren Genossen herumgefragt. Es ging immer um die Stellung zur SPD, was für die Sozialdemokraten, die aus dieser Partei kamen, oft als beleidigend empfunden wurde. Sie sollten Erklärungen abgeben. Wer sich weigerte, wurde ein zweites Mal bestellt, mancher trat aus, andere wurden gestrichen. Offiziell hieß es, die Partei solle von zufälligen Elementen befreit werden, von Karrieristen und ehemaligen Nazis, die ihre Vergangenheit nicht dargelegt hatten, aber das war nur ein Nebengebiet. Der Schauspieler und Sänger Ernst Busch gab in einer erregten Sitzung sein Parteibuch zurück. Erst im Jahre 1976 habe ich in zwei Nächten versucht, seine Haltung zu entkrampfen, denn er hatte sich geweigert, nach einem Streit mit Erich Honecker, seine Lieder in einem Verlag, in dem er Lizenzträger war, herauszugeben. Er ließ seine Vergangenheit nicht durch Mißtrauen infrage stellen.

Waren diese Anzeichen nur Ausdruck »revolutionärer Ungeduld«, wie Brecht meinte, oder steckte Systematik dahinter? Der weitere Verlauf der politischen Dinge wird Antwort geben.

Als die Schwierigkeiten nicht mehr zu bemänteln waren und die Versorgungslücken immer größer wurden, verhaftete man im Dezember 1952 den Minister für Handel und Versorgung, Karl Hamann. Er wurde aller Funktionen enthoben und aus der LDPD ausgeschlossen, deren Mitbegründer er war. Vor Gericht gestellt, wurde er unter der Anklage, die planmäßige Versorgung der Bevölkerung sabotiert zu haben, zu zehn Jahren Zuchthaus verurteilt, 1956 begnadigt. Die gesellschaftlichen Probleme wurden, wie oft in der Politik, auf personelle Schwächen reduziert.

In der gleichen Zeit wurde in Moskau in das Horn des verschärften Klassenkampfes gestoßen, eine Verschwörung leitender Ärzte, meistens Juden, aus dem Regierungskrankenhaus sei aufgedeckt. Sie wollten angeblich Gesundheit und Leben der führenden Politiker angreifen. Dazu heißt es in der »Prawda« vom 14. Januar: »Indem Genosse Stalin die opportunistische Theorie über das ›Erlöschen‹ des Klassenkampfes entsprechend dem Anwachsen unserer Erfolge entlarvt, stellt er warnend fest, daß dies nicht nur eine faule, sondern auch eine gefährliche Theorie ist, denn sie schläfert unsere Menschen ein, führt sie damit in eine Falle, gibt jedoch dem Klassenfeind die Möglichkeit, wieder Kräfte für den Kampf gegen die Sowjetmacht zu sammeln ... Gerade diese verkappten Feinde, die von der imperialistischen Welt unterstützt werden, werden auch in Zukunft ihre Schädlingstätigkeit fortführen. Was die Inspiratoren dieser gedungenen Mörder angeht, so mögen sie davon überzeugt sein, daß die Vergeltung sie nicht vergessen, sondern den Weg zu ihnen finden wird, um mit ihnen abzurechnen. – Um also die Schädlingsarbeit zu beseitigen, muß mit der Vertrauensseligkeit Schluß gemacht werden.«

Hier ein Minister und seine »Bande«, dort leitende Ärzte als Schädlinge hingestellt.

Auch in der DDR begann eine Kampagne gegen angeblich

unzuverlässige Intellektuelle. Minister Fritz Selbmann, der selbst verdächtigt worden war, veröffentlichte im Januar 1953 im »Neuen Deutschland« einen Artikel: »Entscheidende Wende auf dem Gebiet der Metallurgie.« Er forderte darin höhere Leistungen der Wissenschaftler und Techniker. Sie sollten von der Sowjetunion lernen, und er fragte sie, ob sie »Diversanten, Saboteure oder Schädlinge« seien. Die Metallurgen im EKO beklagten in den weiteren Monaten einen zunehmenden Druck, mit dem Schuldige für die Fehler von oben gesucht werden sollten. Der 1952 mit dem Nationalpreis ausgezeichnete technische Direktor Horst König konnte die ständigen Angriffe nicht mehr aushalten und ging 1956 nach Westdeutschland.

Roll back geplant

Manchmal zweifele ich daran, ob es überhaupt möglich ist, sich heute vorzustellen, welch ein Knoten von Problemen und Widersprüchen gelöst werden mußte, aber es gab jeden Tag neue und schwierigere.

Im Westen taten sich einschneidende Dinge. Am 19. März 1953 wurde vom Bundestag der Generalvertrag ratifiziert, auch Deutschlandvertrag oder Bonner Vertrag genannt. Er regelte die Beziehungen der BRD zu den drei Mächten USA, Großbritannien und Frankreich. Der Vertrag sollte das Besatzungsregime ablösen und den Weg in die Europäische Verteidigungsgemeinschaft (EVG) freimachen. Zwar gab es durch Proteste und Einwände Verzögerungen, doch Adenauer versichert dem neuen amerikanischen Präsidenten Eisenhower, trotz Schwierigkeiten durch die Opposition an der Stärkung des militärischen Bündnisses mitzuwirken. Auch nach der Wiedervereinigung werde Deutschland nicht aus der EVG austreten. Der amerikanische Präsident verspricht dafür Rüstungshilfe und für Westberlin Wirtschaftshilfe.

Damit war verbindlich der Kurs der Adenauer-Regierung gegenüber der führenden Macht im westlichen Bündnis festgelegt, der Staatsbesuch hatte die spalterischen Positionen festgeklopft. Adenauer muß an die Wiedervereinigung als Gegenwartsaufgabe gedacht haben, denn es kann kein Zufall sein, daß am 12. Juni die Konzerne, die auf dem Territorium der DDR inzwischen enteignete Betriebe noch zu ihrem Besitz zählten, Weisungen erteilten, deren Aktien aufzukaufen. Die Börsen verzeichneten am 13. Juni rege Nachfrage nach den sogenannten Ostwerten.

Besonders erfolgreich wurden gehandelt die Aktien von Siemens, AEG, Flick, des Krupp-Konzerns, der Dessauer Continental Gasgesellschaft und der Deutschen Erdöl AG. Einige frühere Großagrarier erkundigten sich nach dem Zustand ihrer alten Besitzungen.

Maßnahmen dieser Art treffen Konzerne nicht ohne ausreichende Informationen. Zu ihrer Beschaffung war im März 1952 beim Ministerium für gesamtdeutsche Fragen ein sogenannter »Forschungsbeirat für Fragen der Wiedervereinigung Deutschlands« gegründet worden. Besser hätte diese Informationszentrale »Ausforschungsbeirat« geheißen. Bei ihr liefen die Spionagemeldungen zusammen, die zu einem Sofortprogramm umgeformt wurden. Die Maßnahmen waren detailliert ausgearbeitet, es kam der BRD-Regierung darauf an, nach dem Tag X eine kompatible Angleichung der Verhältnisse von Ost zu West zu erreichen. Die Landsmannschaften hatten hierin die Funktion einer »Armee für die Wiedervereinigung« zu übernehmen, wie Minister Kaiser formulierte.

Im Juli 1952, zum Zeitpunkt der II. Parteikonferrenz, berichtete der »Spiegel«: »Der Generalstabsplan für die administrative Machtübernahme ist so gut wie fertig. Es fehlt – nach der Unterzeichnung des Generalvertrages durch den Bundeskanzler Adenauer – nur die Gelegenheit, ihn in der Praxis anzuwenden.« Zu diesem Plan gehörte eine Liste mit Mitgliedern einer »Schattenregierung«, die für den Tag X bereit stand. Eine »Ostkartei« erfaßte Bürger der DDR, welche vom Volkszorn hinweggefegt, also gelyncht werden sollten. Die Sabotageakte steigerten sich in den folgenden Monaten erheblich, die Liste wäre lang, wollte man sie alle aufführen.

Es ist anzunehmen, daß das Ministerium für Gesamtdeutsche Fragen unter Jacob Kaiser, dem vormaligen Vorsitzenden der CDU in der Ostzone, bei der Analyse der Lage in der DDR zu der Erkenntnis gekommen war, zum Sturm auf die Brüder im Osten zu blasen. Unter Mitwirkung der Geheimdienste muß die

Mißstimmung als breit und ausreichend für eine Revolte angesehen worden sein. Dazu kamen die bekannten Pläne Berijas, der die DDR nach ihrer Schwächung durch hohe Reparationsleistungen sowieso aufgeben wollte. Inzwischen war Stalin gestorben, und man muß im Westen wohl der Annahme gewesen sein, daß man mit Berija den neuen ersten Mann der Sowjetunion vor sich hatte. Nach Stalins Tod am 5. März 1953 begann in Moskau die Diskussion über seine Nachfolge, die vorerst mit einer Übergangslösung abgeschlossen wurde. Molotow wurde wieder Außenminister, Marschall Schukow, der berühmte Feldherr des Zweiten Weltkrieges und Sieger von Berlin, kam nach Moskau zurück.

Um diesen Zeitpunkt wurden in der DDR merkwürdige Beschlüsse gefaßt, die zur Einschränkung der Konsumtion führen mußten und einige wichtige Preise erhöhten. Dazu kamen Einschränkungen für bestimmte Schichten und Personengruppen. Hier eine Auswahl mit ihren Auswirkungen: Die Preise für Zucker, Marmelade und Süßwaren wurden erhöht. Ich habe bis heute einen Kommentar von Karl Eduard von Schnitzler im Ohr, der sich betont forsch bemühte zu erklären, warum es gut für den Sozialismus sei, wenn die Marmelade teurer würde. Schwieriger wog schon der Wegfall der Fahrpreisermäßigung für Arbeiterfahrkarten, denn es ist für Mitteldeutschland durchaus typisch, daß Arbeitsplatz und Wohnort getrennt sind. Viele Arbeiter hatten eine kleine Wirtschaft und mußten in ihre Dörfer zurück. Außerdem war die ganze DDR eine Baustelle, die Familien lebten getrennt, sie konnten sich nur am Wochenende zusammenfinden, da war die Fahrpreiserhöhung einschneidend.

Wie einschneidend die Beschlüsse für die Arbeiter waren, zeigen folgende Angaben aus dem Eisenhütten-Kombinat Eisenhüttenstadt:

Da die Normen im Bauwesen seit Anfang 1953 merklich erhöht worden waren, drückte nun der Wegfall der Fahrpreisermäßigung zusätzlich auf den Lohn von vorher 500 Mark. Der Betrieb war eigentlich mit »Sonderwaren« besser versorgt als andere, aber in den ersten Monaten des Jahres 1953 begannen die ernsthaften Mangelerscheinungen. Es fehlte an ausreichend Zucker, Roggen, Hülsenfrüchten, Reis, Kartoffeln. Nur Kinder und Diabetiker erhielten noch Frischgemüse. Butter gab es nur noch auf Marken, in der HO fehlte sie. Milch wurde nur noch an diejenigen ausgegeben, die am Werkessen teilnahmen, für die anderen hatten die Milchkarten keine Gültigkeit mehr. Solche regulierenden Anweisungen wurden direkt vom Ministerium für Handel und Versorgung herausgegeben. Alles in allem ein tristes Bild der Versorgung der Bevölkerung, von der außerordentliche Anstrengungen erwartet wurden.

Gegenüber dem Handwerk wurde ein neuer Kurs eingeleitet, der sichtbar und spürbar abwich vom vorher erlassenen »Gesetz zur Förderung des Handwerks«, das allgemein begrüßt worden war. Die Produktion der Handwerksbetriebe hatte sich seitdem verdoppelt. Nunmehr wurde an der Steuerschraube gedreht und die meistens kleinen Betriebe mit höheren Abgaben belastet. Dazu fielen für die Handwerker die billigen Lebensmittel auf Lebensmittelkarten weg, sie mußten nunmehr alles in der HO zu den höheren Preisen kaufen, abgesehen davon, daß es in den kleinen Orten gar keine HO-Läden gab. Auch die traditionell in Westberlin arbeitenden Werktätigen, die in Ostberlin wohnten, erhielten keine Lebensmittelkarten mehr. Die Intelligenz hatte eine höhere Einstufung in der Kategorie »Schwerarbeiter« erhalten, um ihre Arbeit besonders zu würdigen, auch diese Verbesserungen fielen weg.

Warum dieser entzweiende Kurs gegen den Mittelstand und die Intellektuellen? Wir konnten es damals nicht erklären, hatten aber unentwegt mit den Folgen zu tun. Viele Handwerker, die ihren Beruf natürlich sehr gut ausüben konnten, arbeiteten jetzt langsam oder nahmen höhere Preise, was wiederum die Steuerfahndung auf den Plan rief. So ging mancher mit seinem Päckchen in den Westen und war für die DDR verloren. War das der Zweck? Auch die Intelligenz ging verstärkt in den Westen, wo sie in den Konzernbetrieben oder den Krankenhäusern mit offenen Armen empfangen wurde.

Die Bauernschaft wurde immer als der natürliche Verbündete der führenden Arbeiterklasse angesehen. Nun aber schlug der Staat auf säumige Pflichtablieferer ein und betrachtete es als ein strafbares Vergehen, wenn die festgelegten Abgabemengen nicht erreicht worden waren oder nicht erreicht werden konnten. Dieser Druck hatte die gleichen desaströsen Folgen, so mancher verließ seinen Hof und suchte im Westen sein Heil, teilweise durch Verhaftungen bedroht.

Der Höhepunkt aber war die generelle, durch Gesetz vorge-
schriebene Erhöhung der Arbeitsnormen um durchweg mindestens 10%. Dieser Punkt hatte eine katastrophale Auswirkung,
bedeutete er doch für die gleiche Arbeitsleistung 10% weniger
Lohn (siehe Anlage, Seite 171). Offiziell wurde argumentiert, daß
dann eben technische Maßnahmen eingeleitet werden müßten,
um die Arbeitsproduktivität zu erhöhen, und streng gegen sogenannte Bummelanten vorgegangen werden müsse. Nicht überall,
sogar in den wenigsten Fällen, war eine Verbesserung der Arbeitsorganisation möglich, weil auch bisher die Möglichkeiten durchaus ausgenutzt werden mußten, und eigentlich gehören in jedem
Betrieb solche Maßnahmen zur normalen Tätigkeit der Leitung.
Die Arbeiter waren empört. Wir Parteifunktionäre schwärmten
aus. Ich wurde für den Kreis Greiz eingesetzt. So fuhr ich in das
Sekretariat der Kreisleitung, wir sollten uns einen Überblick verschaffen.

Der Kreissekretär und seine Mitarbeiter waren empört, und ich
hörte zum erstenmal eindeutige Verweigerungen, diese Maßnahme des Ministerrates mitzutragen. Als ich einwandte, daß auf
andere Weise die großen Mittel für die Großbetriebe und -vor-
haben nicht aufzubringen seien, sagten die Genossen, dann müsse
man das Tempo ändern. Ohne ausreichende Arbeitskräfte, und
sie nannten die Zahlen der Republikflüchtigen, sei bekanntlich
gar nichts zu machen. Mit gewissem Hintersinn schlugen sie vor,
ich solle doch an Stelle des 1. Sekretärs, der dann in eine andere
Versammlung gehen könne, nach Arbeitsschluß in einen der größten Metallbetriebe gehen und dort sprechen.

So geschah es. Der Vorsitzende der Betriebsgewerkschaftslei-
tung, der wie die gesamte Gewerkschaft die Maßnahmen verteidi-
digte, kam nicht zu Ende mit seinem ohnehin kurzen Referat im
überfüllten Speisesaal. »So viele Versammlungsteilnehmer hatten
wir noch nie«, raunte mir der Parteisekretär, der den Vorsitz hatte,
zu. Die Zwischenrufe und Fragen waren im Grundduktus gleich.
Alle verlangten eine Änderung und die Rücknahme der Beschlüsse und erklärten, daß sie sowieso keine Faulenzer seien und
ihren Beruf sehr wohl verstünden. In dieser Weise ging die Versammlung noch einige Zeit fort, dann gab man mir das Wort. Ich
war damals 26 Jahre alt, hatte Philosophie und Geschichte studiert, auch Politische Ökonomie bei Paulsen, wo man noch lernte,

eine Bilanz zu lesen, aber eigentlich war ich auf kulturpolitschem Gebiet tätig.

Was blieb mir zu sagen? Ich stellte mich auf die Seite der berechtigt protestierenden Arbeiter und verlangte von der Werkleitung, daß sie den Beschluß des Ministerrates »im wirklichen Sinne« durchführen solle. Normen könnten nur erhöht werden, wenn die technischen Voraussetzungen dafür geschaffen worden seien. Wie, könne ich nicht sagen, das sei nicht mein Metier, aber bis dahin müßten die alten Normen gelten.

Der anwesende Betriebsleiter verstand und sprach in seinem Schlußwort davon, daß nunmehr die Linie durch den Vertreter der Bezirksleitung geklärt worden sei und damit erst einmal das Wichtigste für den nächsten Tag in Angriff genommen werden könne, die Normen technisch zu überprüfen. Dazu erteilte er an seine Meister die erforderlichen Aufträge.

Uff, das war geschafft. Der Parteisekretär klopfte mir auf die Schulter, wußte er doch, daß ich keinerlei Rückendeckung für solcherart Meinung hatte. Dann zeigte er noch auf einen Redakteur, der ihm versicherte, er wolle gleich einen Artikel für die Lokalausgabe schreiben, er würde vielleicht noch morgen früh erscheinen. Ich war noch gar nicht zu Hause, da wußte der 1. Bezirkssekretär Otto Funke schon Bescheid und hatte meine Frau angerufen, ich solle gleich früh zu ihm kommen. »Hast du das gesagt?« hielt er mir den Artikel unter die Nase. Der Redakteur hatte korrekt berichtet. Dann bestätigte er ausdrücklich: »Du hast das richtig gesagt, die Berliner Linie ist nicht durchzuhalten.«

Es darf nicht übersehen werden, daß der Tod Stalins in heute unvorstellbarer Weise die Menschen betroffen gemacht hatte. Der weise Führer des Weltproletariats war gottgleich verehrt worden, und viele glaubten schließlich, daß ohne ihn und seine Leitung alles durcheinandergeraten würde. Und das kam ja auch so. Allerdings hingen hier Ursache und Wirkung auf besondere Weise zusammen. In den Diadochenkämpfen in Moskau bildete sich eine Gruppierung des Politbüros, die mit der Terrorherrschaft Stalins und seines Einpeitschers Berija nicht einverstanden war und handelte, um dessen Maßnahmen zu unterlaufen. Denn Berija hatte sich gut vorbereitet, um die deutsche und vielleicht auch europäische Frage in seinem Sinne zu entscheiden. Er unterminierte die Stabilität der DDR, um sie mit der den Westmächten angebotenen Linie oder ohne diese loszuwerden.

Die Wochen nach Stalins Tod verliefen in mancher Beziehung sehr merkwürdig. Anfang Mai tauchte ein junger Mann mit einem Befehl bei Otto Funke auf, der uns daraufhin zusammenrief. Wir waren eine kleine Gruppe, die gerade im Hause war, hatten aber alle Dienstpistolen, die vom Abteilungsleiter aufwärts zum persönlichen Schutz ausgegeben und von der Volkspolizei verwaltet wurden, die auch die notwendigen Übungen leitete. Dieser junge Mann, offensichtlich ein Mitarbeiter des Geheimdienstes, wollte diese Waffen einsammeln. Ein Anruf beim Bezirkschef der Volkspolizei hatte ergeben, daß der davon nichts wußte. Wir weigerten uns, und Funke wies den Mann an, sofort in sein Auto zu steigen und den Bezirk zu verlassen. Wenn er nicht in kurzer Zeit an der Bezirksgrenze in Eisenberg sei, würde er inhaftiert. Der Mann tat wie geheißen und ward nicht mehr gesehen.

War er einer der vom Hohen Kommissar Semjonow in seinen Memoiren erwähnten V-Leute Berijas? Sie sollen in den Großbetrieben eingesetzt worden sein, um als Redner und Mitglieder der Streikkomitees zu fungieren. Einen solchen verhaftete man im Edelstahlwerk Silbitz, aber es verlautete damals, er sei aus dem Westen gekommen und in der Hofkolonne tätig gewesen. Am 17. Juni schwang er sich auf die Rednertribüne und hielt die Reden, denen wir noch begegnen werden.

In meiner Zeit als Minister habe ich gehört, daß auf Intervention der Parteileitungen Honecker und Mielke diese aus Moskau installierten Agenten in ein Flugzeug gepackt und zurückgeschickt haben. Für Honecker ist das unwahrscheinlich, war er doch damals FDJ-Sekretär, für Mielke aber ziemlich wahrscheinlich, denn er war damals Staatssekretär für Staatssicherheit, deren Minister Zaisser hieß.

Auf dem VI. Parteitag der SED im Jahre 1963 erklärte Walter Ulbricht, daß der Stalinsche Personenkult in der DDR nicht sehr ausgeprägt war. Und scheinbar zusammenhanglos fügt er an, daß der unmittelbare Kampf mit den imperialistischen Kräften Westdeutschlands die Einhaltung der marxistisch-leninistischen Partei- und Staatsnormen begünstigt hätte. »So konnten zum Beispiel bestimmte Agenten Berijas keinen Schaden bei uns anrichten, weil sie nicht in die DDR hereingelassen wurden. Das wurde nicht sehr demokratisch gemacht, aber sie wurden nicht hereingelassen. Das genügt.«

Im Frühjahr 1964, ich saß mit einigen Mitarbeitern am Referat für die 2. Bitterfelder Konferenz, bekam ich einen dringenden Anruf vom ZK der SED, ich solle mich sofort in Trab setzen. Auf der Tagung des Verbandes bildender Künstler hatte der berühmte Bildhauer Fritz Cremer von der Partei gefordert, sie möge offen über die verheerenden Folgen des Stalinkultes und seine Auswirkungen auf die Kulturpolitik sprechen, ebenso über die Vorgänge am 17. Juni 1953 und noch andere Punkte. Niemand von den offiziell anwesenden Vertretern des ZK traute sich, zu diesen Themen zu sprechen. Was blieb mir anderes übrig? Außerdem war mir die Atmosphäre in der Kunst zu wichtig, als daß ich mich hier drücken wollte. Es kam ohnehin nur darauf an, daß man offen sprach und Vertrauen gewann. So ließ ich mir den Beitrag Cremers vorspielen und sprach dann nach der Mittagspause. In diesem Beitrag kam ich auf die Moskauer Agenten zu sprechen, die am 17. Juni angeheizt hatten und sagte, so weit das möglich war, seien sie schon vorher geschnappt und zurückgeschickt worden, wahrscheinlich war auch unser Pistolensammler darunter.

Bei der nächsten Politbürositzung wurde der Verbandskongreß ausgewertet, und ich befürchtete schon ein Donnerwetter wegen dieser Passage, die den großen Bruder in ein ambivalentes Licht stellen mußte. Aber Honecker, der den Vorsitz führte, ging auf meinen Beitrag ein und sagte ausdrücklich, daß er mein Auftreten billige. Ulbricht war nicht anwesend. Die anderen Mitglieder äußerten sich nicht zu dieser brisanten Frage.

Über diesen gravierenden Vorgang gibt es eine offizielle Verlautbarung in der »Geschichte der deutschen Arbeiterbewegung« (Bd. 7, S. 228): »Die Parteiführung der SED, unterstützt von Vertretern der sowjetischen Besatzungsmacht, setzte den Bestrebungen L. P. Berijas entschiedenen und erfolgreichen Widerstand entgegen. Seine Beauftragten wurden nicht in die DDR hereingelassen.« Man möchte hinzusetzen: »Bis auf diejenigen, die bereits da waren.«

Es ist weitgehend unbekannt, daß es schon vor dem 16. Juni an vielen Orten der DDR zu Arbeitsniederlegungen gekommen ist. Sie betrafen nicht immer ganze Betriebe, sondern manchmal nur

Abteilungen oder Baustellen und konnten mit dem Einsatz der örtlichen Kräfte meistens reguliert werden. Immer war die Normenfrage der Grund, die ganze DDR fieberte. Die Bevölkerung bekam den Eindruck, daß sich seit der 2. Parteikonferenz die Lage verschlimmert hatte. Überall sah man sorgenvolle Mienen.

Das Ruder wird herumgerissen

Nicht nur wir in unserem kleinen Bezirk fragten uns, was wir tun sollten, die Weichen neu zu stellen und die zunehmende Schärfe aus den Auseinandersetzungen zu nehmen. Der führende Berater in der Sowjetischen Kontrollkommission, Semjonow, berichtete in Moskau, wie die Fachleute für die deutsche Frage zutiefst beunruhigt die Aktivitäten Berijas und seiner Leute in der DDR beobachteten. Im Zusammenwirken mit der Armeeführung erreichten sie, daß die deutsche Frage Ende Mai auf die Tagesordnung des Politbüros der KPdSU gesetzt wurde.

Am 3. Juni erfahren Grotewohl, Ulbricht und Oelßner in Moskau, daß die KPdSU die Politik des Aufbaus des Sozialismus in dem angeschlagenen Tempo entschieden kritisiert. Die zur allgemeinen Unzufriedenheit führenden Maßnahmen müßten sofort zurückgenommen werden. Der neue 1. Sekretär der KPdSU und Ministerpräsident der Sowjetunion, Malenkow, führte die Unterredung, anwesend war auch der Innenminister, der mächtige Berija (siehe Anhang, S. 171). Während die wichtigsten Maßnahmen erwähnt werden, fehlt die Zurücknahme der Normen völlig. Vielleicht hatte Semjonow bei der Vorbereitung nicht aufgepaßt oder übersehen, daß der Ministerrat der DDR die Normen am 28. Mai administrativ um 10% erhöhte (siehe Anhang, S. 171).

Daher stand noch am 14. Juni im »Neuen Deutschland«, daß die Elektroapparatewerke »J. W. Stalin« (EAW) in Berlin die Arbeitsnormen freiwillig um 14% erhöhen wollten. Wer hatte hier noch an der gefährlichsten Schraube gedreht? Der Chefredakteur des »Neuen Deutschlands«, Rudolf Herrnstadt, war ein alter Mitarbeiter der sowjetischen Aufklärung und damit zweifellos dem Moskauer Geheimdienst verpflichtet, also Berija unterstellt. Es hatte den Anschein, als ob in der Normenfrage sich offiziell nichts geändert hatte.

Am 9. Juni wird das Politbüro zusammengerufen, um die neue Lage zu erörtern. Im Kommuniqué dieser Sitzung wird zugegeben, daß die Regierung eine Reihe von Fehlern gemacht habe, die Normenfrage wird auch hier nicht erwähnt, als ob sie gar keine Rolle gespielt hätte. Die anderen Zwangsmaßnahmen werden alle genannt. In Moskau war auch verlangt worden, die Landwirtschaftlichen Produktionsgenossenschaften einzeln zu überprüfen, ob sie freiwillig zustandegekommen seien. Wenn Zwang angewendet worden wäre, seien sie aufzulösen. Auch dieser Passus fehlte im Kommuniqué der 9. Tagung des Politbüros. Hier lag der gleiche Zündstoff auf dem Lande wie in der Normenfrage in der Industrie. Das Kommuniqué war von Herrnstadt verfaßt worden. Waren die beiden fehlenden Hauptpunkte vergessen worden? Handelte es sich um eine zufällige Zusammenballung brisanter Probleme?

Trotzdem war die Rücknahme der Maßnahmen gegenüber den Mittelschichten und der Intelligenz eine Beruhigung der Stimmung in den betroffenen Bevölkerungskreisen. Nur die Arbeiter und die Bauern bekamen keine Antwort auf ihre wichtigsten Fragen.

Wie weiter?

Wenn aber alles, was auf der 2. Parteikonferenz und danach eingeleitet worden war, sich als falsch erwies, wie sollte es dann weitergehen? Darüber entbrannten im Politbüro scharfe Diskussionen, in denen es hauptsächlich um die selbstherrlichen Methoden Walter Ulbrichts ging. Seit dem 3. Juni war die Stellung Ulbrichts erschüttert. Davon merkte die Bevölkerung zunächst nichts, sie wunderte sich nur, daß es auf einmal möglich war, die vor wenigen Tagen noch als unumgänglich bezeichneten Maßnahmen plötzlich aufzuheben. In der Normenfrage änderte sich fast nichts, es wurde jetzt über »freiwillige Normerhöhung« gesprochen, administrativer Druck solle vermieden werden. Also auch in diesem Punkt war die Autorität der Partei und der Gewerkschaft, die auf der harten Linie blieb, stark angekratzt. Die Deutschlandpolitik der Sowjetunion war noch nicht entschieden, Unruhen in der DDR wollte man vermeiden, aber über das weitere Vorgehen bestand keine Klarheit in den Moskauer Führungskreisen, außer in der Armee.

Über den Generalstabschef der Roten Armee, Marschall Sokolowski, wurde die Meinung der führenden Militärs eingeholt und mit Semjonow abgestimmt. Besonders der Sieger von Berlin, Marschall Schukow, war über die Linie Berijas empört. Setzte sie sich durch, hieße das, die Sowjetarmee müsse sich von der Elbe an die Oder zurückziehen. Diese Meinung des alten Militärs mag den Ausschlag gegeben haben. Obwohl er von Stalin in einen unwichtigen Militärbezirk abgeschoben und damit gedemütigt worden war, besaß er nach wie vor bei der Generalität hohes Ansehen, und alle betrachteten ihn als den eigentlichen Kopf der sowjetischen Streitkräfte. Nun nahm er den offenen Kampf mit Berija auf.

Die Unruhen beginnen

Die Anspannung dieser Tage findet in vielen Diskussionen ihren Ausdruck. Am 15. Juni beschweren sich die Arbeiter am Krankenhaus-Neubau in Berlin-Friedrichshain über mangelnde Materialversorgung. Sie wollen die Normen erfüllen, aber sie können es nicht, weil nicht genügend Steine und Mörtel geliefert werden. Vertreter der Gewerkschaft Bau/Holz werden herbeigerufen und wütend beschimpft. Am Vortag wurde in der Zeitung eine »Holzhammerpolitik in der Normenfrage« kritisiert, indem das Zentralorgan »Neues Deutschland« Parteisekretäre angreift, die den beschlossenen Kurs durchsetzen wollen. Nun die Bevorzugung einiger Baustellen in der Stalinallee, und die anderen würden vernachlässigt! Den Gewerkschaftsfunktionären gelingt es, die Unzufriedenheit zu kanalisieren, man setzt einen Brief an den Ministerpräsidenten auf, der um Abhilfe gebeten wird. Die Delegation wird in seinem Büro empfangen, aber Grotewohl ist nicht anwesend. Als er kommt, spricht er mit der Abteilung Wirtschaft der SED-Bezirksleitung, aber die Auskunft lautet: »Uns ist nichts bekannt, alles ist ruhig.« So bleibt eine sofortige Anwort aus.

In der Gewerkschaftszeitung »Tribüne« erscheint am nächsten Tag, dem 16. Juni, ein Artikel von Otto Lehmann, Mitglied im Präsidium des FDGB-Bundesvorstandes, der in der Normenfrage als maßgebend angesehen wurde. In ihm vertritt der Gewerkschafter die Ansicht, daß die Normerhöhung als gerechtfertigt anzusehen sei. Danach schlagen die Wellen hoch, die Bauarbeiter sehen den Artikel als Antwort der Regierung an. Was Lehmann bewogen oder wer ihn veranlaßt hat, die bereits überwundene Position zu vertreten, ist bis heute unklar geblieben.

Die Demonstration schildert der Prorektor der Universität, Professor Robert Havemann: »Am Morgen des 16. Juni 1953, ich saß in meiner Wohnung im siebten Stock des Hauses am Strausberger Platz 9 und verzehrte gerade mein Frühstück, drangen plötzlich ungewohnte, fremdartige Geräusche vom Platz her an mein Ohr. Der ganze Platz war damals eine einzige Baustelle, die meisten Häuser noch im Ausbau, das eine der beiden Hochhäuser existierte noch nicht, das andere war mitten im Bau. Von solcher großen Baustelle, die ja nur ein Teil der noch größeren Baustelle ›Stalinallee‹ war, konnten vielerlei Geräusche kommen. Aber dies waren keine Krangeräusche, nicht das Kreischen der Bauaufzüge, überhaupt keine technischen Geräusche, es waren laute menschliche Stimmen. Ich ging zum Fenster und sah, wie sich auf dem Platz ein kleiner Zug von Bauarbeitern hinter einem ungelenk gemalten Transparent formiert hatte und eben in Bewegung setzte. Ich las: ›Nieder mit der zehnprozentigen Normerhöhung!‹

Es war ein aufregendes Bild, denn der kleine Zug wuchs im Handumdrehen zu einem großen Demonstrationszug an. Von allen Seiten kamen sie angerannt in ihrer Arbeitskleidung, angezogen wie Eisensplitter von einem Magneten. Als ich das Haus verließ, um in die Universität zu fahren, hatte der Zug den Strausberger Platz schon verlassen, in östlicher Richtung zu den anderen Großbaustellen der Stalinallee.

Ich begab mich in das Hauptgebäude der Universität, um für einige Stunden mein Amt als Prorektor für Studentenangelegenheiten auszuüben, also Akten zu lesen, Unterschriften zu leisten und mündliche Berichte meiner Mitarbeiter anzuhören. Ich war gerade wieder im Begriff zu gehen, als der Demonstrationszug der Bauarbeiter auf der Straße Unter den Linden vor der Universität anlangte. Er war gewaltig angeschwollen, außer Bauarbeitern sah man viele junge Leute im Zug, die keine Arbeitskleidung trugen. Sie hatten sich begeistert dem Protestmarsch angeschlossen. Sie riefen in Sprechchören:

›Wir sind Arbeiter und keine Sklaven! Schluß mit der Normenschinderei! Wir fordern freie Wahlen!‹

Und immer wieder am lautesten den Satz: ›Wir sind keine Sklaven!‹

Ich setzte mich in meinen Wagen, der vor der Universität parkte, und fuhr neben dem Zug in gleichem Tempo her bis zur nächsten Seitenstraße, der Universitätsstraße. Dort bog ich ab, überholte den Zug, indem ich die Dorotheenstraße bis zur Wilhelmstraße fuhr und die Linden überquerte, um über die Behrenstraße zur Bezirksleitung der Partei zu gelangen, die gegenüber der Universität neben der Hedwigskirche lag. An der Tür traf ich meinen Freund Heinz Brandt. Er forderte mich auf, mit ihm sofort zum Thälmannplatz zu fahren, wo die Spitze des Zuges bald eintreffen werde. Wir waren kaum dort angelangt, als der Zug, nun die ganze Breite der Straße einnehmend, langsam herankam. Wir gliederten uns in die Spitze des Zuges ein, dessen Ziel das Haus der Ministerien in der Leipziger Straße war. Heinz Brandt sagte mir, er habe den Demonstranten eine wichtige Mitteilung zu machen. Der Platz vor dem Gebäude der Regierung füllte sich schnell.

Nach einiger Zeit war ein Tisch da, einer der Bauarbeiter bestieg ihn, aber nicht um eine Rede zu halten, sondern um die Sprechchöre der Demonstranten zu dirigieren: ›Wir wollen mit der Regierung sprechen! Pieck und Grotewohl! Pieck und Grotewohl!‹

Heinz Brandt bahnte sich einen Weg zum Tisch und stieg hinauf. Seine Worte gingen zuerst im allgemeinen Radau unter. Dann sprang ein kräftiger, älterer Bauarbeiter neben ihn auf den Tisch und stellte mit großen rudernden Armbewegungen Ruhe her.

›Dies ist der Genosse Brandt von der Bezirksleitung. Wir wollen ihn hören.‹

›Ich habe den Auftrag, euch einen wichtigen Beschluß des Politbüros mitzuteilen‹, rief Heinz Brandt, so laut er konnte, ›die zehnprozentige Normerhöhung ist aufgehoben!‹

Die Antwort der Versammelten war ein merkwürdiges Geheul, eine Mischung von Triumphgeschrei, Freude, Wut, Gelächter. Sehr schnell herrschten aggressive Töne vor: ›Wo ist die Regierung? Weg mit der Regierung! Wir wollen freie Wahlen! Wir wollen Freiheit!‹

Dann gelang es mir, den Tisch zu besteigen. Der ältere Bauarbeiter, ein sympathischer, breitschultriger Kerl, verschaffte auch mir Ruhe und Gehör bei den Kumpels.

›Wir wollen Frieden, Freiheit und ein besseres Leben!‹ rief ich, es wurde stiller, weil man offenbar nicht wußte, für wen ich sprach. ›Wir wollen freie und geheime Wahlen für eine Regierung in ganz Deutschland, freie, gleiche und geheime Wahlen!‹ Meine Worte erhielten Beifall. Jetzt mußte ich den Übergang finden: ›Aber ihr wißt doch, alles das hat doch unsere Regierung der westdeutschen Regierung vorgeschlagen. Grotewohl will die freien Wahlen in ganz Deutschland. Was wollen wir hier? Wir müssen in den Westen ziehen, dort sitzen die Spalter. Dort müssen wir die freien Wahlen fordern!‹ Jetzt bekam ich keinen Beifall mehr, wieder erhob sich das Geheul, das keine noch so laute Stimme durchdringen konnte.

Nach mir bestieg Genosse Robert Naumann (ein Volkswirtschaftler) den Tisch. Er wurde als Professor von der Humboldt-Universität angekündigt. Aber es herrschte große Unruhe, als er mit seiner viel zu leisen Stimme rief: ›Ja, ich bin ein Professor von der Universität ...‹, schon erhob sich Gelächter, ›... aber ich bin ein Arbeiter wie ihr, hört mich ...‹, er war kaum noch zu hören, ›... hört mich an, denn ich gehöre zu euch ...‹ Das Brausen der Masse übertönte ihn vollends. Einige riefen: ›Ein Professor!‹ und lachten.

In diesem Augenblick öffnete sich das Gittertor des Hauses der Ministerien. Der Genosse Fritz Selbmann, Minister der Regierung Grotewohl, bahnte sich den Weg zum Tisch und bestieg ihn. Sehr schnell wurde es ruhig. Laute Stimmen riefen: ›Ruhe, ein Minister ist da, Fritze Selbmann ist da ...‹ Fritz war sehr populär bei den Arbeitern.

Seine ungezwungene Art, seine linkische Eleganz, er sah immer aus wie ein Prolet im Sonntagsstaat, was die Arbeiter sehr wohl von der Eleganz eines ›Lackaffen‹ unterscheiden können, in seinen Reden Grobheit mit plumper Angabe, Ernst mit handfesten Witzen gemischt, alles das ließ erkennen, daß er trotz seines hohen Regierungsamtes ein Prolet geblieben war.

Seine kräftige Stimme erfüllte den Platz: ›Ihr habt gehört, mit der neuen Normerhöhung ist erst mal Schluß. Das war einfach zuviel. Wir müssen doch zusammengehen, also auch zusammen reden. Die Normen werden sich noch erhöhen, das ist doch klar, aber nicht auf euren Knochen. Wir werden eine neue Technik haben, da schafft ihr mit dem kleinen Finger soviel wie heute mit der ganzen Faust ...‹ Es entstand wieder Unruhe: ›Wir sind eure Regierung, keine Kapitalisten, wie im Westen ...‹

›Wo ist die Regierung?‹ schrie einer, und ein anderer: ›Schisser, Angsthasen! Die soll'n doch kommen, wenn sie Arbeiter sind!‹

Alles weitere gingen wieder im unheildrohenden Brausen unter. Selbmann rang verzweifelt die Hände. Schließlich gab auch er es auf ...

Die Anführer der Demonstration merkten sehr bald, daß weiteres Warten vor dem Haus der Ministerien für sie schädlich war. Sie waren ja nicht gekommen, um hier vor verschlossenen Türen zu versauern. Außerdem hatten sie schon etwas erreicht. Die Normerhöhung war weg, das Politbüro hatte vor ihnen gezittert. Sie formierten sich zum Abzug.

Heinz und ich gingen zum Thälmannplatz und bestiegen mein Auto. In der Bezirksleitung saß das Büro unter Leitung des Ersten Sekretärs, Hans Jendretzky, in Dauersitzung. Wir wurden sofort hereingelassen, um zu berichten. Der schöne Hans, so nannten ihn viele, saß an seinem riesigen Tisch, seiner Kommandozentrale. Die Hälfte des Tisches bestand aus einer Telefonanlage mit vielen Schaltern, Knöpfchen und Lämpchen. Hin und wieder schnarrte es, Hans nahm den Hörer. Er lachte hysterisch. Von allen Seiten Hiobsbotschaften. ›Es wird immer schöner‹ oder ›Ist ja direkt großartig!‹ beantwortete er die Anrufe. Er hörte unseren Bericht nur mit halbem Ohr. Was wir jetzt tun sollten, fragten wir.

Er zuckte nur mit den Schultern. Ich blieb unschlüssig noch eine Weile in dieser Kommandozentrale, die keine Kommandos gab. Schließlich langweilte und ärgerte mich das hilflose Versagen von Leuten, die sonst immer auftraten wie souveräne Kapitäne des Klassenkampfes und der Revolution.

Ich ging im Hof zu meinem Wagen. Dort war eine Gruppe von Genossen um einen Lautsprecherwagen der Post versammelt. Man suchte jemanden, der bereit war, den Wagen zu besteigen und dem Zug entgegenzufahren. Ich stieg ein. Ich hatte erfahren, daß der Zug die Friedrichstraße entlang bis zum Oranienburger Tor gezogen und dann in die Wilhelm-Pieck-Straße eingebogen war. In der Friedrichstraße sei ein anderer Lautsprecherwagen der Partei vom Zug erobert worden und werde nun als eigene Schallkanone mitgeführt. Ich postierte meinen Wagen in einer Seitenstraße der Wilhelm-Pieck-Straße kurz vor der Straßenecke. Da die Seitenstraße schräg in die Wilhelm-Pieck-Straße einlief, konnte ich von dieser Position aus den Zug gut beschallen.

Außer dem Fahrer war ein Techniker zur Bedienung der Verstärkeranlage im Wagen. Ich instruierte ihn, er solle die Endröhren des Verstärkers zerstören, wenn unser Wagen von den Demonstranten erobert werden sollte. Die Türen hatten wir von innen fest verriegelt.

Als der Zug kam, begrüßte ich ihn freundlich mit der gewaltigen Stentorstimme meiner beiden Großlautsprecher, die auf dem Dach des Wagens angebracht waren. Da wegen der sonst unvermeidlichen Störung durch sogenannte akustische Rückkopplung unsere Fenster fest verschlossen und wir überhaupt nach außen gut schallisoliert waren, hörte ich selber meine Lautsprecherstimme nur leise und sonst überhaupt nichts. Ich sah nur, wie der Zug auf meine Ansprache reagierte. Im Handumdrehen war mein Wagen von einer Schar kräftiger junger Männer umringt. Unglücklicherweiee lag ein Haufen Ziegelsteine in unmittelbarer Nähe des Wagens auf dem Gehsteig. Die ersten Ziegelsteine trafen meine Lautsprecher, ihre Stimme wurde heiser und röchelnd. Dann zersplitterte ein Stein die Windschutzscheibe. Ich hörte nun das Grölen und Schreien der Leute. Dann bildeten sie auf beiden Seiten des Wagens eine Kette und begannen, den Wagen ins Schaukeln zu bringen. Von Augenblick zu Augenblick wurde die Amplitude dieser Schaukelei größer. Es konnte nicht mehr lange dauern, bis der hochbeinige Postwagen umkippte. Da ich keine Lust hatte, mit dem Wagen umzukippen, öffnete ich die Tür und sprang mitten unter die verdutzten Leute. Sie lachten und dachten nicht daran, mir auch nur ein Haar zu krümmen. Sie ließen sofort von dem Wagen ab und rannten zu ihrem Zug, der unübersehbar immer noch die Wilhelm-Pieck-Straße entlang zog. Nach einiger Zeit waren wir mit unserem lädierten Fahrzeug ganz allein in der Straße. Es stellte sich heraus, daß es noch fuhr. Ich ließ mich zur Bezirksleitung zurückfahren. Dort wurde mir mitgeteilt, daß für den Abend eine große Aktiv-Tagung der Partei im Friedrichstadt-Palast geplant sei. Ich erhielt sofort eine Karte. Fast das ganze Politbüro und viele Mitglieder der Regierung saßen im Präsidium. In offensichtlicher Blindheit gegenüber den Ereignissen des Tages erging man sich in gegenseitigen Ovationen. Man werde sich durch den Mob der Straße nicht unter Druck setzen lassen. Die Versammlung endete, ohne daß den Anwesenden irgendwelche Anweisungen gegeben wurden, was sie am morgigen Tag zu tun hätten.« (Robert Havemann, Fragen, Antworten, Fragen, S. 123)

Auch Fritz Selbmann, der nach einigen Sätzen mit Steinwürfen von seinem Rednertisch vertrieben wurde, schildert diese Aktivtagung der Partei:»Das Mädchen redete in der gehässigsten Weise über angebliche Vorgänge in der FDJ und erhielt rasenden Beifall aus verschiedenen Richtungen des Platzes.

Als ich dann wieder allein auf dem Tisch stand und zu sprechen begann, wurden aus den gegenüberliegenden Ruinengrundstücken Steine geworfen, und zwar in sich schnell steigernder Zahl, so daß ich ziemlich eingedeckt war, wenngleich ich nicht direkt getroffen wurde. Da es zwecklos war, weiter auf dem Tisch zu stehen und sich dem Gejohle der Menge auszusetzen, forderte mich der Genosse Rau, der unten am Tisch stand, auf, herunterzukommen, und wir gingen dann alle in das Haus der Ministerien zurück. Die Ansammlung löste sich dann sehr schnell auf, und nach kurzer Zeit war der Platz wieder in normalem Zustand.

Am Abend fand im Friedrichstadtpalast eine Funktionärversammlung der Partei statt, auf der die Genossen Grotewohl, Ulbricht und Jendretzky sprachen. Ich hielt vor allem die Rede des Genossen Jendretzky für ziemlich unrealistisch, da die Lage keineswegs so stabil war, wie er sie schilderte. Mir schien, man war der Meinung, am nächsten Morgen könne nichts mehr passieren, wenn man einige Agitatoren auf die Baustellen und in die Betriebe schicken würde. Grundsätzlich war ich anderer Meinung und glaubte, daß die eigentliche Aktion erst am nächsten Tag kommen würde. In dieser Meinung wurde ich dann auch durch den Ablauf der Ereignisse bestätigt.« (Fritz Selbmann, Acht Jahre und ein Tag, S. 267)

Zu dieser Aktivtagung der Berliner Partei waren auch alle 1. Bezirkssekretäre eingeladen, sollten doch die Argumente für den »Neuen Kurs« so aus erster Hand gegeben werden. Diese Maßnahme, die führenden Leute aus den Bezirken in Berlin zu konzentrieren, zeigt deutlich, wie die Parteiführung der Annahme war, es handele sich um begrenzte Arbeitsniederlegungen, die mit der Verkündung der zurückgenommenen Maßnahmen in sich zusammenfallen würden. In dieser Meinung, bestärkt durch die optimistischen Worte des Berliner Sekretärs, ging man auseinander, aber schon die Ansammlungen Unter den Linden, die bis in die späten Abendstunden andauerten, bewiesen, daß keinerlei Ruhe zu erwarten war.

Karl Schirdewan, damals Abteilungsleiter im ZK, berichtet von der Situation nach der Zusammenkunft: »Nach der Aktivtagung wollte ich ins Haus der Einheit (Sitz des ZK am Rosa-Luxemburg-Platz). Auf der Kreuzung Friedrichstraße/Unter den Linden kam es bereits zu Zusammenstößen. Einige hundert Menschen, vor allem Jugendliche, versuchten, die Teilnehmer der Tagung zu provozieren. Der Kleidung nach zu urteilen, bestand die überwiegende Anzahl dieser Randalierer aus westberliner Halbwüchsigen, die zweifellos als ›Stoßtrupps‹ in den Osten Berlins gekommen waren. Der RIAS hatte bereits den Streikaufruf gesendet und am 16. Juni in seiner Sendung von 16.30 Uhr die Forderung kolportiert: ›Weg mit der Regierung!‹

Ich bin oft gefragt worden, warum die Volkspolizei oder die bewaffneten Organe nicht rigoros gegen Demonstranten vorgegangen sind. Im Interesse einer friedlichen Entwicklung nach dem 9. Juni (der Verkündung des Neuen Kurses) war Zurückhaltung geboten. Von diesem Zeitpunkt an hatten die bezirkliche Polizei und Kasernierte Volkspolizei striktes Verbot, die Waffe zu benutzen. Auch Polizeiwachen, die in einigen Städten der Republik überfallen wurden, haben sich nur körperlich zur Wehr gesetzt. Das bleibt oft unerwähnt, wenn man über den 17. Juni spricht.«
(Karl Schirdewan, Aufstand gegen Ulbricht, S. 51 ff)

An anderen Stellen wurden die Teilnehmer an der Tagung in Diskussionen verwickelt, noch in weniger zugespitzter Situation. Der Komponist Ernst Hermann Meyer, jüdischer Emigrant, Mitglied des ZK und mutiger Gesprächspartner, berichtet, daß sein Gegenüber, ein Bauarbeiter, die Klavierspielerhände betrachtete und dann sagte: »Arbeeter bist de nich, dat sieht man an deene Hände, und reden tust de wien Professer. Wat hast de für'n Beruf?« Als Meyer antwortete: »Ich bin Musiker«, der Bauarbeiter: »Na jut, denn geh man bei deine Jeije.«

Am 17. Juni

Es ist völlig unverständlich, wie Jendretzky nach den Ereignissen des 16. Juni in der Tagung meinte, man müsse nur agitieren, um die Lage in die Hand zu bekommen. Die Provokationen am Nachmittag und Abend, von denen Havemann und Schirdewan berichteten, setzte sich am frühen Morgen des 17. Juni auf den Straßen fort. Jetzt wurden unter Beteiligung westlicher Kamerateams und von Radioreportern Bilder herabgerissen und Fahnen verbrannt. Die zum großen Teil manipulierten Aufnahmen, es gibt eine eindrucksvolle Untersuchung darüber, zeigten erzürnte Demonstranten, die in der Friedrichstraße und am Brandenburger Tor Bilder zerstörten und Fahnen verbrannten. Sie kamen aus dem Westen und stellten »das Volk« dar. Besonders auffällig ist der Sturm auf eine kleine Volkspolizei-Wache im Columbiahaus am Potsdamer Platz, wo Dutzende Schläger den Volkszorn verkörperten und die Wache, in der acht Polizisten waren, zerstörten, die Einrichtung auf die Straße warfen und die Waffen an sich brachten. Die Polizisten wurden nach dem Westen geschleppt. Abends wurde das Gebäude, in dem sich ein Warenhaus befand, angebrannt, wie am Morgen auch schon ein Kontrollpunkt des Zolls und eine Baracke. Die Arbeiter waren am 17. Juni in ihre Betriebe gegangen, die bestellten »Demonstranten« sollten dem Aufruf des westberliner Gewerkschaftsfunktionärs Scharnowski folgen.

Der Wirtschaftssekretär Heinz Brandt folgte seinem Chef Jendretzky: »Als ich morgens zu dem mir zugeteilten VEB Bergmann-Borsig in Berlin-Wilhelmsruh kam, rührte sich dort keine Hand. Die Arbeiter diskutierten am Arbeitsplatz und führten in den Hallen kleine Versammlungen durch. Vertrauensleute nahmen von Abteilung zu Abteilung miteinander Verbindung auf, um eine Versammlung der gesamten Belegschaft durchzuführen. Vor kurzem war hier ein Kulturhaus mit einem riesigen Saal fertiggestellt worden, der allen Belegschaftsangehörigen Platz bot. Der Parteisekretär des Betriebes meinte, es würde ›ruhig bleiben‹, an Arbeit sei allerdings kaum zu denken. Ich veranlaßte ihn, die gesamte Belegschaft durch den Lautsprecher in den großen Saal des Kulturhauses zu rufen. In wenigen Minuten war der Riesenraum von einem einzigen Brodeln erfüllt.

In diesem Moment, da die Arbeiter hier in Aktion versammelt waren, so fuhr es mir durch den Kopf, und nur für die Dauer dieser Aktion, gehörte dieser Betrieb wahrhaft ihnen. Genau das sagte ich auch: ›Heute ist dieser Betrieb euer Betrieb geworden, aber damit steht auch in eurer Verantwortung, was aus ihm wird. Erstens: nichts zerstören; zweitens: hier und sofort einen Betriebsausschuß wählen!‹

Dieser Vorschlag wurde ohne Diskussion angenommen und unmittelbar verwirklicht. Zum Ausschußvorsitzenden wurde ein älterer, erfahrener sozialdemokratischer Arbeiter gewählt. In der Diskussion, die der Wahl des Betriebsausschusses folgte, sprachen etwa zwanzig Arbeiter.

Das war eine elementare, leidenschaftliche Auseinandersetzung, eine historische Abrechnung mit dem SED-Regime. All das, was sich bisher gestaut hatte, nie offen in Versammlungen ausgesprochen worden war, brach sich jetzt Bahn. Aus eigenem Erleben, in der ungekünstelten Sprache des erregten Menschen, der von seinen persönlichen Erfahrungen ausgeht, wurden zahllose empörende Beispiele von Rechtswillkür angeführt. Namen von Arbeitskollegen aus dem Betrieb wurden genannt, die verhaftet, verurteilt, mißhandelt worden waren, deren Angehörige nichts mehr von ihnen gehört hatten.

Es wurde eine Entschließung angenommen, die den gewählten Arbeitsausschuß bevollmächtigte, die wirtschaftlichen und politischen Interessen der Belegschaft zu vertreten und sich mit ähnlichen Ausschüssen in anderen Betrieben in Verbindung zu setzen. Als politisches Hauptziel wurde die Wiedervereinigung Deutschlands durch freie demokratische Wahlen gefordert.

Am Schluß der Versammlung sprang ein Arbeiter auf das Podium und forderte die Belegschaft auf, sich mittags am Betriebstor zu versammeln, um in das Stadtzentrum zu demonstrieren – überall wären bereits solche Streikdemonstrationen im Gange.

Der Demonstrationszug kam nicht weit. Um 13 Uhr war der Ausnahmezustand eingetreten. General Dibrowa, der sowjetische Stadtkommandant, hatte ihn verhängt. Unmittelbar darauf kämmten sowjetische Truppen die Straßen durch. Die Bergmann-Borsig-Demonstration wurde aufgelöst, die ›Rädelsführer‹, darunter der sozialdemokratische Vorsitzende des soeben gewählten Betriebsausschusses, verhaftet. Welche glorreiche Aktion der Sowjetmacht (Rätemacht) gegen die Räte.« (Heinz Brandt, Ein Traum, der nicht entführbar ist, S. 240 f)

Diesem Bericht des in Widerspruch zur SED gekommenen Funktionärs Heinz Brandt, der verfolgt wurde, in den Westen kam und dort 1967 seine Aufzeichnungen veröffentlichte, sollen hier die Erinnerungen Fritz Selbmanns folgen, der am 17. Juni wieder im Haus der Ministerien anwesend war:

»Am Morgen des 17. Juni fuhr ich wie gewöhnlich zu meiner Arbeit ins Haus der Ministerien und saß zu der üblichen Zeit des Dienstbeginns an meinem Schreibtisch. Zu dieser Zeit waren auf den Straßen noch kaum Gruppen von Demonstranten zu sehen. Im Laufe des Vormittags aber kamen erneut Demonstrationszüge vom Stadtzentrum her zum Haus der Ministerien, und in ganz kurzer Zeit war das Haus völlig eingeschlossen. Auch jetzt waren wieder große Mengen von halbwüchsigen Elementen aus Westberlin unter den Demonstranten, die zu Gewalttätigkeiten hetzten.

Ich hatte vom Zentralkomitee die Mitteilung bekommen, ich solle mit der Genossin Elli Schmidt nach Dresden fahren, da sich auch dort erste Anzeichen von Unruhen bemerkbar machten. Etwa gegen zehn Uhr sprach ich telefonisch mit dem Genossen Walter Ulbricht und sagte ihm, daß ich natürlich jetzt nicht mehr nach Dresden fahren könne, da ich praktisch im Haus der Ministerien eingeschlossen sei. Genosse Ulbricht mußte selbstverständlich akzeptieren und übertrug mir die Verantwortung für die Verteidigung des Hauses der Ministerien. Ich habe dann im Laufe des Vormittags mehrmals mit dem Genossen Otto Grotewohl gesprochen und ihm jeweils Bericht erstattet über die Lage im Haus der Ministerien, wobei ich ihm, bis auf die letzte Meldung, stets mitgeteilt habe, daß wir vorläufig mit eigener Kraft imstande seien, den Gebäudekomplex zu halten.

Das Haus der Ministerien war inzwischen völlig eingeschlossen, und es lagerten davor und in den anliegenden Straßen schätzungsweise 30 000 Menschen. Nach zwölf Uhr hatte ich gerade wieder den Genossen Otto Grotewohl gesprochen und ihm gesagt, daß wir in der Lage seien, uns selbst zu halten, da wurde mir gemeldet, daß von der Leipziger Straße her die ersten Versuche unternommen wurden, in den rückwärtigen Flügel des Landtages (heute Bundesrat) einzudringen. Ich hatte praktisch keinerlei Verteidigungskraft im Hause. Es waren drei oder vier Volkspolizisten zur Verfügung, die an Türen Wache hielten. Ich ordnete zunächst an, Demonstranten durch die Ingangsetzung von Wasserschläuchen zurückzudrängen. Das hatte aber nicht die geringste Wirkung. Der Tag war heiß, und die Demonstranten empfanden das Bespritzen mit Wasser aus dem spärlich spendenden Hydranten geradezu als eine Wohltat.

Zwischendurch kam es zu einem Platzregen, der mit einem Schlag den ganzen Platz vor dem Haus der Ministerien reinfegte, der aber ebenso schnell aufhörte, wie er gekommen war, so daß sofort wieder Straßen und Plätze voll besetzt waren. Etwa um 12.30 Uhr erhielt ich die Mitteilung, in den unmittelbar in der Leipziger Straße gelegenen Trakt, in dem die Materialversorgung untergebracht war, seien Demonstranten eingedrungen und hätten begonnen, Akten auf die Straße zu werfen und sonstigen Unfug anzurichten. Ich gab den Befehl, die im Hause befindlichen Volkspolizisten sollten sich an die Einbruchstelle begeben, aber, wenn sie von der Schußwaffe Gebrauch machen müßten, sollten sie nur in die Luft schießen und gezielte Schüsse nur auf meinen direkten Befehl abgeben. Mir war klar, daß auch dies nur eine ganz kurze Zeit Erleichterung schaffen könnte.

Etwa um 12.45 Uhr erhielt ich die Mitteilung, daß in dem Trakt der Materialversorgung Feuer ausgebrochen sei und dort bereits Akten verbrannt würden. Ich war mir klar darüber, daß jetzt das Ende der Belagerung kurz bevorstünde, sagte dies auch dem Genossen Grotewohl, der mich wiederum um diese Zeit anrief, und bat ihn, jetzt für eine Entlastung von außen her zu sorgen. Genosse Grotewohl versprach mir, daß etwas geschehen würde und bat mich, noch kurze Zeit auszuhalten. Inzwischen bereiteten wir uns darauf vor, uns mit primitivsten Mitteln – abgebrochene Stuhlbeine und anderes – zu verteidigen, falls die Demonstranten in das Haus eindringen sollten.

Die Leipziger Straße herunter rollten sowjetische Panzer und etwa gegen 13.00 Uhr kam in mein Arbeitszimmer der Kommandeur der Panzerkolonne. Er sprach dann von meinem Schreibtisch aus telefonisch mit dem Oberkommando und schrieb mit einem Bleistiftstummel die Verlautbarung über die Verhängung des Ausnahmezustandes auf ein Blatt Papier. Er teilte mir die Verhängung des Ausnahmezustandes mit und informierte

mich, daß er nun daran gehen würde, die Sektorengrenze abzu-
sperren und mit dem Einsatz seiner Panzer die Straßen zu räumen.
Das geschah dann auch. Nachdem das Haus der Ministerien frei
war, rief ich wieder Genossen Walter Ulbricht an und fragte ihn,
ob ich jetzt noch, seiner Anordnung vom Vormittag entsprechend, nach Dresden fahren solle. Er ordnete an, ich solle mich
sofort nach Dresden begeben, um dort gemeinsam mit der Genossin Elli Schmidt, als Mitglied des Politbüros, der Bezirksleitung
der Partei die notwendige Unterstützung zu geben. Ich begab
mich also vom Ministerium aus nach Hause und fuhr von dort
nach Dresden.« (Fritz Selbmann, Acht Jahre und ein Tag, S. 268)
    In diesem sachlichen Bericht richtet Fritz Selbmann seine Auf-
merksamkeit auf die Forderung des Tages und zeigt noch nicht,
welche politischen Komplikationen in den Ereignissen lagen. Im
gleichen Haus war als Mitarbeiter Bruno Leuschners, des Vorsitzenden der Staatlichen Plankommission, Fritz Schenk beschäftigt und schildert die Stimmung in der Plankommission:
    »›Kommen Sie, wir müssen weitermachen‹, sagte Leuschner
und zog mich vom Fenster fort. Als wir durch die leeren Gänge
schritten, meinte er: ›Jetzt nimmt die Sache rein politischen Charakter an. Bisher konnte man noch denken, daß die Normen tatsächlich die Hauptsache waren. Aber wenn die Fensterscheiben
bei der HO eingeschlagen werden und das Privatgeschäft dane-
ben in Ruhe gelassen wird, dann ist doch wohl klar, daß sich die
Aktion gegen ganz etwas anderes richtet. Mit Normen hat das
nichts mehr zu tun.‹ ›Wann werden die Truppen denn eingreifen?‹ fragte ich.
    ›Keine Ahnung, aber es wird nicht zum Äußersten kommen.‹
Er erklärte nicht, was er mit ‚dem Äußersten‹ meinte.
    Wir waren inzwischen wieder in unserem Sekretariat angelangt,
und dem Planungschef war es nur noch darum zu tun, mit der
vorgesehenen Beratung zu beginnen. Ich erhielt den Auftrag, die
wichtigsten Mitarbeiter heranzuholen. Als ich auf den Vorplatz
hinaustreten wollte, wurde ich vom Einlaßdienst zurückgehal-
ten. Selbmann hatte befohlen, die Tür verschlossen zu halten und
ihre Verbarrikadierung vorzubereiten. Ich mußte mir erst einen
von Selbmann unterschriebenen Passierschein holen. Bald fand
ich Bayer, Lange, Straßenburger und einige andere Funktionäre.
Sie standen hinter der Sperrkette und diskutierten, teils mit den

Streikenden, teils untereinander. Meine Aufforderung, mit zur Sitzung zu kommen, hielten sie für einen schlechten Witz.

Sie waren tief deprimiert, und ihre Stimmung machte sich in Zynismus Luft. Die meisten wären sicherlich am liebsten zu den Streikenden übergetreten, aber keiner zweifelte daran, daß die Russen den Aufstand binnen kurzem niederschlagen würden. Sie stritten auch über die Frage, was geschehen würde, wenn die Russen nicht eingreifen und der Aufstand zu den Ergebnissen führte, die die Masse erhoffte. Die Mehrzahl meinte, es würde dann sehr schnell zur Wiedervereinigung kommen. Doch damit war keiner so richtig einverstanden.

Sie wollten zwar, daß die SED-Diktatur hinweggefegt würde, aber zu einer, wie sie sagten, überstürzten Wiedervereinigung wollten sie nicht Ja sagen. Sie fürchteten, dann würde sich in Deutschland der räuberische Kapitalismus breit machen, und vielleicht käme es zu einer Wiederholung des Unheils der vergangenen Jahrzehnte. Sie waren über alle Maßen ratlos. Widerwillig folgten sie mir ins Haus.« (Fritz Schenk, Im Vorzimmer der Diktatur, S. 204 ff)

Außerhalb Berlins

DRESDEN, RIESA, GÖRLITZ

Die Streiks waren am 16. Juni noch auf Berlin beschränkt, ergriffen aber im Verlauf des 17. Juni die Industriegebiete der DDR, vor allem Sachsen, Sachsen-Anhalt und Thüringen. Insgesamt wurden 373 Städte und Ortschaften erfaßt, wobei in dieser Zahl auch kleine Bewegungen enthalten sind. Im wesentlichen betrafen die Streiks die Großbetriebe und die alten Arbeiterzentren. Es ging um Halle, Bitterfeld, Leuna, Buna, Magdeburg, Leipzig, Merseburg, Gera, Jena, Erfurt. Nördlich Berlins konzentrierten sich die Aktionen auf Hennigsdorf und Rostock.

Fritz Selbmann fuhr, wie angekündigt, nach Sachsen in seine alten Bezirke, er war vor 1933 in Leipzig Bezirksleiter der KPD und kehrte nach seiner 12jährigen Haft in Zuchthäusern und Konzentrationslagern dorthin zurück und nahm sofort wieder die politische Arbeit auf.

Danach war er sächsischer Wirtschaftsminister in Dresden,

bevor er nach Berlin ging und mit dem Aufbau der Schwerindustrie beauftragt wurde. Er kannte die sächsischen Bezirke und begann nach seinem Eintreffen in Dresden sofort mit der Analyse: »Die Lage in Dresden war dadurch gekennzeichnet, daß die Unruhen in der Stadt im wesentlichen durch Angehörige des Sachsenwerkes Niedersedlitz, der Schiffswerft Übigau und einiger anderer Betriebe verursacht worden waren. Ohne Zweifel befand sich unter den Demonstranten in Dresden, die sich auch dann noch, als bereits der Ausnahmezustand verhängt war, auf dem Theaterplatz zusammenballten, ebenfalls eine Anzahl Elemente, die aus dem Westen eingeschleust war. Die Kräfte aber, die die Provokationen vorbereitet und organisiert hatten, hielten sich sicher bereits seit längerer Zeit unterirdisch im Bezirk und in einigen Betrieben auf. Vor allem in Dresden gab es ohne Zweifel einige starke Zentren solcher Kräfte. Neben Dresden war Görlitz ein Hauptzentrum dieser feindlichen Organisationen.

Die Provokationen in Dresden waren offensichtlich überstürzt ausgelöst worden. Ihre schnelle Ausbreitung war jedoch nur dadurch zu erklären, daß unter den Massen der Arbeiter Unzufriedenheit herrschte und die Partei nicht fest genug mit den Massen verbunden war, ja daß sie vielerorts über die wirkliche Stimmung falsch unterrichtet war. Das wurde dadurch bewiesen, daß vielfach sogar leitende Funktionäre die Bewegung unterstützten und sich an einigen Punkten zu Kompromissen mit den Trägern faschistischer Provokationen bereit fanden.

Die Losungen, unter denen die Provokationen durchgeführt wurden, waren einheitlich. Die Hauptlosungen waren:

Absetzung der Regierung,

freie und geheime Wahlen,

Senkung der HO-Preise bzw. Liquidierung der HO,

Freilassung der politischen Gefangenen.

Hinzu kam noch, daß besonders in Görlitz und in den Grenzbezirken ein stark chauvinistischer Einschlag festzustellen war. In der Nähe der Oder-Neiße-Grenze wurde von Jugendlichen das Deutschlandlied und das chauvinistische Schlesierlied gesungen. In Görlitz wurde zur Bildung einer faschistischen Heimwehr aufgerufen.

In Dresden waren die Hauptträger der ständigen Straßenunruhen jugendliche Rowdys, die immer wieder in großer Anzahl auf den Straßen und Plätzen Zusammenrottungen und Ausschreitungen verursachten. Diese Jugendlichen trugen meistens einheitliche gelbe oder Texashemden und waren mit Fahrrädern oder sogar mit Motorfahrzeugen ausgestattet.

In Görlitz wurde der Erste Kreissekretär der Partei von den Aufwieglern mitgeschleift und mißhandelt, die Gefängnisse wurden gestürmt und die Gefangenen freigelassen. Zu besonderen Ausschreitungen kam es auch in Niesky, wo die Provokateure sich des Gebäudes der Staatssicherheit bemächtigten und sich Waffen aneigneten. Am Abend trat in allen Kreisen Ruhe ein. In Dresden wurde eine Vielzahl von Verhaftungen vorgenommen.

In der Nacht vom 17. zum 18. Juni wurden von uns die Maßnahmen vorbereitet, mit denen am nächsten Morgen, also am 18. Juni, vorgegangen werden mußte, um den Unruhen ein Ende zu bereiten. Ich führte in dieser Nacht Besprechungen mit Vertretern der bewaffneten Organe, daß heißt mit der Kasernierten Volkspolizei und der Bezirksstelle des Ministeriums für Staatssicherheit. Wir legten fest, die Stadt Dresden an den wichtigsten Ausfallstraßen, und zwar nach Niedersedlitz, nach Übigau und zum Industriegelände, abzuriegeln, wobei in erster Linie Genossen unserer Partei postiert werden sollten, in der zweiten Linie Angehörige unserer bewaffneten Organe.

Am anderen Morgen, also am 18. Juni, kam es dann tatsächlich zu Versuchen, von diesen drei Unruhezentren aus ins Innere der Stadt vorzudringen. Unsere Maßnahmen aber, die wir zur Abriegelung der Stadt getroffen hatten, bewährten sich, so daß keinerlei Krawalle in der Stadt entstanden und von diesem Zeitpunkt an praktisch der Putschversuch in Dresden selbst als gescheitert angesehen werden konnte. Am nächsten Tag nahmen dann auch alle Betriebe die Arbeit wieder auf.

Am Vormittag des 18. Juni sprach die Genossin Elli Schmidt mit dem Genossen Walter Ulbricht und berichtete ihm über die Lage in Dresden. Sie informierte ihn, daß wir in Dresden Herr der Lage seien, daß aber in den Stahlwerken Riesa und Gröditz die Arbeit niedergelegt worden sei und daß dort Gefahr drohe. Daraufhin wurde vom Genossen Walter Ulbricht angeordnet, daß ich sofort nach Riesa und Gröditz fahren solle, um die Ruhe wiederherzustellen. Ich fuhr also in Begleitung eines Wagens der Sicherheitsorgane nach Riesa und traf dort eine äußerst schwierige Situation an. Vor dem Tor des Stahlwerkes waren sowjetische Panzer aufgefahren, und einer stand bereits auf dem Werkhof. Die Arbeiter des Stahlwerkes und des Walzwerkes weigerten sich, die Arbeit wieder aufzunehmen. Mir kam es darauf an, daß der Streik so schnell wie möglich beendet werde, ohne daß es zu größeren Eingriffen der bewaffneten Macht komme. Es war unmöglich, zu den Arbeitern selbst zu sprechen, so daß ich mich entschloß, in der Übertragungsanlage des Werkes eine Rede an die Belegschaftsmitglieder des Stahl- und Walzwerkes Riesa auf Band zu sprechen. Die Rede hatte folgenden Wortlaut:

STAHL- UND WALZWERKER VON RIESA!
Ihr, die Belegschaft des Stahl- und Walzwerkes von Riesa, auf die wir immer so stolz gewesen sind, habt euch von faschistischen Provokateuren mißbrauchen lassen zur Niederlegung der Arbeit. Ihr habt damit bewußt oder unbewußt die Geschäfte der Todfeinde des deutschen Volkes besorgt. Eure Forderungen sind mir vorgelegt worden. Darunter befinden sich Forderungen, die ohne Zweifel berechtigt sind und erfüllt werden können und erfüllt werden. Es sind andere Forderungen, über die die Werkdirektion und ich nicht entscheiden können, sondern die dem Ministerrat der Republik zur Entscheidung vorgelegt werden müssen. Ich werde das tun.
Aber unter euren Forderungen befinden sich solche, die offensichtlich provokatorischen Charakter tragen und die den Hetzsendungen des RIAS entnommen sind. Darin zeigt sich deutlich, daß die Arbeitsniederlegung in unserem Werk eine Sache faschistischer Provokateure ist. Dieser Zustand muß sofort beendet werden. Ich bin bereit, mich mit euren Forderungen zu befassen. Aber ich empfange keine Delegationen. Voraussetzung dafür ist überhaupt, daß die Arbeit von jetzt ab nicht mehr niedergelegt wird und keine Stunde mehr ruht.
In Berlin arbeiten alle Betriebe. In wachsendem Maße erkennen die Arbeiter in der ganzen Republik, daß sie von faschistischen Provokateuren mißbraucht worden sind.
Stahl- und Walzwerker von Riesa! Es wird gefordert, daß sofort der normale Zustand im Werk hergestellt wird. Ich mache darauf aufmerksam, daß zur Abwehr des amerikanischen Putschversuches die Besatzungsmacht gezwungen war, den Ausnahmezustand zu verhängen, um die Ordnung und ein normales Leben wiederherzustellen. Ausnahmezustand bedeutet, daß nach den Bedingungen eines sol-

chen anormalen Zustandes das Verhalten jedes einzelnen Bürgers eingerichtet werden muß. Ich mache deshalb darauf aufmerksam, daß jede weitere Provokation im Werk, jeder weitere Versuch, auch nur ein Aggregat gegen den Willen der Werkleitung stillzulegen, oder jede Propaganda der zum Teil bereits formulierten provokatorischen Forderungen, die von RIAS diktiert wurden, dazu führt, daß mit militärischer Gewalt im Betrieb eingegriffen und die Schuldigen unnachsichtig zur Bestrafung geführt werden.

Ich mache ausdrücklich darauf aufmerksam, daß jeder Verstoß gegen die Befehle auf der Grundlage des Ausnahmezustandes von den Militärgerichten abgeurteilt und mit dem Tode bestraft wird. Ich mache euch damit bekannt, daß in Berlin heute bereits auf Grund der gestrigen faschistischen Provokation gegen einige der übelsten Rädelsführer aus der westberliner Unterwelt die ersten Todesurteile ausgesprochen worden sind. Ich warne also vor jedem Versuch, das Spiel von heute morgen zu wiederholen.

Über eure Forderungen, soweit sie berechtigt sind, werden wir verhandeln, sobald normale Zustände eingetreten sind.

Kollegen! Walz- und Stahlwerker von Riesa!

Nach Schichtschluß verläßt das Werk, so wie es im Befehl über die Verhängung des Ausnahmezustandes vorgeschrieben ist, das heißt in Gruppen von nicht mehr als drei Mann. Tut alles, um den Schandfleck, den ihr dem Namen Riesa gemacht habt, um den Schandfleck, den ihr der Arbeiterklasse zugefügt habt, zu beseitigen, damit wir wieder stolz sein können auf die Belegschaft des Stahl- und Walzwerkes Riesa.

Das war eine sehr harte Rede. Ich wußte es auch damals schon. Aber ich hatte zwei Gründe für die Härte einer solchen Rede und die damit beabsichtigte Wirkung:

Erstens war mir klar, daß es sich bei dem ganzen Aufstandsunternehmen des 17. Juni um einen von langer Hand vorbereiteten, unter Ausnutzung gewisser Unzufriedenheiten in der Arbeiterschaft geplanten Versuch handelte, die politische Macht im Staate den Händen der Arbeiterklasse zu entreißen und die alten Machtverhältnisse wiederherzustellen.

Zweitens mußte ich unter allen Umständen verhindern, daß es im Werk selbst zu Zusammenstößen zwischen den Arbeitern des Betriebes und den bewaffneten Kräften kam, was zu unvorstellbaren Folgen hätte führen können. Diese mir vollkommen bewußte Sorge war der Grund für die Härte dieser Rede an die Belegschaft. Ich weiß, daß die Kumpel von Riesa mir diese Rede lange Zeit übelgenommen haben, aber am Ende doch Verständnis dafür aufbrachten.

Diese Rede wurde dann fortlaufend vom Band aus in den Betrieb übertragen, während ich gleichzeitig den Kommandeur der sowjetischen Einheit dringend darum bat, vom Einsatz seiner Panzerfahrzeuge im Werk selbst Abstand zu nehmen, um mir die Möglichkeit zu geben, auf friedlichem Wege die Belegschaft zur Aufnahme der Arbeit zu veranlassen. Das gelang mir dann auch, und die Mittagsschicht nahm die Arbeit im Stahl- und Walzwerk geschlossen wieder auf, so daß die Panzer abrücken konnten, womit der gefährliche Zustand in Riesa überwunden war.

Ich fuhr daraufhin nach Gröditz und fand dort eine ähnliche Situation vor. Hier standen die Panzer bereits auf dem Werkhof, während die gesamte Belegschaft streikte und im Verwaltungsgebäude eine wilde Kommission unendlich viele Forderungen formulierte. Ich begab mich sofort in das Zimmer, in dem diese Kommission tagte, erklärte die Zusammenkunft für illegal und kündigte an, daß ich, wenn die Kommission nicht sofort ihre Tätigkeit einstelle, mit polizeilichen Mitteln eingreifen müßte, worauf sich die Kommission in Wohlgefallen auflöste.

Ich hielt auch in Gröditz eine Rede, die auf Band gesprochen wurde, und dieses Band wurde im Betrieb abgespielt mit dem Erfolg, daß gegen 15 Uhr die Belegschaft die Arbeit wieder aufnahm.

Nach Dresden zurückgekehrt, konnte ich also Berlin die Liquidierung der Unruhen in Riesa und Gröditz mitteilen und konnte, da auch in Dresden selbst Ruhe herrschte, mich wieder nach Berlin begeben, um mich um die Lage in den Betrieben, die meinem Ministerium unterstanden, zu kümmern. Es stellte sich heraus, daß in den meisten Betrieben der Metallurgie die Arbeiter sich nicht zu Provokationen hatten hinreißen lassen, daß sie sich in einigen Betrieben, wie zum Beispiel im Eisenhüttenkombinat Ost, in Badeleben und in der Maxhütte, geradezu vorbildlich verhalten hatten, daß aber in einer Reihe von Betrieben doch ernste Unruhen entstanden waren. Das galt vor allem für die Betriebe des Mansfeldkombinates, wo längere Zeit geschlossen gestreikt wurde und es nur mit großer Mühe gelang, der Situation Herr zu werden. Jedenfalls war am 19. Juni in den letzten Unruhezentren die Ruhe wieder hergestellt, und die Arbeit wurde aufgenommen.« (Fritz Selbmann, Acht Jahre und ein Tag, S. 270 ff)

EISENHÜTTENSTADT

Minister Selbmann hatte Recht, im Hochofenwerk von Stalinstadt verteidigten die seitdem »rote Hochöfner« genannten Arbeiter ihre Produktionsanlagen, weil sie sehr wohl wußten, daß deren Zerstörung ihre Arbeits- und Lebensgrundlagen ebenfalls für lange Zeit beeinträchtigen würde. Die Unruhen um das Werk ergriffen die Bau- und Montagearbeiter. Als am 17. morgens die Meldungen über Berlin ankamen, legten die Bauarbeiter der Bau-Union und einiger Montagebetriebe die Arbeit nieder. Ihre Forderungen konzentrierten sich auf die Wiedereinführung der Trennungsentschädigung und der verbilligten Arbeiterrückfahrkarten. Das war um 11 Uhr. Um 14 Uhr, bei Schichtwechsel, demonstrierten etwa 200 Arbeiter unter der Losung »Wir unterstützen Berlin«. Die Hochöfner ließen niemand auf ihre Abstichbühnen, die in den kritischen Tagen nie verlassen wurden, selbst wenn die Ablösung nicht herankam.

Die Demonstranten der Bau-Union, von EKM Bitterfeld, VEM Cottbus, Stahlbau Magdeburg, Bleichert Leipzig und Bergmann-Borsig Berlin zogen nach Fürstenberg. Hier forderte man schon den Rücktritt der Regierung und die Rücknahme der Oder-Neiße-Grenze. Am Markt drangen Rowdys in die Büros der SED-Kreisleitung ein und warfen Büroeinrichtungen auf die Straße. Andere begannen mit dem Ausgraben von Pflastersteinen. Ein VP-Trupp von acht Mann säuberte das Haus, eine Einheit der Sowjetarmee den Marktplatz. Auch hier zeigte sich wieder, daß in den Bau- und Montagearbeitern das größte Unruhepotential steckte. Sie arbeiteten unter schwierigen Bedingungen, waren von den Familien getrennt, heute hier und morgen dort, und nun ging es ihnen noch an die Lohntüte.

GERA

Die Ereignisse in Gera kann ich zum Teil aus eigenem Erleben beurteilen, habe ich doch dort in diesen Tagen gearbeitet und hielt mich am 17. Juni als Beauftragter der Bezirksleitung in der Stadtleitung Gera auf. Es handelt sich jedoch um einen Abstand von 50 Jahren, und dadurch ist nicht mehr alles präsent. So bin ich dankbar für eine Untersuchung der »Interessengemeinschaft Geschichte des PDS-Kreisvorstandes«, die sich vor allem mit der unmittelbaren Vorgeschichte befaßt, wie sie sonst in dieser Intensität nicht zusammengefaßt ist. So möchte ich mich darauf stützen.

Januar: Das Sekretariat Gera-Stadt rügt die geringe Teilnahme der SED-Mitglieder, ihre Aktivität sei mangelhaft. In der Grundorganisation der HO-Lebensmittel nehmen von 135 Genossen nur 35, im VEB Textilveredlung von 125 nur 25 an den Versammlungen teil.

Das Volkseigene Gut Pforten macht unerklärbare Verluste in Höhe von 65 000 Mark.

Die Gewerkschaftswahlen in mehreren Betrieben zeigen Diskussionen über mangelhafte Versorgung und Zweifel an der Friedensgrenze mit Polen. Der BGL-Vorsitzende im VEB RFT, das CDU-Mitglied Simon, wendet sich dagegen, daß die führende Rolle der SED durchgesetzt werden soll, das verstoße gegen die Blockpolitik.

Eine Überprüfung der Kurt-Keicher-Schule ergibt, daß das 10. Plenum nicht behandelt wurde, die Genossen erkennen nicht immer die politische Linie. Von der Jungen Gemeinde ist an der Schule nichts bemerkt worden.

Februar: Auch die Justiz will die Lehren aus dem Slánsky-Prozeß in der CSR ziehen. Die Aktivität der Zeugen Jehovas ist beträchtlich. In Abstimmung mit der Kriminalpolizei wird der Kampf gegen die Großbauern geführt, bei einigen wurden Waffen gefunden. Die Staatsanwaltschaft soll geeignete Prozesse öffentlich durchführen.

Fleischer Bäß ist inhaftiert worden. Ein Genosse wird parteierzieherisch belangt, weil er diesem Bäß die Buchführung erledigte.

März: Die Genossen an der Oberschule I werden kritisiert, weil sie die Arbeit der Jungen Gemeinde unterschätzen.

Der Bauer Lippold wird wegen der Nichterfüllung der Ablieferungspflicht verhaftet. In diesem Zusammenhang wird die Justiz kritisiert, weil sie die verhafteten Großbauern nicht schnell genug aburteilt. Von 59 Fällen im Bezirk Gera wurden nur 6 mit Urteil erledigt. Die Richter haben auch in anderen Fragen nicht die richtige Orientierung, fast immer wurden nur Mindeststrafen ausgesprochen. Das ist wohl der Einfluß des Klassengegners!

April: Im Bericht des Bezirksstaatsanwaltes über den Kampf gegen Spione und Verräter wird mitgeteilt, daß der in Westberlin wohnhafte Inhaber des Konfektionshauses, Lemke, sein Betrieb umfaßt 140-150 Beschäftigte, für den »Untersuchungsausschuß freiheitlicher Juristen« gearbeitet hat. Er wurde zu fünf Jahren Zuchthaus verurteilt.

Im Prozeß Rothe läßt der Staatsanwalt, er gehört der LDPD an, den Angeklagten frei. – Vier Rechtsanwälte sind in den Westen gegangen.

Von Ende 1952 bis Februar 1953 wurden im Bezirk Gera 94 Großhändler inhaftiert, davon 15 in der Bezirksstadt. Das sichergestellte Vermögen beträgt 45 Millionen.

Großbauer Böhnert wurde zu 6 Jahren Zuchthaus verurteilt.

Die Landwirtschaft Lippert wird durch den Rat der Stadt übernommen.

Die Arbeit mit den Technischen Arbeitsnormen wird in Gera untersucht. RFT wird dazu aufrufen, daß bis Jahresende alle damit arbeiten. TAN (Technische Arbeitsnormen) sind in den Schwerpunkten bis jetzt nicht eingeführt worden. Im VEB RFT sind um Matschke andere verbrecherische Elemente entlarvt worden.

Im WMW (Werkzeugmaschinenwerk) sind sozialdemokratische Tendenzen vorhanden.

Im Rat der Stadt wird über die Arbeiten am Stalindenkmal berichtet. In der Sitzung des Rates der Stadt geht es um die Handwerkssteuer, sie muß überprüft werden. Wenn die festgelegte Zahl der Arbeitskräfte überschritten wird, werden die Betriebe aus der Handwerkssteuer herausgenommen und gelten als Industriebetriebe mit höherem Steuersatz. Einige Landwirtschaftsbetriebe werden gebührenpflichtig wegen ihrer Ablieferungsrückstände verwarnt. Das Staatssekretariat für Innere Angelegenheiten erklärt die Junge Gemeinde für illegal.

Mai: An den Oberschulen gibt es Auseinandersetzungen mit Mitgliedern der Jungen Gemeinde. Ein Schüler wird ausgeschlossen.

Die Kreisleitung diskutiert über die Republikflucht: »Diesen Punkt müssen wir mehr als bisher beachten (im April hatten

36 695 Personen die DDR verlassen). Es sind doch nicht nur kriminelle Elemente, die das Gebiet der DDR verlassen, sondern es sind Facharbeiter, Intelligenzler, Ärzte darunter.« Der Hauptteil besteht aus Jugendlichen unter 25 Jahren.

Mehl und Teigwaren werden verstärkt abgekauft. Auch in der Brotversorgung werden Schwierigkeiten gemeldet.

Nochmals zur Republikflucht: Wir haben alles getan, was wir tun konnten, um der Republikflucht Einhalt zu gebieten. Es muß bessere propagandistische Arbeit geleistet werden.

Der Slánsky-Prozeß wird ungenügend ausgewertet, es gibt nur allgemeine Überlegungen. Die Gegnerarbeit muß besser entlarvt werden.

Abweichende Meinungen zum Thema »Bereit zur Arbeit und zur Verteidigung des Friedens!« im VEB Rotorecord und im Konsum werden als sozialdemokratische und pazifistische Tendenzen beurteilt.

Parteiaustritte werden angekündigt.

Die Privatklinik Dr. Knieriem wird in die Verwaltung der Stadt gegeben, der Chef hat seine Klinik verlassen.

Der Landwirtschaftsbetrieb Albert wird von der Stadt übernommen, da sich die Erben weigern, den Betrieb zu übernehmen.

Die Kripo besichtigt das Haus von Gummi-Bieder, der die Republik verlassen hat.

In der Stadt arbeiten 377 Lehrer, davon sind 211 Mitglieder der SED, 71 der Blockparteien. 10 Lehrer werden an die Grundschulen rückversetzt, 4 Lehrer werden entlassen. Die Prüfungen müssen dazu beitragen, reaktionäre Lehrer und Schüler zu entlarven, wenn auch Überspitzungen vermieden werden sollen. Durch die »augenblicklichen Säuberungen« der Oberschulen werden 180 Schüler fehlen. Von 56 Planstellen an den Oberschulen können 9 nicht mit Lehrern besetzt werden. Der Anteil der Arbeiterkinder an den Oberschulen muß erhöht werden.

Juni: Vom 2. bis 4. Juni werden die Landwirtschaften Hempel, Lippold, Fiedler, Steinmetzger und Ambach durch LPG übernommen. Drei von ihnen haben die Republik verlassen.

Genossen, die nicht zu den Lehrgängen »Bereit zur Arbeit und zur Verteidigung des Friedens« gehen wollen, werden bestraft, weil sie die Beschlüsse des ZK nicht anerkennen wollen.

Am 9. Juni wird der Landwirt Rothe aus der Haft entlassen.

Am 10./11. Juni werden 123 Strafgefangene und Untersuchungshäftlinge freigelassen.

Am 11. 6. wird der Betrieb Rothe zurückgegeben.

Den Ärzten Dr. Adler und Dr. Schäfer werden 50% Steuerermäßigung zugestanden, obwohl sie mehr als zwei technische Kräfte beschäftigen und nicht in den Genuß der Steuerermäßigung für die Intelligenz kommen.

Am 12. Juni tagt das Sekretariat der Stadtleitung ohne Bezug zum Kurswechsel und behandelt 7 sekundäre Punkte.

Vorher spricht ein Bezirksvertreter über das Kommunique des Politbüros vom 9. Juni. Man stellt Aufgeschlossenheit in der Bevölkerung für den Kurswechsel fest. In den Betrieben soll darüber diskutiert werden.

Bis zum 17. Juni wurden von der Justiz 238 Überprüfungen in Strafrechtsfällen vorgenommen und 187 Häftlinge entlassen. –

Die lapidare Aufzählung der Probleme, mit denen sich die Leitungen beschäftigten, und deren »Beantwortung« zeigen das Ausmaß des Unwillens in der Bevölkerung nur ungenügend, aber immerhin deren hilflose Behandlung. Neben administrativen Regelungen kam keinerlei schöpferische Arbeit vor. Wenn in den Protokollen und sonstigen Akten so verschlungene Formulierungen benutzt werden, kann man sich vorstellen, wie die Stimmung auch in den Parteileitungen war. Niemand verstand die Linie der Partei, wie konnte man nur soviel Unfug auf einen knappen Zeitraum zusammendrängen?

So nahm denn das Schicksal seinen Lauf. Nach den Signalen aus Berlin, über den RIAS, dessen Sender in Hof in Thüringen gut zu empfangen war, begannen auch in Gera die Unruhen.

Um 7 Uhr früh bei Arbeitsbeginn legten die Beschäftigten des Kompressorenwerkes I die Arbeit nieder und versammelten sich im Speisesaal des Betriebes. Eine Delegation geht in den VEB Roto-Record, wo auch nicht gearbeitet wird. In Gruppen werden die RIAS-Meldungen diskutiert. Ein Streikkomitee wird gewählt, ein Mitglied der BGL und der 2. Vorsitzende der LDPD aus Gera übernehmen die Leitung. Die Forderungen sind sehr unterschiedlich, neben der Senkung der HO-Preise um 40% wird der Rücktritt von Ulbricht und Grotewohl gefordert. Der Mitarbeiter der Kreisleitung, Walter Keppel, spricht unter Beifall von der

Rücknahme der Normen. Ein Gewerkschaftsredner erhält nicht das Wort, der Gewerkschaft wird das Mißtrauen ausgesprochen. Je eine Gegenstimme wird abgegeben, als es um die Forderungen und einen Demonstrationszug zum Rat des Bezirkes geht.

Die WEMA-Union, ein größerer Werkzeugmaschinenbetrieb, läßt die Delegation aus Roto-Record nicht ein. Daher wird vom Demonstrationszug, dem sich Angehörige der Fa. Ernst Weber angeschlossen haben und der mit einer Gruppe des Autoreparaturwerkes zusammentrifft, das Werktor überstiegen und aufgebrochen. 100 WEMA-Arbeiter schließen sich an, die übrigen bleiben an ihren Arbeitsplätzen. Auch von anderen Betrieben, so von der Teppichfabrik, Schraubenfabrik, dem VEB Holzwaren, nimmt nur ein geringer Teil an der Demonstration teil. Beim VEB EKM II stoßen die Demonstranten auf Ablehnung. Allerdings kommen Jugendliche aus dem Kolbenringwerk und dem Kreisbaubetrieb dazu.

Die Parteiorganisation im Rat des Bezirkes legt fest, daß immer Dreiergruppen von Agitatoren in die Betriebe gehen, alle Verwaltungen über die beginnenden Unruhen informiert werden, der Eisenbahnverkehr gesichert und befürchtete Wohnungsplünderungen verhindert werden. Der Schutz des Gebäudes wird von 50 Mann übernommen.

Als die Streikenden im Kondensatorenwerk eintreffen, arbeitet der Betrieb, nachdem der Beschluß über die Rücknahme der Normen über den Betriebsfunk mitgeteilt wurde. Allerdings schließen sich die Arbeiter, mit Ausnahme von zwei Abteilungen, dem Zug an, als Redner in den Betrieb eindringen. Als der Zug zum Rat des Bezirkes kommt, entfernen sich die ersten Demonstranten. Auf selbstgemalten Transparenten wird gefordert: »Nieder mit der Regierung!«, »Der Spitzbart muß weg!«. Die Vorsitzende des Rates, Lydia Poser, Witwe des von den Nazis ermordeten Widerstandskämpfers Magnus Poser aus Jena, und ein Vertreter der Wismut AG sprechen mit 6 Arbeitern. Diese fordern eine Verbesserung der Versorgung, die Neuwahl der Stadtverordneten und des Bezirkstages, eine Verkleinerung des SED-Apparates. Es wird zugesagt, daß eine Kommission zur Verbesserung der Versorgungslage gebildet wird. Die Namen der Unterhändler werden festgestellt und an das MfS gemeldet. Mit der sowjetischen Kommandantur werden Kontakte hergestellt.

Um 12 Uhr sammeln sich vor der Stadtleitung der SED ca. 250 Demonstranten und zerstören ein Porträt von Walter Ulbricht in der Größe von 4 x 2 Metern. An diesem Ort war ich anwesend, weil ich zur Unterstützung der Stadtleitung gegen 9.00 Uhr dorthin geschickt wurde, um die einlaufenden Berichte auszuwerten und die Lage zu beherrschen. Der 1. Sekretär, Karl Fincken, war auf einem Lehrgang und noch nicht anwesend. Die Versammlung war unter Johlen mit der Zerstörung des Bildes beschäftigt, so daß der Hausmeister und ich die dicke Eingangstür mit verschiedenen Möbelstücken verbarrikadieren konnten. Dann schwingt sich ein Redner auf einen Sockel und versucht, sich Ruhe zu verschaffen. In der Zwischenzeit rufe ich in die Menge, daß sie sich entfernen soll. Wer versuche einzudringen, würde es bereuen, und dabei schwenkte ich die einzige Pistole, die im Hause vorhanden war und aus dem Safe des Sekretärs stammte. Sie war geladen, aber weitere Munition fand sich nicht. Durch diesen Zwischenruf war etwas Ruhe eingetreten, der unbekannte Redner stößt verschiedene Forderungen aus. Es fällt auf, daß sie fast ausschließlich auf den Sturz der Regierung gerichtet sind. Die Gefangenen sollen freigelassen, die Polizei aufgelöst werden, dabei fällt auch zum ersten Male das Wort »Grenzpolizei«.

Anscheinend ist dieses Programm von den Drahtziehern der Unruhen in Gera ausgearbeitet worden, denn etwa zur gleichen Zeit wird das Untersuchungsgefängnis belagert und soll gestürmt werden. Die eintreffende Feuerwehr wird umgestürzt, die Schläuche zerschnitten, doch es gelingt nicht, die Tore des Gefängnisses aufzubrechen, Volkspolizisten, unterstützt von der Bahnpolizei, wehren die Angriffe ab. Die Belagerung der Stadtleitung, zu der einige Kipper, besetzt mit Wismutarbeitern, gestoßen sind, verstopfen die Straße, dann aber erscheint ein sowjetischer Panzer und schwenkt das Rohr. Der junge Leutnant sitzt auf der Luke und befiehlt: »Dawaitje!« Die Menge zerstreut sich. Anscheinend verzieht sie sich zum Rathaus. Dort können die Rowdys eindringen und reißen dem Oberbürgermeister Böhme, den ich am Morgen getroffen hatte und der aufgrund seiner langen politischen Erfahrungen aus der Weimarer Republik sich sofort um die städtischen Betriebe kümmern wollte, da dort Arbeitsfahrzeuge vorhanden waren, sein Parteiabzeichen vom Jackett. Dazu muß man sagen, daß Böhme von Seiten der Sozialdemokratie, der er angehörte, bei der Vereinigung der Arbeiterparteien eine positive Rolle gespielt hatte und allgemein bei der Bevölkerung sehr beliebt war.

Der Stadtfunk kann von den Streikenden nicht in Betrieb gesetzt werden. Ein Hilfeersuchen des Oberbürgermeisters beim Kreisamt der Volkspolizei wird mangels Kräften nicht befolgt, die VP empfiehlt, mit den Provokateuren zu diskutieren. Diese halten in der Innenstadt zwei Polizeiwagen an, reißen die Polizisten vom Wagen, entwaffnen die Männer und mißhandeln sie. Die Waffen werden zerschlagen. Nun eskaliert der Auflauf, es werden blinde Zerstörungen begonnen, Transparente, Schaukästen zerschlagen und im »Haus der Jugend« die Fensterscheiben eingeworfen. Inzwischen befinden sich im Stadtzentrum an die 6 000 Personen. Aus den umliegenden Wismutbetrieben, aus Berga und Weida, kommen immer mehr Kipper in die Stadt, die Hunderte von Wismutarbeitern bringen. Sie beginnen, in die Untersuchungshaftanstalt des MfS einzudringen und mit Schweißbrennern das Tor zu knacken. Dann rammt ein Kipper das Tor.

Ein Hebekran der Wismut geht daran, das Gitter am Rat des Bezirkes aufzubrechen, das Hauptpostamt wird angegriffen. Bewaffnete Kräfte der KVP erscheinen, sie werden von der Menge eingeschlossen und ihre Fahrzeuge umgeworfen. Als dann die sowjetischen Panzer in der Innenstadt die Straßen freimachen und der Ausnahmezustand bekanntgegeben wird, finden die Aktivitäten der Wismutleute noch immer kein Ende, sie gehen sogar dazu über, eine Doppelstreife der Roten Armee zu umstellen. Die Streife gibt Warnschüsse ab, die etwa 200 Wismutarbeiter zerstreuen sich.

Das Resultat des 17. Juni in Gera war, knapp gesagt: Ein Demonstrationszug von ca. 2 000 Werktätigen aus den Geraer Betrieben zum Rat des Bezirkes. Die Besatzung von etwa einem Dutzend Wismutfahrzeugen, etwa zwischen 200 und 300 Mann, griff ab Mittag in rüder Weise, auf die Zerschlagung von Dienststellen gerichtet, in die Demonstration ein. Danach wuchs die Menge in der Innenstadt bis zur Verhängung des Ausnahmezustandes auf 6 000 an. Obwohl er seit 13.00 Uhr mittags in der DDR galt, ist er in Gera erst am Nachmittag ausgerufen worden.

In einem großen Textilbetrieb, der Gewosei (Geraer Woll- und

Seidenweberei), wurde nicht gestreikt. Eine aus allen Abteilungen zusammengesetzte Delegation stellte Forderungen auf. Sie bezogen sich auf betriebliche Angelegenheiten und richteten sich gegen Funktionäre, die in der Normenfrage bislang den offiziellen Kurs vertreten hatten, darunter die gesamte BGL. Allerdings verweigerte der größere Teil der Belegschaft am Vormittag des 18. Juni die Arbeit.

Im allgemeinen bot das Bild in Gera die gleichen Züge wie in anderen vergleichbaren Orten. Eine Besonderheit ist aber das Auftreten der Wismut. Dieser Betrieb war nicht mit anderen vergleichbar gewesen. Er besaß den Status höchster Geheimhaltung wegen der Förderung von Uran für die sowjetische Atomrüstung, seine Angehörigen wurden ausschließlich von sowjetischen Direktoren angeleitet, die Belegschaft besaß außerordentliche Privilegien in der Versorgung mit Konsumgütern, Wohnungen und Sozialeinrichtungen. Es fragt sich, wieso diese Arbeiter nach Gera kamen. Man muß dazu wissen, daß die Betriebshöfe von militärischen Einheiten der sowjetischen Sicherheitsorgane bewacht wurden, und daß keine Maus hinein oder heraus kam, wenn diese es nicht wollten. Das politische Sagen hatten hier die Vertreter des MWD (Ministerstwo wnutrennich djel), des Innenministeriums, dem auch die Staatssicherheit unterstand, das also dem Kommando Berijas gehorchte. Sie mußten es ermöglicht haben, daß die Fahrzeuge betankt die Betriebshöfe verlassen konnten, wobei anzunehmen ist, daß die Bergleute für ihre zielgerichteten Tätigkeiten, für die sie Spezialfahrzeuge wie Hebekran, Rammen, auch Schneidbrenner, mitführten, entsprechende Unterweisungen brauchten. Wer waren diese Anführer?

Das Bild, das ich nach Abzug der Belagerung in der Stadtleitung aus den eingehenden Berichten zusammensetzen konnte, war bis zu den frühen Nachmittagsstunden klar, nach und nach trafen die in den Betrieben tätigen Mitarbeiter ein und fragten nach neuen Einsätzen. Ich beauftragte sie, in den ihnen zugeteilten Betrieben mit den dortigen Leitern den morgigen Tag vorzubereiten und dafür zu sorgen, daß an allen Arbeitsplätzen die erforderlichen Materialien bereitstanden, der allgemeine Arbeitsfluß gesichert war und das Parteiaktiv und die Meister in den Abend- und Nachtstunden eingewiesen wurden.

In den folgenden Tagen beruhigte sich die Lage. Unruhe gab

es im wesentlichen, wenn gefordert wurde, inhaftierte Sprecher und sonstige negativ in Erscheinung getretene aus der Haft zu entlassen. In Gera wurden 42 Personen durch die Polizei, die Staatssicherheit und das sowjetische Militär verhaftet. Bei den Untersuchungen fielen weitere Namen, was wiederum zu Verhaftungen führte.

Inzwischen werden Todesurteile und ihre Vollstreckung in anderen Orten bekanntgegeben, darunter aus Berlin und Jena. Der Ausnahmezustand hält an, die Öffnungszeit für Gaststätten wird begrenzt, die Theatervorstellungen beginnen schon 17 Uhr. Die Straßenbahn stellt um 19.30 ihre Fahrten ein. Die Sperrzeit wird am 22. 6. wegen der Nachtschicht von 22.00 – 4.00 Uhr festgesetzt. Am VEB IFA-Werke wird am 21. 6. Alfred Liebold, der Vorsitzende des Streikkomitees, verhaftet, eine Schweigeminute in der Materialversorgung ist die Folge.

Die Beschlagnahme von Betrieben wird rückgängig gemacht, so die Kehlleistenfabrik Langenberg, eine Vulkanisieranstalt, der Industrie- und Ofenbau Schunk, die Hartpapierfabrik Strubel, Gera-Druck vorm. Kunze, die Täschnerwarenfabrik Lange. Alle diese Maßnahmen werden in Aktivtagungen der Partei besprochen und mit den Berliner Beschlüssen verbunden, die Genossen sollen verstärkt aufklären. Dabei stoßen sie auf weitere Forderungen wie Abschaffung der Kaderabteilungen und der Abteilung Arbeit sowie der Gütekontrolle in der Kammgarnspinnerei Zwötzen. In der LPG treten einige Bauern aus, so in Leumnitz, die Linie ist: »Wer austreten will, soll es tun und darf nicht gehindert werden.« Die Apotheke am Roßplatz wird von der Stadt übernommen, der Inhaber ist geflüchtet. Im Roto-Record werden die Streikenden wieder eingestellt, auch Liebold wird Anfang Juli aus der Haft entlassen. Da er gerade Geburtstag hat, kommen Gratulanten aus allen Abteilungen mit Blumen und Geschenken.

Die Justiz arbeitet nach den neuen Richtlinien, sie stellt 40 Ermittlungsverfahren ein, ändert drei Urteile und spricht sechs Angeklagte frei. Drei Verfahren werden eingestellt. Über Untersuchungen in der Wismut ist wenig bekannt geworden, und es blieben auch die Fragen ungeklärt, wie es kam, daß die MWD-Offiziere die Streik- und Unruhestifter unterstützten, die Generäle der Sowjetarmee aber die Panzer einsetzten und damit die Unruhen beendeten.

Nach der Bekanntmachung des Ausnahmezustandes und dem Eintreffen von Mitarbeitern der Stadtleitung wurde ich in den Einsatzstab gerufen. Er tagte im Haus der Bezirksverwaltung des MfS und versammelte den 1. Sekretär der Bezirksleitung, Otto Funke, den Chef der Bezirksbehörde der VP, Willy Engelmann, den Chef der Bezirksverwaltung des MfS, Julius Michelberger, die Vorsitzende des Bezirksrates, Lydia Poser und deren Mitarbeiter und Sekretäre. Alle standen vor einer Karte, in welche die Streikzentren eingetragen waren, die Mitteilungen über Veränderungen liefen dauernd ein, und so wurde die Karte ständig auf den neuesten Stand gebracht. Mein Bericht war nur kurz, alle kannten die Lage in Gera sowieso. Dann zeigte Funke auf den kleinen Ort Silbitz bei Eisenberg, dort befand sich ein Edelstahlwerk in sowjetischer Verwaltung (SAG). »Hier ist noch alles offen, bring die Dinge in Ordnung«, lautete sein Auftrag an mich.

Ich holte mir meine Zahnbürste und fuhr los. Nach zwanzig Minuten ging ich durch das Werktor, der Pförtner zeigte mir die Richtung zum Direktor. Der lag besoffen über dem Schreibtisch und würde wohl so bald nicht aufwachen, wenn man die zwei Wodkaflaschen und deren Langzeitwirkung in Rechnung stellte. So suchte ich Leute, die mir Auskünfte geben konnten, aber der Betrieb war gespenstisch leer. Nur an den Öfen stand ein älterer Ingenieur und sagte mir, daß die Besatzung gerade abgelöst werden mußte, aber die Ablösung nicht gekommen war. Ich solle mich darum kümmern. Er gab mir die Adresse des Brigadiers, der nicht erschienen war. Er wohnte in einem Dorf, wie viele der Betriebsarbeiter in Mitteldeutschland. Nachdem ich Otto Funke mitgeteilt hatte, daß die Öfen zwar von dem Ingenieur eine Zeitlang gehalten werden könnten, dann aber gefährdet seien, sagte er, daß die Maxhütte in Unterwellenborn bei Saalfeld gebeten würde, Silbitz zu helfen, er würde sogleich anrufen. Das geschah, um 3 Uhr nachts nahm eine Gruppe von Stahlwerkern aus der Maxhütte die Arbeit an der Bühne auf und rettete die Öfen und damit das Werk.

In der Zwischenzeit fuhr ich mit einer Studentin, die beim Betriebsfunk eine Vertretung übernommen hatte und über einen kleinen PKW mit Lautsprecheranlage verfügte, in das Dorf zu dem Brigadier. Er saß mit seiner Familie, auch sein ältester Sohn arbeitete bei ihm im Werk, noch beim Abendbrot und hörte RIAS. Ich fragte, nachdem ich mich vorgestellt hatte, die Hausfrau, womit sie in Zukunft die kräftigen Männer ernähren wolle, der Betrieb sei gerade dabei, zu kollabieren, weil ihre Männer streikten. Nach zäher Diskussion um das Thema »Streikbrecher« versprach mir der vielfach ausgezeichnete Mann, ich glaube, er war »Held der Arbeit«, die Nachtschicht zu fahren. Entscheidend war mein Argument gewesen, daß er früher immer nur schön geredet hatte, nun aber in der Not versage, und daß an ihm das Schicksal des Betriebes hänge.

Nach der Zusage fuhr ich mit der Studentin durch die größeren Dörfer und gab bekannt, daß die Brigade die Nachtschicht aufnehmen werde und alle auffordere, es auch zu tun, bzw. die Frühschicht anzufahren. Dann fuhren wir auf die Bahnhöfe Zeitz und Weißenfels, nach Eisenberg und Gera und gaben den Fahrdienstleitern einen Text, der zu den Frühzügen durchgegeben werden sollte. Dann ging es in den Betrieb zurück, wo mir der Pförtner sagte, die Maxhüttenbrigade sei bereits bei der Arbeit, und ich legte mich auf eine Liege und bat, mich zu wecken, wenn die Frühschicht eintreffe. Das wichtigste war, so glaubte ich, daß am nächsten Tag, einem Lohntag, das Geld ausgezahlt würde, das müßte den Ausschlag geben. In der Buchhaltung wurde das Geld bereitgestellt, diese Kollegen machten ihre Arbeit.

Das Tor blieb geschlossen, der Eingang in den Betrieb ging nur durch den Personaleingang, so war es von mir angeordnet, aber die Kollegen standen vor dem Werkseingang und rührten sich nicht. Durch den Lautsprecher redete ein Angehöriger der Maxhütte auf ziemlich harte, um nicht zu sagen beleidigende Art auf die Silbitzer ein. Gewiß, die Kollegen hatten die Öfen abgestochen und neu beschickt, aber mußten sie nun so auf die Pauke hauen? Als ich ihn gerade bitten wollte, seine Rede abzubrechen, kam ein Mann, gejagt von einem anderen, auf den Durchgang zugerannt und wollte aus dem Betrieb verschwinden. Der Wachschutz stellte ihm ein Bein, so daß er voll auf die Nase flog und regungslos liegen blieb. Der Verfolger hob ihn hoch, legte ihm Handschellen an und führte ihn ab.

Der Pförtner sagte, daß es sich um den Hauptredner bei der Streikversammlung handele, er sei vor einigen Wochen als Hofarbeiter eingestellt worden und eigentlich unbekannt. Der junge

Polizist in Zivil sei von der Kripo in Eisenberg. Der Vorfall war natürlich von den Wartenden bemerkt worden, und sofort begannen Rufe: »Gebt den Kollegen heraus!« Viele waren der Situation nun langsam überdrüssig, endlich hörte auch der Redner auf, und einige, darunter auch Männer von der Ofenbesatzung, gingen in den Betrieb.

Der 18. Juni war ein nur mäßiger Erfolg, dieser oder jener traf im Laufe des Tages ein, einige kamen aus dem Urlaub, andere brauchten den Lohn, aber die Masse drehte um und ging nach Hause. Wenigstens konnten die Arbeiten an der Ofenbühne erledigt werden, weil auch einige frühere Ofenarbeiter, die jetzt in der Verwaltung waren, dort einsprangen.

Am nächsten Morgen das gleiche Bild, die Arbeiter warteten vor dem Tor. Inzwischen war auch der sowjetische Generaldirektor wieder an Deck und hatte eine sowjetische Einheit gerufen, die sich bereits in der Entfernung zeigte und langsam näher kam. Ich beauftragte den Dolmetscher des Direktors, den Kommandeur zu bitten, anzuhalten, was auch geschah, und ich ging in den winzigen Sprecherraum des Betriebsfunks. Ich wollte die gängigen Losungen dieser Tage nicht noch einmal wiederholen, da ich sie fast alle für wenig wirkungsvoll hielt, und stellte die Frage, wo Wilhelm Pieck sei, viele hatten in den letzten Tagen danach gefragt. Wilhelm Pieck sei krank und zur Kur im Ausland, aber wäre er hier, hätte er sicher davon erzählt, wie er zu seinen weißen Haaren gekommen sei. Ich nannte den Mord an Karl und Rosa, wobei er gerade noch aus dem »Eden« entkommen konnte, sprach über seine Enttäuschung, daß so viele Arbeiter den Faschisten hinterhergelaufen waren, weil sie sich entzweien ließen, und nun diese Ereignisse. Die Fehler würden korrigiert, niemand hätte auch nur daran gedacht, daß so viele sogar ihre Betriebe aufs Spiel setzen würden.

Dann nahm mir die Studentin das Mikrofon aus der Hand, die Traube hatte sich aufgelöst, die Arbeiter waren in den Betrieb gegangen und die sowjetischen Truppen wieder verschwunden. Nun hatte ich hier nichts mehr zu suchen und fuhr zurück nach Gera. Die Studentin fuhr mich in meine Wohnung. »Jetzt weiß ich, was Klassenkampf ist«, sagte sie zum Abschied, und ich entgegnete: »Nur, daß sich die Mehrheit der Klasse wieder einmal auf die Seite des Gegners gestellt hat«. – »Und warum?« Mir fiel nichts anderes ein als zu sagen: »Das Sein bestimmt das Bewußtsein!« Am Telefon hatte mir Otto Funke gesagt, ich solle mich ausschlafen und noch am Abend nach Jena fahren, um dort morgen früh in der Kreisleitung Jena-Stadt meine Arbeit als 1. Sekretär aufzunehmen.

JENA

Noch am 19. Juni war durch den bisherigen Sekretär Merx eine Kreisleitungssitzung einberufen worden, als ich ankam, wurde sie gerade eröffnet. Es waren aber nur wenige Mitglieder anwesend, die Benachrichtigung hatte nicht funktioniert, weil die Einladungen nicht ankamen. Es gab nicht mal mehr eine Liste mit Adressen und Telefonnummern, die Anwesenden waren durch Mundpropaganda eingeladen worden. Das Haus am Holzmarkt, ein Komplex aus Läden im Erdgeschoß, einem Café im ersten Stock und darüber, in den früheren Hotelzimmern die Räume der Kreisleitung der SED. Die wenigen Teilnehmer saßen im Café und diskutierten über den Aufstand, der über Jena hinweggefegt war. Niemand konnte sich jedoch erklären, wie diese Gewalt zustandegekommen war.

Im Laufe des Tages waren Mitglieder des ZK eingetroffen, sie sollten die Kreisleitung unterstützen. Paul Wandel, Otto Winzer und Richard Herber, der Bürochef Walter Ulbrichts, redeten auf die Jenaer Genossen ein. Nachdem ich mich vorgestellt hatte, entzog ich ihnen des Wort und schloß die Sitzung mit dem Hinweis, daß uns nur helfen könnte, wenn am nächsten Morgen in den Betrieben planmäßig gearbeitet würde. Irgendwelche Diskussionen würden nur stören, die Produktion sei in Rückstand gekommen. Paul Esche, der Sekretär von Schott, unterstützte mich und trat dafür ein, daß die Diskussionen in die Partei- und Gewerkschaftsversammlungen gehörten, denn sonst bekämen wir einen Zustand, daß nicht gearbeitet, sondern geredet würde, also eine merkwürdige Verlängerung des Ausstandes unter unserer Leitung.

Paul Esche, der am 17. Juni anfänglich verhindert hatte, daß Demonstranten aus dem Südwerk von Zeiss in den Schott-Betrieb eindringen konnten, und Kurt Haake, ein alter Zeissianer, früherer SAJ-Funktionär und Aktivist der ersten Stunde, boten mir ihre Unterstützung an. Haake, der gerade auf der Parteihochschule zu einem Sonderlehrgang war, kannte die Verhältnisse in Jena wie kein anderer, die Zusammenhänge, die Personen, die Geschichte. Er wurde später der zweite Sekretär und als meine Zeit in Jena zu Ende ging , mein Nachfolger. Mit seiner Hilfe konnte ich verstehen, wo die tieferen Gründe für die Unzufriedenheit lagen.

Nach den Aufrufen des RIAS am 16. abends waren die ersten Streikpläne in der Nachtschicht des Südwerkes aufgetaucht. Im Maschinenbau forderten die Arbeiter, mit der Frühschicht den Betriebsteil zu verlassen und zum Hauptwerk in das Stadtzentrum zu gehen. Der eigentliche Streik begann nach Arbeitsbeginn in der Gießerei des Südwerks. Die Forderungen waren sozialer Natur und ließen keine einheitliche Linie erkennen (siehe Anhang, S. 191). Von einzelnen wurden Losungen zum Rücktritt der Regierung laut. Eine Gruppe der Zeissianer ging zum Schottwerk, wo gerade eine Versammlung auf dem Werkhof stattfand. Hier agierten zwei sehr bekannte Funktionäre, die aus der SPD kamen, die Gebrüder Heinz. Der eine arbeitete als Technischer Direktor, der andere als Personalchef. Während Esche die Sicherung des Tores übernahm, sagte Eduard Heinz: »Wir Schottianer haben bisher dreimal gestreikt, in der Novemberrevolution, gegen den Kapp-Putsch und in der Wirtschaftskrise, Ende der Weimarer Republik. Diese Streiks waren organisiert, an wilden Streiks nehmen wir nicht teil, das geht gegen unsere Ehre.« Diese Worte gaben den Ausschlag, daß die Streikenden das Schottgelände verließen, ohne daß sich die Belegschaft anschloß.

Hier muß angefügt werden, daß immer die Rede davon war, in Jena würde eine starke Agentur des SPD-Ostbüros arbeiten, was auch sehr wahrscheinlich ist, war doch Jena seit mehr als 100 Jahren eine Hochburg der Arbeiterbewegung, und viele ehemalige Sozialdemokraten waren mit der Entwicklung der SED zur Partei Neuen Typus, mit dem stalinistischen Kurs, nicht einverstanden. Immer wurden bei diesem Thema auch die Brüder Heinz genannt, da sie zu den strategischen Köpfen in der Jenaer Arbeiterschaft zählten, wie die Ausführungen auf der Betriebsversammlung zeigen, aber einen Beweis hat es dafür nicht gegeben.

Allerdings traten im Verlauf Sprecher auf, die erkennen ließen, daß eine Strategie hinter ihren Reden steckte. Ein Wohnungssachbearbeiter rief mehrfach zum Streik auf. Während in den Betrieben Jenapharm und im Hauptwerk des VEB Zeiss noch

Versammlungen stattfanden, die über verschiedene Forderungen diskutierten, hatte sich gegen Mittag am Holzmarkt, vor dem Haus der Kreisleitung, eine Menge versammelt, in der von Rednern gezielt Aggressionen geschürt wurden.

In der Kreisleitung herrschte Ratlosigkeit. Alle Mitarbeiter, es handelte sich um vielleicht 50 Personen, die im Haus waren, die meisten davon Männer, wurden in die Menge geschickt, um zu agitieren. Niemand brachte die Wasserschläuche in Anschlag, die im engen Treppenaufgang vorhanden waren, der deutsche Meister im Judo, der sich an der Tür postieren wollte, um Eindringlinge »verpackt« hinauszubefördern, wurde ebenfalls in die Menge geschickt. Die alten VP-Wachmänner hatten Anweisung, keine Waffengewalt anzuwenden. Nun trat ein, was kommen mußte, die Gespräche erhitzten sich, die Genossen wurden unsachlich angerempelt und auf alle mögliche Art provoziert, bis es zum Sturm auf das Haus kam. Alle Büros wurden zerstört, Inventar und Akten, darunter die Personalkartei, auf die Straße geworfen und dort zertrampelt. Der ganze Holzmarkt wurde nach und nach mit den Papieren bedeckt. Nur der schwere, alte Tresor im Zimmer des 1. Sekretärs konnte nicht geöffnet werden, aber er war sowieso leer.

Nunmehr gingen Gruppen von Randalierern, die Pulver gerochen hatten, in andere Büros, die Räume der Nationalen Front, der FDJ, der GST und der DSF wurden ebenso verwüstet. Vor der Untersuchungshaftanstalt versammelten sich gegen Mittag über 1 000 Menschen und drangen ein, sie ließen 61 Häftlinge frei. Der maßgebende Teil dieses Haufens zog weiter und stürmte das Gebäude des MfS in der Humboldtstraße. Hier gab es zwar Gegenwehr, aber der Widerstand blieb gering. Die Papiere wurden ebenfalls auf die Straße geworfen, darunter auch Personalunterlagen. Der Leiter wurde schwer geprügelt und in das Stadtzentrum geschleppt, wo er auf dem Markt am Hanfried, einem Denkmal, aufgeknüpft werden sollte. Nur einem Zufall ist zu verdanken, daß diese Absicht vereitelt wurde.

Von unbekannter Seite wurde nun für 14.00 Uhr eine Kundgebung auf dem Trümmerfeld angekündigt, diese Leute drangen auch in den Werkfunk von Schott ein, um die arbeitenden Belegschaftsangehörigen dorthin zu locken. Durch diese Ankündigung waren schließlich über 20 000 Menschen im Zentrum versammelt, doch die Organisatoren ließen sich nicht sehen, sie hatten wohl durch das Radio vom Ausnahmezustand in Berlin erfahren. Die Menge stand tatenlos herum, als die sowjetischen Panzer erschienen. Als einige Frauen sich auf die Straße setzten, änderten sie den Kurs, als einige Straßenbahnwagen umgestürzt wurden, schoben sie die Sperre beiseite.

Russische Soldaten drangen in das Haus der Kreisleitung ein und säuberten es von Randalierern. Dabei wurde auch der vielgenannte Alfred Diener verhaftet, als Rädelsführer der Plünderer erkannt und deshalb erschossen. Die Meldung erfolgte am 18. Juni im ganzen Bezirk.

Aus den Betrieben wurden keine Verwüstungen gemeldet. Im Chemischen Institut der Universität stellten sich die Mitarbeiter unter dem Direktor, Professor Franz Hein, vor ihre Arbeitsstelle, wie Prof. Adalbert Feltz berichtet: »Als eine Horde aufgeputschter Randalierer am 17. Juni 1953 das Institut stürmen und Einrichtungen zertrümmern wollte, stellte er sich, mit seinem Körper im Portal stehend, schützend vor sein Aufbauwerk. Er soll bei dieser Gelegenheit sehr laut geworden sein, was ihm überhaupt nicht lag und sonst niemals vernommen worden war.« In jenen Tagen wurde in der Stadt erzählt, er hätte ein Reagenzglas hochgehalten und gerufen: »Wenn das zerbricht, habt ihr alle die Cholera am Hals.«

Der Kassierer der Kreisleitung, ein älterer Genosse, hatte einen zufällig vorbeigehenden sowjetischen Soldaten ins Haus geholt und vor die Kasse gestellt. So blieb sein Arbeitsfeld mit 256 Mark Bargeld im Schrank unangetastet. Dieser Raum war als einziger unzerstört geblieben.

Die Verhängung des Ausnahmezustandes wurde durch Lautsprecherwagen, die durch alle Stadtteile fuhren, nachmittags bekanntgegeben. Vor allen Großbetrieben standen Panzer, aber in die Betriebe drangen sie nicht ein.

Die letzten Junitage galten der Beruhigung der Lage, die endlosen Diskussionen mußten in geordnete Bahnen gelenkt werden. Es hatte keinen Zweck, immer neue Fragen aufzuwerfen. Es kam vielmehr auf die konkrete Analyse an. Sie mußte ortsgebunden vorgenommen werden, dann erst hatten die Maßnahmen, ausgelöst durch den Neuen Kurs, praktischen Sinn. Die für Jena interessanten Forderungen ließen sich, soweit sie nicht unsinnig waren, im wesentlichen erfüllen. Das setzte jedoch die verbindliche Meinungsbildung bei allen maßgebenden Funktionären in den Betrieben, der Kreis- und Bezirksleitung, dem ZK und den Berliner Ministerien voraus, denn Zeiss, Schott und Jenapharm waren Betriebe von Bedeutung für die gesamte Republik, ein Fehler in irgendeinem Ministerium konnte alles wieder zunichte machen.

Inzwischen ging ich auf die Suche nach den Ursachen. Sie begann in den in Jena weitverbreiteten Schrebergärten. Die Laubenpieper sind in Vereinen organisiert und verfügen über kleine Lokale. Dort hieß es an den Wochenenden »Rost brennt!«, und das Bier zur Bratwurst war schön kühl. Kurt Haake führte mich dort ein, und ich geriet sofort in die interessantesten Gespräche. Die Arbeiter waren nicht nur in ihren Berufen qualifiziert, sie verfügten auch über den bekannten gesunden Menschenverstand. Das aber machte die Sache noch schwieriger, wie hatten sie sich denn verleiten lassen, an den Ausständen teilzunehmen?

Es stellte sich heraus, daß sie auf ein klares, offenes Wort der Parteileitung gewartet hatten, das nicht kam, nicht nur in Jena nicht, sondern auch nicht über den Rundfunk aus Berlin. Der völlige Zusammenbruch der Organisationsstrukturen in dieser Stadt hatte eine Ursache in dem anscheinend denkunfähigen Sekretär Merx, der in jedem Falle falsch entschieden hatte. Ein typischer Fall von eingepaukter sogenannter Parteidisziplin, er setzte die unsinnigen Anweisungen durch, wie bisher immer, aber die Hinweise, alle sollten agitieren gehen und über die Aufhebung der Normen berichten, schloß ja die Sicherung der materiellen Werte nicht aus.

In dieser Frage wurde ich bestärkt durch den Direktor des Wasserwerkes. Er war Lagerältester in Buchenwald gewesen, nach der Befreiung hatte man ihn beschuldigt, mit der SS zusammengearbeitet zu haben, ohne Beweise vorzulegen. Er trat aus der Partei aus, tief beleidigt, denn seine Haltung im KZ war untadelig gewesen, das hatte sich inzwischen herausgestellt. So tat er das, was notwendig war, er sicherte mit seinen Angestellten die Hochbehälter der Wasserversorgung und ließ niemand in seinen Betrieb. Ich versuchte, ihn als Oberbürgermeister der Stadt zu gewinnen. Otto Funke und Lydia Poser waren sehr dafür, denn er hatte in Jena einen guten Ruf und wegen seiner Vergangenheit hohes Ansehen. Funke fragte mich sogar, ob er auch für die Funktion eines Bezirksvorsitzenden geeignet sei. Er besaß diese Qualitäten, Lydia Poser zu ersetzen, denn sie war ihrer Arbeit müde und bat um Ablösung. Doch Walter Bartel lehnte ab. Die jetzigen Verhältnisse in der Partei gefielen ihm nicht, er wollte nicht in neue Querelen kommen. Seine Haltung habe ich bedauert, denn es war notwendig, neues Vertrauen zu den leitenden Personen aufzubauen, aber ich habe sie verstanden. Vergebens hatte ich gehofft, in ihm eine Stütze finden, einen erfahrenen Ratgeber, denn ich war noch sehr jung für einen solchen Kreis wie Jena.

Hier hatte ich zwar studiert, die Atmosphäre strenger geistiger Arbeit bei Leisegang, Linke, Griewank und Klaus kennengelernt, hier hatte ich ein Musikensemble an der Universität mit Chor, Orchester, Tanzgruppe und später auch Dixieland-Band aufgebaut, das recht gut war, hier begann ich nach dem Studium meine Arbeit in der Direktion des Zeisswerkes als Assistent des Kulturdirektors, eines Buchenwaldhäftlings, Otto Schieck. Er war mit schweren gesundheitlichen Schäden aus dem KZ entlassen worden, hatte dann die komplizierten Anfangsjahre als Direktor des Kugellagerwerks in Bad Liebenstein gearbeitet und spürte mit den Jahren nun die nachlassenden Kräfte. Er brauchte tatkräftige Hilfe. Aus dieser Zeit vor drei Jahren kannte ich auch den Hauptdirektor Dr. Hugo Schrade, die Verkörperung des Zeiss-Betriebes schlechthin. Seine persönliche Autorität, seine Verbundenheit mit der Stadt und Universität waren sprichwörtlich. Leider kannte ich ihn nur flüchtig, aber bei meinem Antrittsbesuch erinnerte er sich sehr genau und sprach von unserer Arbeit in den sehr schnell wachsenden Lehrwerkstätten.

Ihn fragte ich nach der Analyse. Er sagte: »Sieh mich an, ich stehe auch unter Verdacht, mit Heidenheim (dem Zeiss-Betrieb im Westen) zu paktieren. Meine Sekretärin ist verhaftet, der technische Direktor steht ebenfalls unter Mißtrauen. Aber der Prozeß zieht sich hin, ein Angeklagter ist schon aus dem Fenster gesprungen, weil er den Druck nicht mehr aushielt. Du kannst dir denken, wieviel Spaß es macht, diesen Betrieb zu leiten, wir sind teilweise noch dabei, die Reparationsfolgen zu beseitigen.«

Auch er kam auf die unsinnige Diskussion über das Zeiss-Statut zu sprechen, wie vorher Bartel und Haake. Dabei drückte er mir den Text in die Hand. »Das soll Sozialdemokratismus sein?« fragte er. Ich mußte gestehen, daß ich es nicht kannte, versprach aber, es mir anzusehen.

An meinen Abenden, wenn ich von den Versammlungen kam, die nach der Arbeitszeit stattfanden, ziemlich zerschlagen zum Abendbrot meine Fischdose löffelte und in meiner Kammer unter dem Dach der Kreisleitung Papiere las, sah ich mir den Text des Statuts an. Es enthält vorbildliche Festlegungen der Betriebsleitung für die Arbeiter, die »Zeissianer«. Von der Berufsausbildung bis zur Altersversorgung waren zusätzlich zum Lohn, der mit zu den höchsten gehörte, vorbildliche soziale Einrichtungen geschaffen worden: Wohnungsbaugenossenschaften mit niedrigen Mieten, ein Stadtbad, das Volkshaus mit einer vorbildlichen Bibliothek, einem großen Saal und mehreren kleineren Sälen, die jedermann zur Verfügung standen, der an den vielen Veranstaltungen teilnehmen wollte. Als Student war ich Sonntag vormittags für wenige Pfennige zu den Sinfoniekonzerten der Staatskapelle Weimar gegangen, jetzt erfuhr ich, daß sie vom Betrieb gefördert wurden.

Wer bei Zeiss arbeitete, blieb sein Leben lang an seinem Platz, man sagte, der Zeissianer werde mit dem Kinderwagen in den Betrieb gefahren und käme im Sarg wieder heraus. Das mit dem Kinderwagen stimmte. Als wir dann in Jena wohnten, besuchten meine beiden Kinder den Zeisskindergarten auf dem Forst, weil er in der Nähe meiner Wohnung lag. Zwei Kindergärtnerinnen höchster Qualifikation erzogen die Kinder auf eine Weise, daß sie bereits beim Schuleintritt den Stoff der ersten Klasse spielerisch in sich aufgenommen hatten. Wenn wir unseren Spaziergang auf den Forst machten, spielten sie mit uns Eltern »Rechenmeister« und fragten uns ab. Sie rechneten mit Kastanien und Äpfeln und erzählten Grimms Märchen nach. Vorbildlich, schulreformerisch dieser Kindergarten der Zeiss-Stiftung.

Von hoher Qualität war alles, was aus den Mitteln der Zeiss-Stiftung finanziert wurde. Und das sollte nach der 2. Parteikonferenz als ›sozialdemokratisch‹ beseitigt werden, weil es nicht in den sozialistischen Aufbau paßte?

Ich war nunmehr der Hauptursache auf der Spur. Die Arbeiter fürchteten um die Verschlechterung der Bedingungen, die hundert Jahre gegolten hatten, die Meister und Ingenieure um das

Recht, bis zu ihrem Tode in den kleinen Einfamilienhäusern zu wohnen. Sie verstanden sehr wohl, daß dieses Netz kluger Maßnahmen von Zeiss, Abbe und Schott der Qualität der Erzeugnisse die notwendige Beständigkeit gesichert und dem Namen der Betriebe weltweit einen guten Klang verschafft hatte. Wieso brauchte man im Sozialismus diesen Ausweis erstklassiger Qualität nicht mehr?

Es war nicht mehr festzustellen, wer diese zerstörerische Diskussion aufgebracht hatte, aber man mußte trotzdem dagegenhalten. Bei einer Veranstaltung der Zeiss-Stiftung im Volkshaus, der Anlaß ist mir entfallen, nahm ich das Wort und würdigte die Arbeit der Stiftung über die vielen Jahrzehnte hinweg. Die kluge Finanzverwaltung hatte das Vermögen gemehrt, und ich bat um weiteres Engagement. Diese kurzen Worte, es waren nicht mehr als fünf Minuten, schlugen ein wie eine Bombe, wurden in der Betriebszeitung gedruckt und beruhigten die Gemüter in dieser Frage.

Für die Stadt war der Wohnungsbau – sie war ja zu einem großen Teil noch kurz vor Ende des Krieges durch Bomben zerstört worden, die Bausubstanz durchweg zu alt – die erstrangige Angelegenheit. Zwar waren Wohnungen im Plan, aber die Arbeiten kamen nicht recht voran, weil die Maurer fehlten. Wir stellten fest, daß 68 Maurer an Verwaltungsschreibtischen saßen. Der neue Oberbürgermeister, Fritz Kunst, ein gelernter Maurer, und ich versammelten die ehemaligen Bauhandwerker und verabredeten für vier Wochenenden einen außerplanmäßigen Arbeitseinsatz an den Bauten im Mühltal. Fast alle kamen, ich stand am Mischer, Fritz Kunst schwang die Kelle trotz seiner schweren Kriegsverwundung, und die Arbeiten kamen jedesmal ein gutes Stück voran.

So ging es Schritt für Schritt weiter in die Normalität. Eines Tages zeigte der Kreisstellenleiter des MfS im Sekretariat der Kreisleitung, das jeden Freitag tagte und die kommende Woche vorbereitete, einen Brief, den ein Republikflüchtiger aus dem Zeiss-Betrieb in Heidenheim geschrieben hatte. Der Empfänger hatte ihn im Betrieb herumgezeigt. Darin hieß es, wer dorthinkomme, solle wissen, daß dort das Statut der Stiftung gelte. Das war der Beweis, daß wir auf dem richtigen Wege waren. Ich wandte mich daher an Heinrich Rau, den Minister für Maschinenbau, und bat ihn, bei nächster Gelegenheit die Gültigkeit des Statuts ausdrücklich zu bestätigen. Er tat das, und so war die Hauptschwierigkeit überwunden. Dennoch war immer noch nicht klar, wer gegen die sozialen Errungenschaften des 19. Jahrhunderts im 20. Jahrhundert Front gemacht hatte und aus welchem Grunde.

Eine ähnliche Frage, die in der Partei große Aufregung verursacht hatte, war die Mitgliedschaft in Splittergruppen gewesen. Ein angesehener Funktionär, Alois Hochkepper, war in den zwanziger Jahren Mitglied der KPO (Kommunistische Parteiopposition) gewesen, einer Gruppierung, die Thälmanns Linie nicht anerkannte. Obgleich er sehr jung war und die Mitgliedschaft nur kurz gedauert hatte, setzte man ihm seit der Parteiüberprüfung zu. Er sollte ›mea culpa‹ rufen, er weigerte sich, zu bereuen. So wurde er ausgeschlossen, legte Einspruch ein, aber die Sache war immer noch nicht erledigt, da sie hin und her geschoben wurde. Er sprach mich beim Mittagessen an, wir saßen im Hauptwerk in der Kantine am gleichen Tisch. Ich versprach ihm, seine Mitgliedschaft durchgehend zu bestätigen, drückte das auch bei den Bürokraten der Parteikontrolle in Gera durch und war erstaunt, wie diese kleine Erledigung einer für einen Arbeiterfunktionär entscheidenden Frage auch über seine Grundorganisation hinauswirkte.

Dieser Stil war einzuführen, aber es fiel manchem schwer, seinen eigenen Kopf zu gebrauchen. Auch ich mußte spüren, daß man, in bester Absicht handelnd, in große Konflikte geraten kann. In Jena ist das Paradiesfest, ein Volksfest unter Lampions am Saaleufer Mitte Juli, jährliche Tradition. Auch wir wollten, es gehörte in den Plan zur Normalisierung, in diesem Jahr nicht darauf verzichten. So wurden die notwendigen Vorbereitungen durch die Kulturabteilung getroffen. Spiel und Gesang, Blasmusik und Bratwurststände, Bierausschank und Tanz sollten die Stimmung weiter lockern. Bei der Behandlung im Sekretariat erhob der Polizeichef Roth, der am 17. vollkommen versagt hatte, nunmehr schwere Bedenken gegen das Fest. Es sei in der Dunkelheit nicht zu bemerken, wenn Provokationen gestartet würden, es könne Chaos ausbrechen.

Seine Einwände wurden zurückgewiesen, er solle eben Zivilstreifen einsetzen, aber er protestierte und meldete seine Bedenken nach Gera. So rief mich Otto Funke besorgt an und verlangte die Absetzung, mindestens aber die Verschiebung des Termins. Es war aber schon überall plakatiert, die Zeitung berichtete und erhebliche Kosten entstanden. So widersprach ich seinen Bedenken und übernahm die Verantwortung.

Als wir nach dem Ende des Festes noch bei einem Bier zusammensaßen, konnte festgestellt werden, daß es keinerlei politische Vorfälle gegeben hatte. Im Gegenteil, gemessen an den Vorjahren war diese Massenveranstaltung, jung und alt war auf den Beinen gewesen, geradezu vorbildlich störungsfrei verlaufen. Wieder ein kleiner Schritt.

Dabei hatte es durchaus noch Reaktionen nach den kritischen Tagen gegeben. Der Rektor der Friedrich-Schiller-Universität, Prof. Hämel, ein Mediziner, und der Direktor von Jenapharm, Prof. Knöll, der große Verdienste an der Herstellung des Penicillins hatte, kamen mit einem Mitglied der Streikleitung des Südwerkes zu mir, um einen Verhafteten, der ihrer Meinung nach in der Untersuchung beim MfS saß, freizubekommen. Nachdem ich verstand, was sie wollten, schickte ich den Mann aus dem Südwerk hinaus und redete offen mit den beiden Professoren.

In meiner Studentenzeit hatte ich erfahren, daß Knöll als junger Arzt in Buchenwald Versuche mit Laborergebnissen von Penicillin gemacht hatte. Dafür wurde er von den Russen verurteilt. Da aber keine gesundheitlichen Schäden bei den Versuchspersonen eingetreten waren, wurde er begnadigt.

In einem Prozeß hatten sowjetische Gefangene für ihn ausgesagt, und dann wurde er unter der Bedingung freigelassen, daß er weiterarbeiten, aber jede politische Betätigung unterlassen solle. Er erhielt ein eigenes Laboratorium, die Sowjetunion war an seinen Arbeiten sehr interessiert, und in der Tat ist daraus die Versorgung des sozialistischen Lagers mit Antibiotika entstanden. Inzwischen war Jenapharm ein neuer, moderner Betrieb und Knöll sein Direktor. Wenn er sich vor den Karren der Streikenden spannen ließ, könnte das neue Komplikationen ergeben. So mußte ich alles auf eine Karte setzen und erinnerte ihn an seinen Prozeß. Zu Hämel sagte ich nur, daß ja allgemein bekannt sei, man käme schnell in ein Gefängnis, aber schwer wieder heraus.

Zwei Wochen später machte ich meinen Antrittsbesuch bei beiden Herren und konnte ihnen beiläufig mitteilen, daß der Betreffende, ein gewisser Eckehard Norkus, bald einen Prozeß in Gera bekommen sollte. So geschah es auch. Der Prozeß gegen die Anhänger des »Sozialdemokratismus« von Zeiss fand nun ebenfalls beschleunigt statt. Direktor Dr. Schrade hatte sein Parteiabzeichen angelegt und sagte ohne Einschränkungen für seine Mitarbeiter aus. Die meisten wurden freigesprochen, einige erhielten Bewährungsstrafen, das heißt, die Untersuchungshaft wurde angerechnet.

Der neue Oberbürgermeister zeigte sich als volksverbundener Mann mit Lebenserfahrung, im Kreisamt der Polizei wurde ein neuer Chef eingesetzt, der neue Leiter des MfS bemühte sich, die Scherben einzusammeln und zu kitten.

Wie weit die Sicherheitsorgane in den Putsch verwickelt waren, zeigt eine Auswertung im Büro der Bezirksleitung über die Ereignisse im Bezirk Gera. Otto Funke unterbrach den Leiter des MfS, Julius Michelberger, der gerade verschlungen erklärte, daß die Organe der Staatssicherheit völlig versagt hätten, das Ministerium aufgelöst und dem Innenministerium unterstellt worden sei, mitten in der Rede: Das träfe zwar zu, berühre aber nur die Spitze. Der Minister Wilhelm Zaisser war abgelöst worden, an seine Stelle trat Wollweber als Staatssekretär. Funke fragte unvermittelt: »Das ist ja alles gut und schön, aber was hättest du gemacht? Warum sagst du nichts zu der Aktion mit den Pistolen? Und nehmen wir mal an, du hättest den Befehl erhalten, uns zu verhaften, hättest du es getan?« Michelberger antwortete eindeutig: »Ja, selbstverständlich!« – »Dann hast du unter uns nichts mehr zu suchen!« Und der mächtige Leiter ging aus dem Raum und aus dem Bezirk. Aber man verzichtete nicht auf seine Dienste. Er wurde Leiter der Untersuchungsabteilungen des MfS-Apparates.

Auch in unserem Bezirk hatten sich die ökonomischen Probleme und Disproportionen als Hauptursache für die Mißstimmung herausgestellt. Was bisher immer als personelle Unfähigkeit von einigen untergeordneten Stellen hingestellt wurde, zeigte sich als Systemfehler. Von nun an wurde der wirtschaftlichen Rechnungsführung höhere Bedeutung beigemessen, die Pläne konnten nicht einfach geändert werden, Gewinn und Verlust wurden zentrale Kategorien.

In der ideologischen Arbeit änderten sich die Prioritäten. Die schädlichen, aufgebauschten Differenzen mit der Kirche wurden nach einer Aussprache Grotewohls mit Bischöfen in Berlin, wenn auch nicht völlig beseitigt, so doch zurückgedrängt, Konfirmandenunterricht und Junge Gemeinde nicht mehr behindert. Dennoch überlegten wir, daß in der Arbeiterbewegung, vor allem auch in Jena, die Jugendweihe ein Ritual für die Aufnahme in die Welt der Erwachsenen gewesen, aber nach 1933 nunmehr eingeschlafen war.

Wir gründeten einen der ersten Jugendweiheausschüsse, und ich sprach auf der Gründungsversammlung. Eine Konfrontation mit den gläubigen Bevölkerungsteilen sollte vermieden werden, die unrühmlich bekannten Eiferer gegen das Christentum hätten in der Jugendweihe nichts zu suchen. Jemand schlug vor, das aufklärerische Wort von der »Suche nach dem Sinn des Lebens« in den Mittelpunkt zu stellen. Gewiß, antwortete ich, das Thema sei gerade hier, in der Stadt Ernst Haeckels, wichtig, aber naturwissenschaftlich hat das Leben natürlich keinen höheren Sinn, erst mit dem Erscheinen des intelligenzbegabten und mit Gefühlen ausgestatteten, liebesfähigen Menschen könne man die Antwort geben. Sie müsse wohl lauten: »Welchen Sinn kann der Mensch seinem Leben geben?« Hier läge auch die Möglichkeit der verbindenden Diskussion mit den gläubigen Einwohnern. Diese allerdings war zur Zeit gerade gestört. Ein Dorfpfarrer hatte am 17. Juni den Volkspolizisten in den Dorfteich gestoßen, so daß er ohne Hilfe der Bewohner sicher ertrunken wäre. Der Zeitungsbericht erwähnte, daß es ein Bruder des Bischofs Mitzenheim aus Eisenach gewesen sei. Nunmehr würde er vor Gericht gestellt.

Der Bischof bat für seinen Bruder, und wegen des sich anbahnenden besseren Verhältnisses zur Kirche wurde der wütende Pfarrer entlassen. Das schuf gewissen Unwillen wegen der Ungleichbehandlung der Täter.

Eine andere Schlußfolgerung war die Gründung der Kampfgruppen mit dem Auftrag, den Schutz der Betriebe zu gewährleisten. Die Volkspolizei wurde mit der Ausbildung und Organisation betraut, und im September zeigten sie sich zum erstenmal in blauen Arbeitsanzügen und ohne Waffen. Bei Zeiss und Schott waren es je eine Hundertschaft, bei Jenapharm und im Reichsbahnausbesserungswerk je zwei Züge, in der Universität ebenfalls. Die Lage stabilisierte sich.

Ein besonderes Ereignis war die erste Jugendweihe im Frühjahr 1954, in der die Erwachsenen der Jugend ein großes Fest bereiteten. Die Orgel brauste, gespielt von einem Mitglied der Widerstandsgruppe um Adolf Reichwein, die Chöre sangen, und alle Anwesenden waren teils gerührt, teils nachdenklich und wanderten mit den Jugendlichen anschließend zum Goetheschen Gartenhaus und den Fürstengraben entlang. Die Jugendweihe existiert heute noch, trotz mancher staatlicher Anmaßung in den späteren Jahren und trotz wütender Angriffe durch die Wendechristen in den neunziger Jahren. Die Aufklärung hatte in Jena immer einen festen Standort.

In unserer Stadt ging es aufwärts, wenn auch viel zu langsam, wie mir deuchte. Dennoch war die Atmosphäre freier geworden, das Ausmaß der Verwüstungen hatte manchen nachdenklich gemacht. Wir waren nach der Auswertung der Forderungen zügig daran gegangen, die Vorwürfe, denn darum handelte es sich in den meisten Fällen, zu untersuchen und wenn möglich abzustellen. Ohne viel Aufhebens, so spürte man, wurde die Beschwerde ernst genommen und der Mangel abgestellt. Doch warum geschah das nicht auf ganz normalem Wege und sofort dann, wenn die Mängel bemerkt wurden? Die Ursachen waren wohl unterschiedlich, aber generell handelte es sich um Mißachtung der Sorgen der Arbeiter, um eine Überheblichkeit der Verantwortlichen. Aber auch diese Untersuchungen erklärten nicht das Auftauchen von politischen Forderungen zum Sturz der Regierung. Ich las nach in meinen Vorlesungsnachschriften, in denen Immanuel Kant breit behandelt war. Der Hang und Beruf zum freien Denken sei von der Natur gegeben, so meinte er. Wenn er sich ›ausgewickelt‹ hat, wird das Volk fähig, nach und nach fähig, in Freiheit zu handeln. Voraussetzung dafür ist die Änderung seiner Sinnesart. Diese wiederum veranlaßt dann die Regierung, ihre Grundsätze zu verbessern und den Menschen entsprechend seiner Würde zu behandeln. Als spätere Randglosse hatte ich ergänzt: »Ziel des Sozialismus!« Dieser Meinung bin ich auch heute noch, nur daß dieses »nach und nach« so lange dauert.

Wie kam es, daß so wenige meiner Bekannten erkennen wollten, daß mit ihnen damals ein übles politisches Spiel gespielt wurde? Die DDR, entstanden durch die Beschlüsse der Siegermächte, die den Grund dafür, die Teilung des Landes, festgelegt hatten, sollte nunmehr, da sie für den Westen durch die Veränderung der Eigentumsverhältnisse gefährlich geworden war und daran ging, die fundamentalen Unterschiede zum kapitalistischen System durch den Kurs auf den Sozialismus noch weiter auszubauen, beseitigt werden. Der Osten, die Sowjetunion, glaubte nicht mehr an die Lebensfähigkeit einer selbständig handelnden DDR-Regierung und bot die Finnlandisierung, die Neutralität Deutschlands als Bedingung für die Einheit an. Als dieser Vorschlag abgelehnt wurde, war sie anfänglich mit einer eigenen, überschnellen Entwicklung zum Sozialismus einverstanden. Die DDR, so konnte sie sicher sein, würde sich immer nach ihren Vorgaben richten, es standen ja genügend sowjetische Truppen im Lande, die leitenden Leute kamen aus der sowjetischen Emigration und kannten das Sowjetsystem genau, kleinere Abweichungen einbegriffen.

Nunmehr, nach Stalins Tod, brachen in Moskau die Differenzen in der deutschen Frage auf. Die Armee beharrte auf dem Stand von 1945, sie wollte an der Elbe stehen bleiben, die Geheimdienstoperation aber war bereits in vollem Gange, den Eisernen Vorhang an der Oder undurchlässig zu machen, und das konnte nur dadurch geschehen, daß die Regierungsverhältnisse in der DDR geändert, Ulbricht, Grotewohl und Pieck abgelöst und zuverlässige Berijaleute deutscher Sprache eingesetzt wurden, um dessen Politik durchzuführen. Die arbeiteten an dieser Aufgabe seit dem Sommer 1952, heizten das Tempo des sozialistischen Aufbaus an und begründeten die eingebauten Schikanen zur Verschlechterung der Lebenslage der Bevölkerung, die den Unwillen in allen Schichten hervorriefen, eben mit Notwendigkeiten, die sich aus dem Sozialismus ergäben. Das Ergebnis war, daß für die arbeitende Bevölkerung der Eindruck entstand, Sozialismus sei gleichbedeutend mit der Verschlechterung des Lebens oder mit der Einführung russischer Verhältnisse in unserem Lande. Die drei großen, in den letzten Wochen vor dem 17. Juni eingeführten Kampagnen, die Erhöhung der Normen, die Verschärfung des Ablieferungssolls für selbständige Bauern und die Verschlechterung der Bedingungen für die Betriebe des Mittelstandes, waren gezielt gesteuert. Während im Kommunique vom 9. Juni alle einschränkenden Maßnahmen zurückgenommen wurden, fehlte ausgerechnet die wichtigste und allseits abgelehnte Normenfrage. Sie wurde überhaupt nicht erwähnt. Wer da an Zufall glaubt, ist auf dem falschen Dampfer.

Der RIAS

In diesem Wirrwarr der verschiedensten Interessen und Schritte spielte der »Rundfunk im amerikanischen Sektor«, wie der offizielle Name des Senders lautete, eine organisierende Rolle. Es wird zwar gesagt, daß es der Redaktion unter Egon Bahr gelungen sei, einige Wochen vor dem Angriff auf die DDR zu verhindern, daß die Wettermeldungen mit Geheimcodes für die Funkstützpunkte der Agenten in der DDR gefüttert wurden, aber auch wenn das stimmen sollte, besagt das über seine wirkliche Rolle noch wenig. Betrachten wir einige Meldungen. Ende März 1953 verbreitet er mehrfach eine Erklärung des Bundesministers für Innerdeutsche Fragen, Jakob Kaiser, in der es heißt: »Es liegt durchaus im Bereich der Möglichkeit, daß der Tag X rascher kommt, als Skeptiker zu hoffen wagen. Es ist unsere Aufgabe, für die Probleme bestmöglich vorbereitet zu sein. Der Generalstabsplan ist so gut wie fertig.« In diesem Generalstabsplan des von den DDR-Stellen nur »Spionageministerium« genannten Apparates von CDU-Minister Kaiser spielten die Ostbüros der CDU, SPD und FDP ganz sicher eine genau festgelegte Rolle entsprechend der selbstgewählten Aufgabenstellung, die für die SPD in einem Artikel des »Neuen Vorwärts«, einer zentralen Zeitung der SPD, im September 1952 wie folgt beschrieben wird:
»Eine besondere Rolle im Widerstandskampf gegen das kommunistische Regime ist dem Ostbüro der SPD zugefallen, das im Mittelpunkt der kommunistischen Diffamierungsversuche steht. Die Wahrheit über die Tätigkeit dieses Büros ist, daß es mit allen im illegalen Kampf geeignet erscheinenden Mitteln in der Sowjetzone eine entsprechende Aufklärung betreibt und eine aktive Unterstützung für die Widerstandsgruppen in den Hochburgen der deutschen Arbeiterbewegung in Sachsen, Thüringen, Sachsen-Anhalt, Mecklenburg und Brandenburg ist. Es soll hier nicht über die Methoden des Kampfes und über spektakuläre Erfolge berichtet werden. Die Tätigkeit des Ostbüros wird von den poli-

tischen Richtlinien des Parteivorstandes bestimmt. – Erst wenn das kommunistische System der Sowjetzone durch andere politisch wirksam gewordene Faktoren gestürzt werden kann, erst dann wird sich das Ausmaß und der Sinn der illegalen Widerstandsarbeit der Sozialdemokratischen Partei in der Sowjetzone erweisen und bestätigen. Auf diesen Tag wird systematisch hingearbeitet.«

Der Tag X, auf den systematisch hingearbeitet worden war, schien gekommen, die sowjetischen und die amerikanischen Leiter der Geheimdienste, der westdeutsche Vertreter, alle waren sie an Ort und Stelle. Nun hatte der RIAS das Wort. Am 16. Juni um 18.30 Uhr meldete er, daß sich eine ostberliner Bauarbeiterdelegation bei ihm gemeldet hätte. Die Kollegen hätten erklärt, eigentlich wollten sie mit Grotewohl oder Ulbricht sprechen, aber sie wären nicht empfangen worden. Ihre Forderungen müßten bis zum Morgen des nächsten Tages erfüllt werden, sonst würde die Arbeit in Ostberlin ruhen.

Eine Stunde später, um 19.30 Uhr des gleichen 16. Juni, wurde dieser Bericht aus dem Magazin in eine Meldung verwandelt und lautete nun: »Eine Delegation der Bauarbeiter, von denen die Aktion ausgegangen war, hat dem RIAS heute eine Resolution mit der Bitte um Veröffentlichung überreicht. Darin heißt es: die Arbeiter haben durch ihren Streik bewiesen, daß sie in der Lage sind, den Staat zur Bewilligung ihrer berechtigten Forderungen zu veranlassen. Die Arbeiter werden von der Möglichkeit jederzeit wieder Gebrauch machen, wenn die Organe des Staates und der SED nicht unverzüglich folgende Maßnahmen einleiten:

Erstens: Auszahlung der Löhne nach den alten Normen schon bei der nächsten Lohnzahlung;

zweitens: sofortige Senkung der Lebenshaltungskosten;

drittens: freie und geheime Wahlen;

viertens: keine Maßregelung der Streikenden und ihrer Sprecher.«

Dieser Text war die Begleitmusik zur Parteiaktivtagung, die zur gleichen Zeit im Friedrichstadtpalast stattfand. Er wurde jede Stunde mehrmals wiederholt. Nicht gesagt wurde, von welchen Baustellen in Ostberlin die Männer kamen, man hörte auch keinen Originalton von ihnen. Aber diese Meldung lag voll und ganz auf der taktischen Linie der Direktion des Senders, die um 20.30 vom

Programmdirektor Eberhard Schütz in einem langen Kommentar ausgegeben wurde und für die Agitatoren des Ostbüros bestimmt schien. Schütz führte unter anderem aus:

»Ein jeder in der Sowjetzone und in Ostberlin kann heute abend selbstbewußt seinen persönlichen Sieg über das sowjetische System in der Kernfrage registrieren. Denn es ist die Kernfrage, es ist das Kernproblem für die SED, ob sie durch eine Steigerung der industriellen Produktion, durch eine steigende Ausbeutung der arbeitenden Bevölkerung den Besitz der Zone für die Sowjets so wichtig, so bedeutsam machen kann, daß die Zone und ihr Industriepotential zu wichtig wird, um Tauschobjekt auf dem diplomatischen Markt zu sein, um gegebenenfalls aufgegeben zu werden und mit der Zone auch die SED. Sie, unsere Hörer, und wir wissen, daß ein totalitäres Regime abhängt von der totalen Wirksamkeit seiner Macht. Wer war es denn, der uns versuchte einzuhämmern, daß es keine Fehler, keine menschlichen Irrtümer gäbe, sondern nur Verbrechen?

Sollten Sie, verehrte Hörerinnen und Hörer, sich heute damit begnügen, Fehler als Fehler zu betrachten? Es ist heute Ihre Aufgabe, verehrte Hörerinnen und Hörer, den sowjetrussischen und den sowjetdeutschen Machthabern klarzumachen, daß Sie und wir diese ›Fehler‹ nicht länger als Fehler anerkennen. Macht Euch die Ungewißheit, die Unsicherheit der Funktionäre zunutze. Verlangt das Mögliche! Wer von uns in Westberlin wäre bereit, heute zu sagen, daß das, was vor acht Tagen noch unmöglich erschien, heute nicht möglich wäre? Die sowjetdeutschen Machthaber sind letzten Endes Mandatsverwalter des Kreml, und es ist der Kreml, der bestimmt, ob die Bauarbeiter der Stalinallee demonstrieren dürfen, ohne daß die Volkspolizei einschreitet. Jeder einzelne, jeder unserer Hörer muß für sich selbst wissen, ob die Umstände seiner persönlichen Situation in seinem Betrieb es erlauben, den Widerstandswillen der Bevölkerung der Zone auszudrücken, jeder einzelne muß wissen, wie weit er gehen kann!«

Diese Anweisungen wurden noch einmal um 22.40 wiederholt. Aber diese etwas verschlungene Betrachtung, die nichts weiter besagen sollte, als daß nunmehr die DDR als Handelsobjekt zwischen Ost und West eingesetzt werde, war nicht jedermanns Sprache. Und so muß es wohl der RIAS-Redaktion erforderlich erschienen sein, noch eine Schippe nachzulegen. Nach dem Kommentar wurde um 23.00 Uhr und bis zum Morgen um 4.00 stündlich eine »Meldung« ausgestrahlt, die folgenden Wortlaut hat und als unmittelbare Anweisung an die Widerstandsgruppen anzusehen ist:

»Arbeiter aller Industriezweige Ostberlins forderten in den Abendstunden besonders nachdrücklich, daß die Ostberliner sich am Mittwoch (dem 17.6.) früh um sieben Uhr am Strausberger Platz zu einer gemeinsamen Demonstration versammeln sollen. Diese Ankündigungen und Aufrufe wurden von verschiedenen Demonstrationsgruppen bekanntgegeben. Vertreter der Arbeiter und anderer Gruppen der Ostberliner Bevölkerung hoben hervor, daß die Bewegung weit über Ostberlin und über den Rahmen einer Protestdemonstration gegen die Normerhöhung hinausgegangen sei.«

Dieser Übergang in den Losungen von der Normenfrage zur Forderung nach Absetzung der Regierung wurde nach den Nachrichten um 5.36 Uhr gesendet:

»In den letzten Wochen konnten wir Ihnen, liebe Hörer, über Arbeitsniederlegungen in allen Bezirken der Sowjetzone berichten. Aber gestern ging es nicht mehr nur um die Normen. Aus dem Protest gegen eine willkürliche Lohnsenkung wurde ein Protest gegen das gesamte Regime, daraus wurde die Forderung nach freien Wahlen und nach dem Rücktritt der Zonenregierung. Nach dem Marsch der Arbeiter durch Berlin, abends in den spontanen Kundgebungen in allen Bezirken Ostberlins, wurde eine Parole ausgegeben, eine Anweisung, die über den gestrigen Tag hinausging. Und die hieß: Morgen geht es weiter! Wir treffen uns morgen früh um sieben Uhr auf dem Strausberger Platz. In einigen Betrieben haben bereits in dieser Nacht die Arbeitsniederlegungen begonnen.«

Mit im Boot der Aktion »Tag X« saß auch der Westberliner Gewerkschaftsvorsitzende Ernst Scharnowski, er sprach, gebeten vom RIAS, als alter Kumpel zu seinen Ost-Kollegen und gab ihnen bösen Rat. Verdächtig ist die Betonung, daß die Aktionen aus freier Verantwortung der ostberliner Arbeiter entstanden seien, »ohne fremde Einmischung«. Diese Lesart hätte er gern durchgesetzt:

»Als dienstältester demokratischer Gewerkschafter und Vorsitzender des Deutschen Gewerkschaftsbundes östlich der Elbe kann ich euch in der Ostzone keine Anweisungen erteilen. Ich kann euch in der Ostzone und in Ostberlin nur aus ehrlichster Verbundenheit gute Ratschläge geben. Die Maßnahmen, die ihr als ostberliner Bauarbeiter in voller eigener Verantwortung und ohne fremde Einmischung selbst beschlossen habt, erfüllen uns mit Bewunderung und Genugtuung.

Die gesamte ostberliner Bevölkerung darf deshalb auf die stärksten und erfolgreichsten Gruppen der ostberliner Arbeiterbewegung vertrauen. Tretet darum der Bewegung der ostberliner Bauarbeiter, BVGer, und Eisenbahner bei und sucht eure Strausberger Plätze überall auf! Je größer die Beteiligung ist, desto machtvoller und disziplinierter wird die Bewegung für euch mit gutem Erfolg verlaufen!«

Diese Rede folgte am 17. Juni im Morgenprogramm der Sendung um 5.30 und steht mit ihr in einem direkten Zusammenhang. Die direkte Beteiligung der westberliner Strategen soll verwischt, die eigenständige Rolle der ostberliner Arbeiter, die nach dem RIAS sogar noch in den späten Abendstunden ihre Streikpläne für den 17. in den Betrieben beraten haben sollen, betont werden. Aber das waren sicher die Abendsitzungen des Einsatzstabes der RIAS-Redaktionen.

Am 17. Juni selbst haben die Aufrufe des RIAS die erwünschten Wirkungen gehabt, die Unruhen brachen in den Arbeiterzentren fast gleichzeitig aus, was nur bedeuten kann, daß überall Leute vorhanden waren, die geschult genug und in der Lage waren, die Losungen zu verbreiten, sehr zur Überraschung der meisten Arbeiter, die mehr an die Regelung von Ärgernissen und Mißständen dachten, doch diese Fehler sollten dem »Regime« ja nicht mehr verziehen werden.

Es wird Egon Bahr, der damals Chefredakteur in diesem amerikanischen Sender war, oft vorgeworfen, daß er die Rolle, die der RIAS als Brandstifter gespielt hat, nicht dargestellt hätte. Gewiß, eine eigene Arbeit darüber fehlt noch, aber er hat in verschiedenen Erinnerungen seine Rolle als »kalter Krieger« durchaus nicht verschwiegen. Bereits in den Tagen vor den Unruhen äußerte er sich freimütig: »Das autoritäre Regime in der Zone kann nur durch organisierte Aktionen gestürzt werden.« Nach sieben Uhr ging die Berichterstattung durch den RIAS in der gewohnten Art weiter und steigerte sich von Stunde zu Stunde. Bis dann der amerikanische Kontrolloffizier in die Redaktion gestürzt kam, den Kurs herumriß und die Journalisten fragte, ob sie einen Kriegsbrand auslösen wollten.

In seinen Erinnerungen »Zu meiner Zeit« setzt Egon Bahr das Eingreifen seines erregten Controllers zwar auf den Abend des 16. Juni an, dann aber wären die weiteren Sendungen nicht erklärlich. Überhaupt spielt Bahr die Rolle des gegen seinen Willen von den Streikenden gedrängten Sympathisanten, der nur deren Bitten erfüllt hätte, aber so war es wohl nicht (siehe Anhang, S. 180 ff). Vielmehr ist anzunehmen, daß Mister Ewing, gerüffelt vom Hohen Kommissar McCloy, sich an seine Ausbildung erinnert hat, wo er bestimmt das Credo seines Außenministers John Foster Dulles lernen mußte: »Man muß die Fähigkeit beherrschen, bis an die Grenze zu gehen. Wenn man das nicht schafft, gerät man unweigerlich in den Krieg. Wenn man aber versucht, vor ihm davonzulaufen, wenn man sich scheut, bis an den Rand des Abgrunds vorzustoßen, ist man verloren.« McCloy muß der Meinung gewesen sein, daß die Grenze zum Krieg in Deutschland erreicht war, denn inzwischen hatten die sowjetischen Militärs gehandelt und um 13.00 Uhr die Auslösung des Ausnahmezustandes und damit das Kriegsrecht angewiesen.

Damit hatten die amerikanischen Strategen nicht gerechnet und in Windeseile die Aktionen gestoppt, so daß sie noch am selben Tag durch den Einsatz des sowjetischen Militärs beendet wurden, jedenfalls im wesentlichen. Es wird auch ein Anliegen gewesen sein, die V-Leute des Ostbüros, die sich nicht zu erkennen geben sollten, sich aber hin und wieder enttarnt hatten, zu schonen und nicht weiter zu demaskieren. Jedenfalls bläst Egon Bahr die Aktionen ab und führt in seinem Abendkommentar nach den Hauptnachrichten um 19.40 Uhr folgendes aus:

»Die Bevölkerung hat ihre Kräfte mit dem Regime gemessen, nicht nur, daß die Arbeiterschaft gegen die Partei aufstand, die der angebliche Vortrupp der Arbeiterschaft ist, die SED und ihr Regime konnten die Ordnung nicht aufrechterhalten, weder in Berlin noch in der Zone. Die Besatzung sah sich gezwungen, der SED die Macht formell abzunehmen. Damit ist politisch der größte Erfolg errungen, der überhaupt in der jetzigen Situation denkbar ist.

Verehrte Hörer, es war ergreifend, wenn man mit den Menschen aus Ostberlin sprach, die um direkte Hilfe flehentlich baten.

Es war unsagbar schwer, sie ihnen zu verweigern, verweigern zu müssen, eben, weil sonst der ganze Sinn, die ganze Größe des Ereignisses gefährdet worden wäre, die gerade darin besteht, daß das alles, unorganisiert, dem Willen dieser Menschen in Ostberlin entsprang. Es war tragisch, helfen zu wollen und nicht unmittelbar helfen zu dürfen. Westberlin konnte nicht mitmachen aus eben diesem Grunde. Es wäre ein Kleines gewesen, durch einen flammenden Aufruf Westberlin auf die Beine zu bringen, und wer hätte sich versagt? Es ist historisch, daß dies nicht geschah.«

Abgesehen davon, daß in der Stunde der Niederlage der weiterreichenden Pläne zugleich die frommen Legenden gewoben werden von der »Größe des Ereignisses« und von der »Tragik, nicht helfen zu dürfen«, gesprochen wird.

Vergleicht man die Reden zu den verschiedenen Abläufen der beiden Tage, des 16. und des 17. Juni, so wird die abrupte Änderung der Taktik des RIAS deutlich. Nach den Aufrufen, die Strausberger Plätze überall aufzusuchen, am nächsten Abend der Abgesang auf die Hoffnungen auf einen erfolgreichen Umsturz in der DDR. Es ist offensichtlich, daß die versammelten westlichen Strategen, anwesend waren hohe Militärs und Geheimdienstleute, nicht damit gerechnet hatten, daß sich Militär und MWD entgegengesetzt verhielten. Schon die Namen zeigen, daß die Aktion Tag X eine erstrangige Bedeutung hatte: Eleanore Dulles, die Sonderberaterin für Berliner Fragen im State Department, General Matthew B. Ridgway, der Chef des Stabes der US-Armee, bis vor kurzem noch mit der grausamen Kriegsführung in Korea beschäftigt, Otto Lenz, der Staatssekretär im Bundeskanzleramt aus Bonn. Diese drei müssen als Leitungszentrale angesehen werden, die am 17. Juni auch von der CDU die Minister Jakob Kaiser und Heinrich von Brentano und von der SPD den Vorsitzenden Erich Ollenhauer zu sich beorderte. Der Bundesgrenzschutz war in Alarmbereitschaft versetzt worden, amerikanische Panzer hatten Bereitstellungsräume in Bayern nahe der Grenze bezogen und amerikanische Militärmaschinen flogen zahlreiche in verdeckter Arbeit ausgebildete Angehörige aus paramilitärischen deutschen Dienstgruppen nach Westberlin ein. Wir sehen sie in voller Aktion im Ostsektor bei den Provokationen.

Eine wichtige Voraussetzung für eine erfolgreiche Aktion funktionierte nicht: Die sowjetischen Generäle entscheiden sich für die DDR und handeln gegen den Plan Berijas und der westlichen Dienste. Die Verhängung des Kriegsrechts hatte die Amerikaner an das zu Ende gehende Kriegsabenteuer Korea erinnert. Einen Krieg in Europa konnten sie nicht riskieren, die Russen ließen sich nicht von der Elbe vertreiben.

Ein paar Tage später hieß es bei einer Betrachtung der Ereignisse in der »New York Times« (am 23. Juni): »Viele westliche Beobachter hier in Berlin sind der Ansicht, daß die Propagandastation der Vereinigten Staaten in Berlin, der RIAS, eine wesentliche Rolle bei den Ereignissen in der vergangenen Woche gespielt hat. Es wäre niemals zu diesen Unruhen gekommen, hätte es nicht die Sendungen des RIAS gegeben.« Und im Oktober schrieb die »New York Herald Tribune«: »Der RIAS verfügt wahrscheinlich als einziger unter den größeren Rundfunksendern der Erde über einen eigenen Spionagedienst. Er hat die Aufgabe, Funken in ein Pulverfaß zu werfen.« Und diese Aufgabe hatte der Sender erfolgreich erfüllt.

Randale

Aus vielen Augenzeugenberichten wird deutlich, daß die Übergriffe auf Personen und Sachen gesteuert waren und für die Durchführung sich immer ein Mob, vergleichbar den heutigen Hooligans, bereit fand, auf den Zuruf: »Das ist ein Stasimann!« zuzuschlagen und auch zu töten. Daß es sich bei den Agents provocateur um eingeschleuste, ausgebildete Lockspitzel handelte, ergibt sich aus den Zielstellungen ihrer Handlungen: Bürogebäude der DDR, Kraftwagen des Staates, HO-Läden, Warenhäuser, leichtbrennbare Holzbaracken und Zeitungskioske. Eine Angestellte aus dem Haus der Ministerien zählte auf dem Fußweg von Berlin-Mitte bis zu ihrer Wohnung viele zertrümmerte Einrichtungen, man kann sich vorstellen, daß sie nur die aufschrieb, die sie auch selbst zu Gesicht bekam:

»Nahe dem Haus der Ministerien zwei Lebensmittelkioske, ein Stück weiter in Richtung Leipziger Straße ein Zeitungskiosk, das ›Columbushaus‹ am Potsdamer Platz, die VP-Baracke in der Friedrich/ Ecke Mauerstraße, ein Geschäft in der Schützenstraße, der Pavillon in der Zimmerstraße, eine Baracke in der Friedrich-/ Ecke Zimmerstraße, ein PKW Ecke Stresemannstraße, Unter den Linden der PKW GB-004 119, Ecke Rathausstraße der PKW GB-009 783, am ›Kaufhaus Wertheim‹ ein Kiosk, an der Oberbaumbrücke ein Kontrollhäuschen der VP, das Amt für Warenkontrolle gegenüber der Köpenicker Straße 39, ein PKW an der Rathausstraße 19, im zweiten Hinterhof der Chausseestraße 123 ein Lager für Bühnendekoration, vor der Rathausstraße 49 zwei Motorräder, vor der Liebknechtstraße 14 ein PKW, vor der Leninallee 21 ein PKW, in der Neuen Grünstraße eine Garage der VP, in der Kopenhagener Straße 76 das Amt für Warenkontrolle, in der Stralauer Allee die Barackenhäuser 1-16, am Antonplatz ein Funkwagen der VP, an der Schillingbrücke ein VP-Häuschen, in der Chausseestraße eine Zollbaracke, vor der Stalinallee 6 ein PKW, das ›Haus Vaterland‹ brannte bis auf die Grundmauern nieder.«

Die »Kampfgruppe gegen Unmenschlichkeit« legte noch etwas nach und ließ Zehntausende von Flugblättern von 22.30 bis 0.30 in den Osten regnen.

Der Wagen des Stellvertretenden Ministerpräsidenten Otto Nuschke bog mit zwei weiteren Insassen vor der Oberbaumbrücke in die Stralauer Allee ein und geriet dabei in einen Schwarm von 100 Leuten, die nach Westberlin zurück wollten. Sie stoppten den Wagen und schoben ihn nach Westberlin. Die Stummpolizei fuhr ihn ins Revier 109. Sofort waren Amerikaner zur Stelle und versuchten, den CDU-Politiker zum Überlaufen zu bewegen. Doch Nuschke protestierte gegen seine Entführung und machte auch vor Reportern seine Empörung deutlich.

Die Organisation der Randaleure erfolgte durch die verschlüsselten Nachrichten zwischen den Meldungen des RIAS, wie der Parteisekretär des VEB Kühlautomat, Walter Florath, beobachtete: »Wir sitzen (in der Nacht zum 18. Juni) beim Werkleiter und hören den RIAS. Pausenlos neue Weisungen für die Weiterführung des Streiks! Immer wieder verschlüsselte Nachrichten dazwischen!«

Der Museumsmitarbeiter Günter Wittek berichtete von einer 70jährigen Besucherin, die 1998 in seine Räume kam und sich als eine der eingeschleusten »Demonstrantinnen« zu erkennen gab, die aber am 17. 6. bereits wieder ausgeflogen wurden. Weshalb? wollte der Museumsmann wissen, da doch am 17. Juni die Streiks begannen. Sie erklärte: »Ja, aber wie es wirklich dazu kam, das werden Sie nicht wissen. Wir waren ca. 70 bis 75 junge Frauen und Männer aus Westdeutschland und Westberlin und erhielten u. a. von Vertretern des RIAS – Egon Bahr war auch dabei – den Auftrag, am 16. Juni 1953 abends in die Wohnunterkünfte der ›Stalingrader Brigaden‹ zu gehen und die Leute zum Aufstand aufzufordern.« Was denn diese Brigaden seien? fragte Wittek. »Das waren die Bauarbeiter der Stalinallee, wir nannten sie so. Diese Leute waren in Gemeinschaftsunterkünften untergebracht und verbrachten mit allerlei Beschäftigungen diesen Abend. Wir sagten ihnen, daß morgen früh, um 9 Uhr, ein Aufstand stattfindet, der RIAS wird dazu aufrufen (Scharnowski wußte wohl nicht genau Bescheid und nannte 7 Uhr) und alles muß auf die Straße! Viele schauten ungläubig, aber wir konnten uns auch auf verschiedene Unzufriedenheiten unter den Bauarbeitern stützen, und so haben uns die Brigaden auch zugehört. Für uns war wirklich wichtig, daß es pünktlich 9 Uhr losgeht und daß um diese Zeit die Massen auf die Straße gehen. Wir waren dann am späten Abend nach Westberlin zurückgekehrt, sprachen über die Wirkungen unserer Reden und waren sehr gespannt, was am 17. Juni passieren wird.«

»Aber es wurde doch immer gesagt, daß der Aufstand spontan ausbrach«, wandte der Gesprächspartner ein.

»Ach, das mußte schon organisiert werden. Es sollte sich dann alles von Berlin aus wie ein Lauffeuer ausdehnen. Doch es wäre bald schief gelaufen. Der Egon Bahr vom RIAS hatte die Zeit verwechselt. Anstatt zu 9 Uhr aufzurufen, verkündete er bereits um 8 Uhr, daß die Bauarbeiter der Stalinallee auf der Straße sind. Zu dieser Zeit war natürlich noch nichts im Gange. Später, nach vielen Wiederholungen im RIAS, hatten sich dann die Massen versammelt.«

»War Ihre Aktion nicht sehr gefährlich, es hätte doch ein viel größeres Feuer, ja sogar bewaffnete Handlungen entstehen können?«

»Ja, deshalb mußten wir aus Sicherheitsgründen – vor Beginn also – ausgeflogen werden. Außerdem hatten wir ja genügend

Rückendeckung durch die Westmächte.« (Spurensicherung, Zeitzeugen zum 17. Juni 1953, S. 151)

Die Auswertung des Ostbüros der SPD beklagte erhebliche Verluste, wie die des V-Mannes 147, der verhaftet wurde, obwohl er seine Kopiermaschine für Flugblätter noch zerlegen konnte. In Dresden waren auf solchen Maschinen zehntausend Aufrufe zum Sturz der Regierung hergestellt worden von den V-Leuten der »Kampfgruppe Kurt Schumacher«, die verhaftet wurden. Man habe zwar schmerzliche Verluste erlitten, aber der Apparat des Ostbüros sei intakt geblieben, eine Behauptung, die wohl für den Geldgeber, den Parteivorstand, bestimmt war.

Wo war die Führung?

Die Bauarbeiter der Baustelle des Krankenhauses Friedrichshain wollten der Regierung Grotewohl einen Brief mit ihren Forderungen überbringen, das war am 15. Juni mittags. Wie wir von dem Schriftsteller Stefan Heym wissen, hat ihm Fritz Selbmann gleich nach den Unruhen erzählt, es wären am 16. Juni etwa 4 000 Menschen vor dem Haus der Ministerien gewesen, darunter etwa 3 000 Arbeiter vom Bau, die anderen 1 000 Anwesenden wären Halbstarke und Provokateure gewesen, von denen die Störungen der Rede ausgegangen seien. Die Halbstarken hätten vom Eingang gesehen links gestanden, wären also vom Potsdamer Platz gekommen. Ein anderer Teil, der sich dem Zug am Brandenburger Tor bereits angeschlossen hatte, stand weiter hinten in den Ruinen der Leipziger Straße.

Abgesehen davon, daß der Sitz des ZK im Haus der Einheit am Rosa-Luxemburg-Platz gegenüber der Volksbühne war und nicht im Haus der Ministerien an der Leipziger Straße, befanden sich die Männer, nach denen am meisten gerufen wurde, gar nicht in der Stadtmitte, sondern waren zu 10.00 Uhr zum Hohen Kommissar Semjonow nach Karlshorst bestellt worden und hatten diese Anweisung befolgt. Ihre Wagenkolonne fuhr an der Demonstration in der Stalinallee unter hämischen Zurufen vorbei. Im Sitz der Sowjetischen Hohen Kommission erfuhren sie gegen 12 Uhr über die militärische Funkbrücke von der Anweisung aus Moskau, den Ausnahmezustand auszurufen.

Auch im Haus der Einheit wußte man nicht, wo die Spitzen-
funktionäre in diesen entscheidenden Stunden sich aufhielten,
wie Karl Schirdewan bestätigt: »Am 17. Juni war ich im Haus der
Einheit. Ich beschäftigte mich vor allem mit den Berichten aus
dem Sektor Informationen, der mir unterstand, und mit den
Berichten, die aus der Republik eintrafen. Außerdem waren zwei
Vertreter der sowjetischen Botschaft bei mir, die ich dem Namen
nach nicht kannte, um ihre eigenen Informationen zu ergänzen.
Ich war mit den Sekretariaten der Kreisleitungen verbunden, um
einen Überblick über die Lage in der ganzen Republik zu bekommen. Ich forderte eine klare Einschätzung der Situation ohne jede
Schönfärberei. Meine Informationen gab ich dem Sekretär des
Politbüros, Otto Schön, zur Weiterleitung an die Politbüromit-
glieder. Eine Reaktion darauf erfolgte jedoch nicht.

Am späten Vormittag kam es zu einem Auflauf von etwa 3 000
protestierenden Menschen vor dem Haus der Einheit. Einige
Jugendliche begannen, mit Steinen zu werfen. Und wenn sie
gekonnt hätten, wären sie in das Haus eingedrungen. Am Kino
›Babylon‹ fuhr gegen 13.00 Uhr eine Kolonne Jeeps mit sowjetischen Soldaten und einem General auf. Der General kam zu mir
und forderte: ›Genosse Schirdewan, geben sie den Befehl zum
Schießen!‹ – Ich sagte: ›Unter keinen Umständen. Bitte fahren Sie
vor das Hauptportal und lassen Sie, wenn notwendig, absitzen.
Sie werden sehen, die Masse zerstreut sich.‹ Und so kam es auch.
Ich war sehr froh. Wäre der Mann noch einmal gekommen, ich
hätte ihn umarmt. Wenn jemand anderes an meiner Stelle gewesen wäre, ohne die Erfahrungen aus der Zeit von vor 1933, ich
weiß nicht, ob er sich auch so entschieden hätte. Es war auch so,
daß in dieser Demonstration einige Leute sogar Thälmann-Bilder
mit sich führten. Es waren vor allem einfache, empörte Menschen.
Natürlich waren auch feindlich Gesinnte darunter. Ich glaube, ich
habe in dieser Situation richtig gehandelt. Ich war natürlich froh,
daß die Sache nicht weiter eskalierte. Ich weiß übrigens bis heute
nicht, wer den sowjetischen General zu mir geschickt hat. Unten
im Haus saß Hermann Axen, der engste Mitarbeiter Ulbrichts,
sowie Edith Baumann und Paul Verner. Das Politbüromitglied
Axen, in meinen Augen ein Politbürokrat, hatte – vielleicht auf
Weisung Ulbrichts – die Ersten Bezirkssekretäre in dieser Situation nach Berlin bestellt. Und sie sind prompt gekommen (bereits

am Vortag). Eigentlich hätten sie an die Brennpunkte des Geschehens in ihren Bezirken gehört.«

Die Bezirkssekretäre waren bestellt worden, um über die Ergebnisse der Diskussionen des Politbüros, das seit dem 9. Juni ununterbrochen tagte und sich detailliert mit Fachleuten aus der Verwaltung über die Rücknahme der schädlichen Maßnahmen beriet, unterrichtet zu werden.

Da die ersten Demonstrationen und die Parteiaktivtagung dazwischen kamen, konnten sie erst am frühen Vormittag des 17. Juni in ihre Bezirke fahren. Wie Schirdewan hatten sie sicher auch auf eine Einberufung des Zentralkomitees gewartet, deren Mitglied sie alle waren. Aber das höchste Gremium wurde nicht einberufen, es entstand der Eindruck, daß sich das Politbüro unter der Decke des von der sowjetischen Militärbehörde verhängten Ausnahmezustandes versteckte. Erst am 19. Juni fuhren hohe Funktionäre in die Kreise, wie Wandel und Winzer nach Jena.

In den Tagen nach dem 17. Juni sondierte der Hohe Kommissar Semjonow die Lage in der SED-Führung. Karl Schirdewan, neben Herrnstadt der einzige aus dem engen Zirkel der Führung, der diese Tage beschrieben hat, wurde am 19. Juni zu Semjonow gerufen:

»Ich kam in sein Arbeitskabinett, das gerade Hans Jendretzky und Alfred Neumann verließen. Ich hatte das Gefühl, daß der Besuch für die beiden nicht gerade erfreulich zu Ende gegangen war. Semjonow stand vor seinem Schreibtisch, rechts von ihm saß Judin, sein Stellvertreter, der Protokoll führte. Links saßen etwa zwanzig Funktionäre und zwei sowjetische Marschälle. Einer von ihnen war Marschall Sokolowski (der Generalstabschef). Semjonow bat mich um die Beurteilung der politischen Lage. Ich fragte ihn, ob ich eine Gegenfrage stellen dürfe. ›Ja, natürlich.‹

›Sind Sie daran interessiert, daß der Ausnahmezustand erhalten bleibt?‹ Erstaunter Blick: ›Natürlich nicht.‹ Daraufhin ich: ›Wo ist die Parteiführung? Wir haben eine prekäre Situation, und die Parteiführung handelt nicht.‹

In der Tat, von den Mitgliedern des Sekretariats und auch im ganzen Haus kannte niemand den derzeitigen Aufenthaltsort der Parteispitze. So bat ich Semjonow, sich für eine sofortige Einberufung der 14. Tagung des Zentralkomitees einzusetzen. Alles andere sei im Moment zweitrangig. Semjonow fragte mich noch nach meiner Meinung über Walter Ulbricht. Ich wies ihn darauf hin, daß er ja selbst die negativen charakterlichen und politischen Eigenschaften Walter Ulbrichts kenne. Ich persönlich würde in dieser Situation nicht gerne den Reiter wechseln. Man solle sich Zeit lassen, bis eine kritische Analyse des Zentralkomitees über die Entwicklung der letzten Jahre vorläge. Das sah Semjonow offensichtlich auch so. Er fragte mich dann noch nach Heinrich Rau. Dazu meinte ich, er könne bei einem erforderlichen Wechsel ein aussichtsreicher Kandidat für die Parteiführung sein.

Aus den in meinem Arbeitsbereich eingehenden Informationen aus den Bezirks- und Kreisleitungen wußte ich, daß größter Unmut über die fehlende Orientierung, vor allem über das Schweigen des Politbüros herrschte. Für mich war die entscheidende Frage, den Arbeitern und allen anderen Werktätigen der DDR offen und ehrlich zu sagen, warum und wie es zu dieser kritischen Lage gekommen war. Sie müßten erfahren, was der Neue Kurs bedeutet und was er bringen soll. Dabei stand für mich fest, daß ein neuer Kurs in erster Linie die Voraussetzung für eine wahrhaft demokratische Entwicklung zur sozialistischen Gesellschaft und für eine wesentliche Verbesserung der Lebenslage der gesamten Bevölkerung schaffen müsse. Die wichtigste Voraussetzung dafür sah ich in der Schaffung demokratischer Bedingungen in der Partei selbst.« (Karl Schirdewan, Aufstand gegen Ulbricht, S. 52 ff)

Schließlich wurde die 14. Tagung des ZK zum 21. Juni einberufen. Sie brachte keine Klärung der relevanten Fragen, sondern nur die Charakteristik der Unruhen als faschistische Provokation und Putsch. Diskussionen, die auf die Ursachen eingehen wollten, wurden unterbunden, da man keine »Fehlerdiskussion« gebrauchen könne. Seither ist in der SED, wenn Ursachenforschung betrieben wurde, immer dieser Begriff aufgetaucht, der alle Meinungsverschiedenheiten überkleisterte und den fragenden Diskutanten in ein fragwürdiges Licht stellte. Die einzige kritische Aussage war nur in folgendem Satz zu finden: »Wenn Massen von Arbeitern die Partei nicht verstehen, ist die Partei schuld, nicht der Arbeiter«.

Nach kritischen Beiträgen von Willi Bredel, Otto Buchwitz und Anton Ackermann, die sich mit der passiven Haltung des

Politbüros in den kritischen Tagen beschäftigten – so dürfe man nicht mit der Mitgliedschaft umspringen –, wurde eine Kommission eingesetzt, die vier Wochen Zeit hatte, das gültige Dokument für den Neuen Kurs auszuarbeiten. Den wirtschaftlichen Teil verfaßte Heinrich Rau, den politischen und parteiinternen Teil Rudolf Herrnstadt. Dieser heute nur noch wenig bekannte Politiker ging in seinen Vorschlägen von den 12 Punkten aus, die Stalin für eine bolschewistische Partei deklariert hatte, es wäre also keine Erneuerung der Partei geworden, sondern eine etwas andere Auflage der Partei neuen Typus.

Der Schlag gegen Berija

Während in Berlin an der Formulierung des Neuen Kurses und den sich daraus ergebenden Maßnahmen gearbeitet wurde, trat am 2. Juli das ZK der KPdSU in Moskau zusammen. Der wichtigste Tagesordnungspunkt lautete »Über die verbrecherische partei- und staatsfeindliche Tätigkeit Berijas«. Als Referent war Malenkow vorgesehen, Chruschtschow leitete die Sitzung. Berija selbst war nicht anwesend, er war am 26. Juni in einer Sitzung des Präsidiums (entspricht etwa dem Politbüro) von Armeeoffizieren verhaftet und abgeführt worden. Dem Henker Stalins wurden erhebliche Vorwürfe gemacht, die aber alle in einem Generalanklagepunkt mündeten: Er habe die Sicherheitsorgane des Staates über die Partei gestellt. Die vielfältigen Beweise sollen hier nicht im einzelnen behandelt werden, das Protokoll der Sitzung des ZK ist veröffentlicht.

In unserem Zusammenhang interessiert der Vorwurf wegen der deutschen Frage. Der entsprechende Passus in der Rede Malenkows lautete:

»In der (sowjetischen) Regierung wurde (am 27. Mai 1953) die deutsche Frage erörtert. Es war die Rede von der ernsten Situation in der DDR. Wir alle gelangten zu dem Fazit, daß im Ergebnis einer nicht richtigen Politik in der DDR viele Fehler gemacht worden sind und es in der deutschen Bevölkerung eine gewaltige Unzufriedenheit gab, was besonders dadurch deutlich zum Ausdruck kommt, daß die Bevölkerung Ostdeutschlands nach Westdeutschland zu flüchten begann. In der letzten Zeit, das heißt in ungefähr zwei Jahren, flüchteten ungefähr 500 000 Menschen nach Westdeutschland.

Wir erläuterten unseren deutschen Freunden (Ulbricht, Grotewohl und Oelßner), und sie stimmten dem vollkommen zu, daß unter den gegenwärtigen internationalen Bedingungen auf gar keinen Fall Kurs auf einen beschleunigten Aufbau des Sozialismus in der DDR genommen werden kann.

Wieso sind wir zu dieser Schlußfolgerung gelangt? Und warum meinen wir, daß es gegenwärtig nicht angebracht ist, Kurs auf einen beschleunigten Aufbau des Sozialismus zu nehmen?

Die Analyse der inneren politischen und wirtschaftlichen Situation in der DDR und die Massenflucht der Bevölkerung Ostdeutschlands in den Westen – ca. 500 000 sind bereits geflüchtet! – zeigt mit aller Deutlichkeit, daß wir es mit der Gefahr einer inneren Katastrophe zu tun haben. Wir waren verpflichtet, der Wahrheit nüchtern ins Auge zu schauen und anzuerkennen, daß das bestehende Regime in der DDR ohne die Anwesenheit sowjetischer Truppen nicht zu halten ist. Die politische und wirtschaftliche Situation in der DDR ist gegenwärtig äußerst ungünstig.

Wir waren der Auffassung, die vordringlichste Aufgabe bestünde darin, daß unsere deutschen Freunde schnell und entschlossen Maßnahmen zur Gesundung der politischen und wirtschaftlichen Lage in der DDR ergreifen müßten. Die Ereignisse in der DDR bestätigten die Richtigkeit dieser Maßnahmen. Mit deren Verwirklichung haben wir uns sogar verspätet, was der Feind, wie Sie wissen, ausgenutzt hat.

Daraus zogen wir gemeinsam mit unseren deutschen Freunden die Schlußfolgerung, daß der Kurs auf den beschleunigten Aufbau des Sozialismus korrigiert werden muß.

Berija, und dies muß gesagt werden, schlug bei der Erörterung der deutschen Frage vor, nicht nur den Kurs auf den beschleunigten Aufbau des Sozialismus zu korrigieren, sondern auf den Sozialismus in der DDR überhaupt zu verzichten und Kurs auf ein bürgerliches Deutschland zu nehmen. Im Lichte dessen, was wir jetzt über Berija in Erfahrung bringen konnten, müssen wir diesen seinen Standpunkt neu einschätzen. Es ist klar, daß ihn dieser Fakt als bürgerlichen Renegaten charakterisiert.«

Gewiß, dieses Plenum hatte die Aufgabe, die prinzipiellen Machtverhältnisse zwischen Partei und Sicherheitsorganen –

Berija war der Chef der Polizei und der Staatssicherheit als Innenminister – wieder zurechtzurücken. Doch alle hatten die stalinsche Politik der Unterdrückung mitgemacht und beschlossen. Berija, von Chruschtschow später »Schlächter und Mörder« genannt, was zweifellos zutrifft, wurde berechtigt angeklagt, aber Henker führen Beschlüsse aus, selber sind sie nicht unbedingt Urheber der Untaten. Bei Berija war es jedoch so, daß er inzwischen eine fast unantastbare Stellung hatte, er konnte jeden und alle unter Druck setzen, war dazu übergegangen, den Personenschutz als Überwachungsorgan für die Führung zu benutzen, die Telefongespräche der leitenden Männer abzuhören und Dossiers anzulegen.

So traf es diesen Sündenbock zu Recht. Für die Verhaftung, die kurz nach den Unruhen in der DDR erfolgte, waren sicherlich die Aktivitäten seiner Agenten maßgebend, die inzwischen untersucht worden waren. Aus einem Buch von dem Autor Tschujew »140 Gespräche mit Molotow« wissen wir etwas mehr, als auf dem ZK-Plenum gesagt wurde. Molotow, der von Stalin geschnitten wurde, war inzwischen wieder als Außenminister tätig. Als die SKK aus Berlin immer bedenklichere Berichte sandte, beauftragte er seine Stellvertreter Gromyko und Kusnezow, ein Papier zu erarbeiten, das Vorschläge zur Beruhigung der Lage enthalten sollte. Darunter war auch der Vorschlag, daß eine forcierte Offensive gegen die »kapitalistischen Elemente« nicht richtig sei. Berija schlug vor, in dem fraglichen Satz das Wort »forciert« zu streichen, so daß er nun gelautet hätte: »Es ist keine Politik zum Aufbau des Sozialismus in der DDR zu betreiben.«

Molotow habe ihn gefragt, warum er dieser Meinung sei, daraufhin habe er geantwortet: »Weil wir nur ein friedliches Deutschland brauchen, und ob es dort einen Sozialismus geben wird oder nicht, soll uns egal sein.«

Bei der entscheidenden Verhandlung im Präsidium, von der Malenkow in seinem Referat berichtet, beharrte Berija auf seinem Standpunkt, während Molotow den Kurs auf den Sozialismus für richtig hielt, aber das Tempo drosseln wollte. Eine Einigkeit konnte nicht erzielt werden, ein neues Papier wurde verlangt. In einer Kommission saßen Molotow, Malenkow und Berija. Es zeigte sich, daß Malenkow zwischen den beiden Positionen hin- und herschwankte. Erst die Meinung Chruschtschows, der sich

Molotow anschloß, überzeugte die anderen Präsidiumsmitglieder. Das war die entscheidende Niederlage für Berija, der aber nicht aufgesteckt hatte, sondern in der DDR in seinem Sinne weiter aktiv war und seine Linie mit seinen Leuten durchsetzen wollte.

Am 26. Juni wurde Berija in einer Präsidiumssitzung (entspricht dem Politbüro) von Marschall Schukow verhaftet und bis zum Dezember verhört. Am 17. Dezember veröffentlichte die Staatsanwaltschaft der UdSSR eine Mitteilung über die Ergebnisse der Untersuchungen. Es hätte sich herausgestellt, daß er ein »Erzfeind des Volkes« gewesen sei, der seit dem Bürgerkrieg als imperialistischer Agent gewirkt habe. In der Zeit des XX. Parteitages wurde in Moskau inoffiziell erzählt, er sei von englischen Truppen im Kaukasus gefangengenommen, als Agent geworben und als Langzeitwaffe eingesetzt worden. Ulbricht spricht auf dem 15. Plenum vom Gleichklang seiner Pläne mit denen der Engländer. Die Ergebnisse der Untersuchungen waren natürlich auch für die Haltung Stalins, der ja nach wie vor verehrt wurde und dessen engster Mitarbeiter Berija war, so entlarvend, daß sie bisher nicht veröffentlicht worden sind.

Vom 18.-23. Dezember verhandelte das Sondergericht des Obersten Gerichtshofes der UdSSR gegen Berija und andere unter Vorsitz Marschall Konjews, des Siegers von Budapest und Wien. Alle Ergebnisse der Untersuchungen, sie umfaßten 50 Bände, bestätigten sich, die Angeklagten legten Geständnisse ab. Das Urteil lautete »Tod durch Erschießen« und wurde am gleichen Tag vollstreckt.

Es ist offensichtlich, daß der Versuch, die DDR an den Westen auszuliefern, einer der Hauptanklagepunkte war, wenn auch bei weitem nicht der einzige.

Nachbeben

In der Mitte des Monats Juli wurde noch einmal versucht, die Streikbewegung in Gang zu bringen. Die Hauptlosung in diesen Tagen war »Freilassung der Inhaftierten«. Es hatte sich aber inzwischen erwiesen, daß einige der Verhafteten freigelassen worden waren, nur die aktiven Organisatoren wurden angeklagt. Darüber wurde ganz offen gesprochen, so daß nicht mehr der Eindruck entstehen konnte, es würde willkürlich gehandelt, zumal die Verhaftungen nach dem Kriegsrecht im Ausnahmezustand erfolgt waren. Trotzdem gab es im Zeisswerk seit dem 7. Juli noch einmal Versuche, die Frage aufzuwerfen.

Wir hatten, anders als am 17. Juni, die Situation immer unter Kontrolle. Die Taktik bestand darin, die Meinungen in Ruhe anzuhören und sofort zu beantworten. Ausgangspunkt war in diesem Falle eine Gewerkschaftsgruppenversammlung am 7. Juli nach der Arbeitszeit. Hier tauchte ein Forderungskatalog auf, der fast ausschließlich soziale Probleme benannte (siehe Anhang, S. 191). Der Sprengstoff aber lag in einem einzigen Punkt, dem der Freilassung von Verhafteten. Der Katalog von 33 Punkten kam in Umlauf und wurde von anderen Gewerkschaftern aufgegriffen. Sie trafen sich und forderten vom Bezirksgericht Gera, das diese Fälle bearbeitete, bis zum 11. Juli früh 7.30 Uhr – es war ein Sonnabend – Entlassungen und auch die Aufhebung bereits ergangener Urteile vorzunehmen. Im Verweigerungsfalle wurde mit langanhaltenden Sitzstreiks gedroht. Bereits die undurchdachte Art der Drohungen zeigte uns, daß diese Organisation keine Durchschlagskraft einsetzen könnte. Dennoch galt es, ernsthafte Vorkehrungen zu treffen.

Die Volkspolizei zog mehrere Einheiten zusammen, insgesamt waren über 500 Kräfte in Reserve.

Als das ›Ultimatum‹ verstrich, legten vier Abteilungen zum Teil die Arbeit nieder, einige warfen ihre Betriebsausweise am Tor 10 ab. Daraufhin wurden die Tore des Hauptwerkes besetzt, unbedingt mußte eine Demonstration auf den Straßen vermieden werden.

Auf jeden Fall wurden motorisierte bewaffnete Streifen eingesetzt. Es stellte sich jedoch heraus, daß die ausgestreuten Berichte, auch Schott und Jenapharm würden sich anschließen, reine Zweckmeldungen waren. Um 9.00 Uhr fiel der Streik in sich zusammen, als auch im Nordwerk und im Südwerk die Beteiligung, die zuerst auf Neugier zurückzuführen war, abbröckelte. Gegen 10.00 Uhr wurde noch einmal in zwei Abteilungen des Hauptwerkes versucht, Arbeiter auf die Beine zu bringen, aber auch das hielt nicht an.

Die Lage war für das Wochenende wieder stabilisiert, so daß

ich mich nach Rücksprache mit der Bezirksleitung zu meiner Familie zurückziehen konnte, um einmal richtig auszuschlafen. Am Montag früh war das Parteiaktiv von Zeiss, das am Wochenende informiert worden war, an Ort und Stelle, die Produktion lief wieder auf vollen Touren. In vier Abteilungen wurden noch einmal um 10.00 Uhr Forderungen nach Freilassung von Eckehard Norkus, dem Sprecher der Streikleitung, gestellt, was aber nicht zu Arbeitsniederlegungen führte. Danach waren die Parteiorganisationen in den Abteilungen auf eine neue Art aktiv geworden. Statt in größeren Versammlungen zusammenzukommen, führten sie kleine Besprechungen mit den Vertrauensleuten ein, von Kollege zu Kollege. Man kannte sich ja seit Jahren und hatte ohne Probleme die schwierigsten Situationen gemeistert und wieder den alten Ruf von Zeiss gefestigt, ohne Schaum vor dem Mund, und die Auswertung dieser Unterhaltungen ergab, daß die Normenfrage überhaupt keine Rolle spielte, sondern sich immer mehr der Einsatz für die Beibehaltung des Statuts als Hauptpunkt zeigte. Und in dieser Frage waren die Partei und die Arbeiter inzwischen einig geworden.

Zwar tauchten in diesen Tagen Parolen über einen Generalstreik auf, aber am 20. Juli, dem genannten Termin, war davon nichts zu bemerken. Anders war die Situation im Chemiedreieck, dort waren schlimme Ausschreitungen, härter noch als in Jena, vorgekommen, entsprechend hoch war die Zahl der Verhafteten und es dauerte länger, die einzelnen Fälle zu behandeln. Das Zentrum des Nachstreiks war Buna. Die Lage war so verhärtet, daß die Regierung wiederum Fritz Selbmann entsandte, die Verwirrungen zu klären. Sein Bericht ist aufschlußreich für die gespannte Situation, was nicht nur für Buna, sondern auch für Leuna und Bitterfeld gilt, wenn auch mit Unterschieden:

»Ich kam zwischen 17 und 18 Uhr ins Werk. Die Lage war äußerst schwierig. In der Karbid-Fabrik fuhr ein einziger Ofen, der von fortschrittlichen Arbeitern wieder in Gang gebracht worden war. Die übrigen sieben Öfen standen still. Die Azetylen- und Aldehyd-Fabrik war ebenfalls schon stillgelegt und in den weiteren Abteilungen Bunafabrik bis Polymerisation wurde nicht gearbeitet, obwohl, wie man mir sagte, einzelne Teile der Belegschaft arbeitsbereit waren. In der Gasleitung von der Karbidfabrik her war ein so geringer Druck vorhanden, daß die

Explosionsgefahr bereits sehr groß war. Nach kurzer Beratung mit den leitenden Kräften des Werkes und den anwesenden Sicherheitskräften wurde entschieden, daß mit allen Mitteln die Karbid-Fabrik zum Arbeiten gebracht werden müßte. Ich begab mich also mit einem kleinen Kommandotrupp der Kasernierten Volkspolizei in die Karbid-Fabrik, löste Ansammlungen in den Aufenthaltsräumen und auf der Ofenbühne auf und veranlaßte, daß jeder, der nicht arbeitsbereit war, die Karbid-Fabrik verlassen müsse. Es gelang nach kurzer Zeit, die Arbeiter in der Karbid-Fabrik zum Aufnehmen der Arbeit zu bringen, und von 9 Uhr abends kam ein Ofen nach dem anderen wieder in Betrieb. Die Ofenbühne und das Gebäude der Karbid-Fabrik ließ ich von Polizeikräften überwachen, um zu verhindern, daß der Fabrikbetrieb von außen gestört würde. Gegen 23 Uhr kamen die nachfolgenden Abteilungen allmählich wieder in Betrieb, so daß gegen Mitternacht der Produktionsbetrieb wieder normal arbeitete.

Am Morgen des 16. Juli vollzog sich der Schichtübergang ohne Störungen um 6 Uhr. Die Produktionsbetriebe arbeiteten, und es gelang auch im weiteren Verlauf, die Produktion des Werkes aufrechtzuerhalten. Wie erwartet, trat jedoch die eigentliche Schwierigkeit erst um 7.30 Uhr ein, als die Tagesbetriebe die Arbeit aufnehmen mußten. In den meisten Reparaturbetrieben wurde die Arbeit nicht aufgenommen, ebenso nicht in einigen Hilfsabteilungen. Gestreikt wurde an diesem Morgen vor allem in den wichtigen großen Abteilungen Reparaturwerkstatt der Karbid-Fabrik, Elektro-Reparatur-Werkstatt, Schlosser- und Elektro-Werkstatt, Kontrollabteilung, Anwendungstechnische Abteilung, Zentrallabor, während die Kraftwerke, Wasserwerke und der größte Teil des Transportbetriebes vom Streik unberührt blieben.

Diese Situation war am Abend vorher schon vorauszusehen gewesen. Ich hatte deshalb in der Nacht eine Besprechung mit der Werkleitung und den wichtigsten Abteilungsleitern, hatte sie auf die Wichtigkeit der Aufrechterhaltung der Produktionsdisziplin besonders hingewiesen und von ihnen verlangt, den Ausstand sofort zu beseitigen.

Am Abend des 15. Juli war auf dringenden Wunsch der Werkleitung festgelegt worden, daß am 16. Juli um 10.30 Uhr eine Vertreterversammlung des Werkes stattfinden und ich sprechen sollte. Diese Vertreterversammlung war natürlich ein Risiko, aber es war anzunehmen, daß bei Ankündigung dieser Versammlung am 16. Juli wenigstens der Betrieb die Arbeit aufnehmen würde und es nicht zu offenen Auseinandersetzungen käme. Diese Annahme bestätigte sich. Auf die Ankündigung hin fanden am 16. Juli zwar eine Reihe von Versammlungen in den einzelnen Betrieben statt, aber dort wurden Vertreter zu der Beratung um 10.30 Uhr gewählt, und zögernd kam die Arbeit auch in den Reparaturbetrieben in Gang.

Um 10.30 Uhr fand dann die Vertreterversammlung statt. Als Abgesandte der Betriebe waren zum größten Teil die radikalen Elemente aus den Belegschaften gewählt worden, und es waren nur wenige loyale und politisch zuverlässige Kräfte aus den Betriebsabteilungen entsandt. Es zeigte sich später, daß mindestens 60 % der Versammelten unter dem Einfluß des Gegners standen.«

Fritz Selbmann sprach, vor allem über die politischen Forderungen, etwa 45 Minuten ohne Störungen, manchmal auch mit Beifall bedacht. Das Referat mit dem Schlußwort stellen wir wegen der Länge der Ausführungen in den Anhang auf die Seite 192.

»Nach meinem Referat begann die Diskussion, die zuerst nicht ungünstig verlief, obwohl sich schon bei den ersten Diskussionsrednern eine ziemlich massive Feindschaft erkennen ließ. Im weiteren Verlauf steigerte sich allerdings die Tendenz zur Provokation so weit, daß nach dem zehnten Diskussionsbeitrag offene Streikaufforderungen und Drohungen die Diskussion beherrschten. In diesem Augenblick brachen wir die Diskussion ab. Ein Schlußwort zu halten war unmöglich, da etwa 60 % der Versammelten auf ein Signal hin, also offensichtlich vorbereitet, aufstanden und zum Saalausgang drängten. Damit war die Versammlung aufgelöst. Das Schlußwort habe ich am Nachmittag auf Tonband gesprochen, und es wurde durch den Werkfunk in allen Betrieben gesendet.

Nach Auffliegen der Versammlung erschien die Lage zunächst äußerst bedrohlich. Es mußte angenommen werden, daß die Vertreter in die Betriebe zurückgehen und daß auf einmal der ganze Betrieb geschlossen im Streik stehen würde.

Diese Befürchtung erwies sich jedoch als nicht berechtigt. Es wurden in den Betrieben zwar kurze Berichterstattungsversammlungen durchgeführt, aber der Produktionsbetrieb lief ungehindert weiter. Neben den Kurzversammlungen kam es zu einer größeren Zusammenballung in der Reparaturabteilung C 44, wo etwa 500 bis 600 Menschen unter Hinzuziehung von Arbeitern aus anderen Abteilungen eine Kundgebung vor der Halle durchführten, aber auch diese Versammlung löste sich bald auf. Als Wirkung der Versammlung vom Vormittag ergab sich nämlich eine von mir zwar erhoffte, aber nicht für wahrscheinlich gehaltene Entwicklung. Die Krawallstimmung in den streikenden Abteilungen bröckelte ab, und es wurde gemeldet, daß Arbeiter anfingen, gegen die Streikführer Stellung zu nehmen.

Charakteristisch für das Abbröckeln der Streikfront war, daß in den Versammlungen am Nachmittag der Gegner in seinen Forderungen einen taktischen Schritt zurückging. Es wurde jetzt auch nicht mehr die Freilassung aller Verhafteten gefordert, sondern nur derjenigen vom 17. Juni. In der Nacht vom 15. zum 16. Juli hatte ich neunzehn bekannte Wortführer des Gegners verhaften lassen, deren Freilassung jetzt ebenfalls gefordert wurde.

Die Diskussion in den streikenden Abteilungen wurde jetzt wesentlich dadurch beeinflußt, daß wir vor konterrevolutionären Forderungen nicht kapitulieren. Die streikenden Arbeiter, die nicht unmittelbar zu den provokatorischen Zentren gehörten, argumentierten jetzt damit, daß nach diesen Erklärungen ein Streik um solche Forderungen sinnlos geworden sei, da sowieso nichts erreicht würde.

Gegen 15.30 Uhr konnte festgestellt werden, daß nicht nur die Produktionsbetriebe geschlossen arbeiteten, sondern auch in den Reparaturabteilungen der Streik praktisch dem Ende zuging. Nur noch kleine Gruppen diskutierten in den Arbeitsräumen, während die große Mehrzahl der Arbeiter langsam und zögernd an die Arbeit ging. So konnte die Lage bis zum Schluß der Schicht um 17 Uhr gehalten werden. Lediglich in der Karbid-Fabrik kam es um 16 Uhr nochmals zu einem Versuch, die Öfen stillzusetzen. Dieser Versuch wurde jedoch vereitelt, ohne daß es notwendig wurde, bewaffnete Kräfte in den Betrieb zu schicken. Der Schichtübergang um 18 Uhr vollzog sich reibungslos, und die Produktionsbetriebe arbeiteten auch in der Nacht weiter. Dasselbe wiederholte sich am 17. Juli morgens um 6 Uhr.

Für den Beginn der Tagschicht in den Reparaturbetrieben mußte am 17. Juli ein neues Aufflackern des Streiks erwartet werden, um so mehr, da von Leuna und von einigen anderen Stellen gemeldet wurde, daß Versuche im Gange seien, den Anschluß an Buna zu finden. Es wurden deshalb in der Nacht alle Vorbereitungen getroffen, um am nächsten Vormittag das Wiederaufleben des Streiks mit allen Mitteln zu unterbinden. Am Morgen des 17. Juli arbeiteten alle Produktionsbetriebe. Als die Tagschicht um 7.30 Uhr zur Arbeitsaufnahme erschien, kam es nur in wenigen Abteilungen zu kurzen Ansammlungen, aber in keiner Abteilung mehr zum Streik. In der Frühstückspause wurde das von mir auf Band gesprochene Schlußwort noch einmal gesendet, und auch danach kam es nicht mehr zu Streikansätzen. Am 17. Juli arbeitete der ganze Betrieb mit allen Nebenanlagen normal, so daß ich meine Aufgabe als gelöst betrachten und nach Berlin zurückkehren konnte.« (Fritz Selbmann, Acht Jahre und ein Tag, S. 212 ff)

Die 15. Tagung des Zentralkomitees

Die Industriezentren der DDR standen vier Wochen im Fieber, die Arbeit war wieder aufgenommen worden, aber die Folgen waren unübersichtlich und überall zu spüren. Alle warteten auf die Beschlüsse, damit die Linie wieder klar wurde. Die Tagung trat für den 24. bis 26. Juli zusammen.

Zwischen den beiden Referenten bestand eine Arbeitsteilung, trotzdem umfassen die veröffentlichten Texte 125 Seiten. Hier kann es nur darauf ankommen, die substantiellen Beurteilungen aufzuführen. Ministerpräsident Otto Grotewohl nannte als Ziel der vom imperialistischen Gegner ausgelösten Unruhen, das Fundament des gesellschaftlichen und staatlichen Lebens zu unterwühlen und die Partei und die Moral der Bevölkerung zu zersetzen, wozu alle verfügbaren Mittel eingesetzt wurden (siehe Anhang, S. 185). Die Ursachen für den Angriff auf die DDR lägen im internationalen Kräfteverhältnis. Der entscheidende Fehler der Partei und Regierung bestand darin, dieses Kräfteverhältnis und mit ihm die nationale Frage »nicht ganz richtig eingeschätzt zu haben«.

Bis 1952 sei in der Wirtschaft, der Sozial- und Bildungspolitik ein richtiger Kurs eingehalten worden, wodurch der Lebensstandard sich gehoben habe. In der HO seien bereits 12 Preissenkungen vorgenommen worden. Er beklagte eine Büßerstimmung, die nach den Veröffentlichungen über Fehlentwicklungen seit dem 9. Juni um sich gegriffen habe. Alle und jeder, selbst die Pionierleiter bekannten sich zu Fehlern, für die sie gar keine Verantwortung trugen. Diese Art von Solidarität müsse endlich aufhören, sie führe zur Lähmung der Partei. Von der Zielstellung, eine sozialistische Ordnung zu errichten, würde nicht abgegangen werden, lediglich das Tempo sei unangemessen beschleunigt worden. »Im Interesse der Erreichung unseres Zieles müssen wir den neuen, am 9. Juni verkündeten Kurs unserer Partei noch viele, viele Jahre lang durchführen.«

Der kapitalistische Sektor solle gestärkt werden, was aber nur die kleinen und mittleren Privatbetriebe, die vor allem Konsumgüter herstellten, beträfe, großkapitalistische Betriebe seien nicht zugelassen. Die volkseigene Industrie würde weiter, wie beschlossen, ausgebaut, es dürfe aber »kein allzu angespanntes Tempo angeschlagen werden«.

Seit der Ankündigung des Neuen Kurses sei der Volkswirtschaftsplan überarbeitet worden, und Grotewohl legte eine beeindruckende Liste von Verbesserungen vor, deren Gesamtwert 2,65 Milliarden Mark betrug. Die Normen wurden auf den Stand vom 1. April zurückgeführt, verschiedene Verbesserungen im Lohnsystem für die Arbeiter durch Zuschläge für Sonntagsarbeit und die Anhebung der vier unteren Lohngruppen sowie durch Einführung von Treueprämien im Bergbau vorgenommen. In der Landwirtschaft erhöhten sich die Aufkaufpreise für Einzelbauern und LPG, kurz- und langfristige Kredite wurden bereitgestellt. Rückkehrwillige Bauern wurden finanziell unterstützt. Durch die Bereitstellung von Konsumgütern wurde die Produktion vor allem von Textilien aller Art, aber auch von verschiedenen anderen, hochwertigen Gütern erhöht, Einfuhren aus befreundeten Ländern sollen die Versorgung mit Lebensmitteln verbessern.

Die Umstrukturierung zugunsten des Verbrauchs ging natürlich auf Kosten der Schwerindustrie vor sich, die Investitionen wurden für die nächsten zwei Jahre erheblich gekürzt, rechnet man 1953 dazu, ging es um eine Verringerung von 5,7 Milliarden

Mark. Diese Verringerung der Investitionen in der Abteilung I ergab sich aus der Festlegung des Hauptinhaltes des Neuen Kurses. Er »besteht in der raschen Verbesserung der Lebenslage der Arbeiterklasse und der gesamten werktätigen Bevölkerung«, und an anderer Stelle heißt das, »bei uns soll der Werktätige mehr essen und besser mit Konsumgütern versorgt werden als in Westdeutschland«. Das sei auch der »entscheidende Hebel für die Gewinnung der arbeitenden Massen in ganz Deutschland zum Kampf für nationale Einheit und Frieden«. Hier finden wir zum erstenmal die Aufgabenstellung, den Lebensstandard in der DDR höher zu setzen als im Westen, was aber nie gelungen ist.

Aufschlußreich sind die kurzen Angaben über Maßnahmen, die »der Stärkung der demokratischen Gesetzlichkeit« dienen sollen. Seit dem 11. Juni war es möglich, 18 000 Strafverfahren und Urteile auf »etwaige Härten« zu überprüfen. Das Ergebnis: Entlassen wurden 8 871 Personen, allesamt verurteilt wegen geringfügiger Vergehen gegen das Gesetz zum Schutze des Volkseigentums oder Nichterfüllung der Ablieferungspflichten (Bauern) oder Steuerschulden (Mittelstand), eine etwa 1 000 Mann umfassende Gruppe von Strafgefangenen wegen vorbildlicher Arbeit. Eingestellt wurden 3 144 Verfahren, aufgehoben 95 Treuhandschaften. Von 3 271 gestellten Anträgen auf Rückgabe von Betrieben wurden 1 939 positiv entschieden, die anderen würden noch bearbeitet. Auf dem Lande wurden bereits 1 644 Wirtschaften zurückgegeben, allerdings der geringere Teil von den 7 452 verwaisten Höfen. Von den Republikflüchtigen kehrten 2 454 Personen zurück. Wer das war, wurde nicht gesagt.

Von den unmittelbaren Unruhen betroffen waren von 10 000 Gemeinden 272, auf dem Lande war es meistens ruhig. Von den 5,5 Millionen Beschäftigten waren rund 300 000 von den Streiks erfaßt, das sind 5,5 %. Die Zahlen mögen stimmen oder etwas geschönt sein, es wird mit ihnen der eigentliche politische Umfang nicht benannt.

Grotewohl spricht an mehreren Stellen von einer »illegalen SPD-Organisation« und von einer »geheimen, gut organisierten faschistischen Untergrundbewegung«. Am meisten Einfluß hatte das »Ost-Büro der SPD«, besonders in den alten Hochburgen wie Magdeburg und Leipzig, wo es sich auf Mitglieder stützte, die dem »Sozialdemokratismus« immer noch anhingen. Als entscheidendes Mittel gegen die Entfernung der Partei von den Massen empfiehlt er eine geduldige, zähe, zielstrebige und systematische Aufklärungsarbeit, sie solle kameradschaftlich, kämpferisch und prinzipiell, jedoch ohne Haß und ohne Spitzen, in einer Sprache, die das Volk versteht, geführt werden.

Walter Ulbricht, der 1. Sekretär des ZK, beschäftigte sich hauptsächlich mit dem Verhalten der Parteiorganisationen in den kritischen Tagen und sparte nicht mit Kritik. Das Versagen der Parteiführung wurde allerdings mit wenigen Sätzen und schon im Referat von Grotewohl benutzten Floskeln abgetan. Bemerkenswert sind nur die Zugeständnisse, daß die fehlerhafte Linie der Beschleunigung zu Maßnahmen geführt habe, die zu Verschlechterungen in der Lebenshaltung, besonders der Arbeiter, ursächlich beitrugen. Sie hätten die Partei von der werktätigen Bevölkerung getrennt und dadurch die Positionen der Partei geschwächt.

Das hatte nun wirklich jeder bemerkt, die Ursachen waren auch schon benannt, insofern nichts Neues, erstaunt aber waren alle, als ein langes Kapitel über die Unterschiede der Entwicklung in der Sowjetunion und der DDR folgte. Es hätte Versuche gegeben, die Unterschiede zu ignorieren und »Entwicklungsstufen zu überspringen«. Sie hätten unvermeidlich zur Diskreditierung der Ideen des sozialistischen Aufbaus und zur Untergrabung des Einflusses der Partei auf die werktätigen Massen geführt.

Wer hatte diese Versuche unternommen? Man erfuhr es nicht, nur, daß keine Notwendigkeit wie in der Sowjetunion bestanden hätte, »das Äußerste aus den Menschen herauszuholen«. Fehler wurden den Gerichten zugeschrieben, sie hätten Provokateure freigelassen, obwohl sie Ausschreitungen begangen hätten, besonders auch gegen VP-Angehörige. Zum zweiten Sündenbock wurde die Parteipresse ernannt. Zuerst wären alle Artikel schönfärberisch gewesen und hätten nur über Erfolge berichtet, nach dem 17. Juni aber wären die Fehler einseitig in den Vordergrund gestellt, ja sogar feindliche Auffassungen kommentarlos zitiert worden. Dazu gehörte der Artikel des Justizministers Fechner, der Rädelsführern Vergebung gewährt und Arbeiter zum Streik ermuntert habe. Als kapitulantenhaft sei das »Neue Deutschland« hervorgetreten, es hätte die Parteimitglieder des-

orientiert. Auch hier wurde zuerst nicht klar, wer dahinterstecke-
te.

Die Propaganda und Agitation sei dogmatisch gewesen und hätte nicht berücksichtigt, daß ein Teil der Bevölkerung von gegnerischer Hetze infiziert sei. So fehlte den Genossen die Fähigkeit, sich grundsätzlich und selbständig mit den feindlichen Argumenten auseinanderzusetzen. Der Hauptpunkt sei gewesen, daß nur allgemein von der Einheit Deutschlands gesprochen wurde, ohne zu sagen, daß es um die »Einheit auf demokratischer Grundlage« ging, nicht um eine Einheit unter der »Diktatur der amerikanischen und westdeutschen Konzern- und Bankherren«. Dazu kam eine Förderung des Personenkultes – von wem denn nur? – und die schwache Entwicklung der innerparteilichen Demokratie, was in der geringen Kritik von unten nach oben zum Ausdruck käme.

In dieser Weise wurden die Hauptsektoren der Parteiarbeit in Industrie, Landwirtschaft und im »nichtmateriellen Bereich« behandelt. Aufmerksamkeit verdient heute nur noch die Behandlung der Gruppe Herrnstadt-Zaisser, der Ulbricht vorwirft, einen »innerparteilichen Fraktionskampf« geführt zu haben. Als Beweis wird folgendes angeführt:

Während der Westen versuchte, den Neuen Kurs zu untergraben und weniger gefestigte Elemente ins Schwanken brachte, stellte der Chefredakteur, Rudolf Herrnstadt, Beiträge ins »Neue Deutschland«, die als eine direkte Unterstützung der Streikenden angesehen werden mußten, während die Beschlüsse der Partei zur Beseitigung verschiedener Mängel als eine Erfüllung der Forderungen der Streikenden dargestellt wurden. Justizminister Fechner trat offen gegen die Regierung auf, die eine entschiedene Abrechnung mit den Provokationen der Verschwörer forderte, und Herrnstadt stellte ihm die Seiten des »Neuen Deutschlands« zur Verfügung.

Herrnstadt arbeitete eng mit dem Minister für Staatssicherheit, Wilhelm Zaisser, zusammen. Dieser hatte sein Ministerium so organisiert, daß es von der Parteiführung isoliert arbeitete. Seine Politik wurde von Ulbricht als kapitulantenhaft und bürgerlich bezeichnet. Das Politbüro sei nicht über die wirkliche Lage im Ministerium informiert worden. Es habe im Kampf gegen die feindlichen Agenturen völlig versagt. Der Kandidat des Politbüros, Anton Ackermann, hätte die Position der beiden aktiv unterstützt.

Nachdem die wenig aussagekräftigen Begriffe »kapitulantenhafte bürgerliche Politik«, »faktisch von der Parteiführung isoliert« gefallen waren, fragte sich natürlich jedermann, wie das geschehen konnte, war doch die Staatssicherheit »Schild und Schwert« der Partei. Unvermittelt geht der Referent daher auf die »partei- und staatsfeindliche Politik Berijas« ein. Auch dieser hätte versucht, die führenden Kader zu entzweien, zu spalten. Als Innenminister hätte er seine Funktion für verbrecherische Machinationen (Ränke, Umtriebe) ausgenutzt und versucht, das Innenministerium über Partei und Regierung zu stellen, Mitarbeiter des Innenministeriums gegen die Parteiführung aufzuputschen und Genossen, die treu zum ZK standen, zu maßregeln. In der Tat sind solche Beispiele in dem betreffenden ZK-Plenum der KPdSU angeführt. Die kapitulantenhafte Politik Berijas hätte zur Restaurierung des Kapitalismus führen müssen. Auch zu dieser Beschuldigung findet sich noch kein direkter Zusammenhang zur Herrnstadt-Zaisser-Gruppe.

Wir wußten damals nicht, was Herrnstadt und Zaisser wollten. Beide waren innerhalb der Partei kaum bekannt, Herrnstadt hatte eine viel beachtete Broschüre »Über die Russen und über uns« geschrieben, wo er auf die starken Vorurteile gegenüber den Besatzern, den »sowjetischen Freunden«, einging und einige Tabus behandelte. Aber nach dieser Broschüre, die dann wieder in der Versenkung verschwand, kannte man ihn nur in Journalistenkreisen. Er galt als überheblich und unnahbar. Neben Rudolf Herrnstadt wurde auch Wilhelm Zaisser plötzlich mitten in die Diskussion um die Schuldfrage gestellt. Zaisser war aus dem proletarischen Urgestein der KPD, seit den Ruhrkämpfen immer in ihrem militärischen Apparat gewesen, seine Tätigkeit im Spanischen Bürgerkrieg als »General Gomez«, wo er die XIII. Internationale Brigade kommandiert hatte, gehörte zu den ruhmvollen Legenden des antifaschistischen Kampfes. Nach 1945 war er immer im Polizeiapparat tätig und ab 1950, seit der Gründung des Ministeriums für Staatssicherheit, dessen erster Minister.

Anton Ackermann war in verschiedenen Funktionen im ideologischen Bereich tätig, Sekretär des ZK und Kandidat des PB gewesen. Zum erstenmal war sein Name als Autor des Aufsatzes

»Gibt es einen besonderen deutschen Weg zum Sozialismus?«, der außerordentlich hart als antimarxistisch kritisiert wurde, bekannt geworden. Ursprünglich als Redeentwurf für den Vorsitzenden Wilhelm Pieck gedacht, enthielt er eine gewisse Distanzierung zum stalinistischen System und betonte die demokratischen Traditionen in der deutschen Arbeiterbewegung. Die sowjetische Bruderpartei schritt ein, die Rede entfiel, ein Aufsatz sollte die Diskussion in akademische Bahnen lenken und versanden lassen. Doch die Hinweise auf die nationalen Besonderheiten ließen den »Fachmann« für den Marxismus und die nationale Frage, den ehemaligen Volkskommissar für die Nationalitätenfrage in der Sowjetunion, Josef Stalin, nicht ruhen, und der strikte Kurs auf die »Partei neuen Typus« ist gewissermaßen die Reaktion auf diesen von der Parteiführung unternommenen Versuch, den Marxismus auf die deutschen Verhältnisse anzuwenden und auch die westdeutschen Arbeiter zu erreichen, die das sowjetische System durchweg ablehnten. Ackermann erlitt das gleiche Schicksal, das Rosa Luxemburg erdulden mußte, ihre theoretischen Bemühungen wurden verteufelt, ihre Person vom Werk getrennt.

Als sich die Dinge beruhigt hatten, erhielt Ackermann eine besondere, vertrauliche Aufgabe. Offiziell als Staatssekretär im Außenministerium tätig, baute er mit rückgekehrten Emigranten aus dem geheimen M-Apparat, dem militärischen Kampftrupp der KPD, die Hauptabteilung Aufklärung des MfS auf, gehörte also zu den maßgebenden Leuten im Sicherheitsapparat. Als diese Arbeit soweit erledigt war und er die HA XV, wie sie damals hieß, an seinen jüngeren Nachfolger Markus Wolf übergeben konnte, übernahm er wegen seiner theoretischen Interessen und Erfahrungen das Marx-Engels-Institut. Es ist offensichtlich, daß er wegen seiner Arbeit im Sicherheitsapparat zur Gruppe Zaisser-Herrnstadt geschlagen wurde. Er soll 1956, nach dem XX. Parteitag, rehabilitiert worden sein, was aber nicht in der Öffentlichkeit bekanntgemacht wurde. Ich habe ihn noch gegen Ende seiner beruflichen Tätigkeit als zuständigen Leiter für den sogenannten nichtmateriellen Bereich in der Staatlichen Plankommission kennengelernt, wo er mein Verhandlungspartner war, und erinnere mich an einen noblen, kulturfreundlichen, ernsten Mann, der es nicht verwinden konnte, daß ihm die Parteiführung so übel mitgespielt hatte.

In der offiziellen Verlautbarung über die Wahlen fällt auf, daß Elli Schmidt, bisher Kandidatin des Politbüros, und Hans Jendretzky, ebenfalls Kandidat des Politbüros und 1. Sekretär der SED-Bezirksleitung in Berlin, nicht erwähnt werden. In der Tat aber wurden sie wegen Unterstützung der Herrnstadt-Zaisser-Gruppe aus ihren Funktionen entfernt. Elli Schmidt war mit Anton Ackermann verheiratet gewesen. Beide bekamen eine Parteirüge und wurden auch nicht mehr in das Zentralkomitee aufgenommen.

Die Gegenspieler Herrnstadt/Zaisser und andere

Wenn die Tätigkeit Berijas zur Restaurierung des Kapitalismus geführt hätte, wie Ulbricht in Übereinstimmung mit Malenkow, Molotow und Chruschtschow behauptete, dann traf dieser Vorwurf ebenfalls mit ganzer Härte auf Zaisser und Herrnstadt zu. So erklärt sich der Vorwurf der Parteifeindlichkeit, die heute vereinfacht auf eine Gegensätzlichkeit mit Ulbricht reduziert wird. Es handelt sich bei beiden, und nicht nur bei diesen beiden, um eine direkte Tätigkeit für das NKWD, den sowjetischen Geheimdienst. Die Namen des Apparates wechselten, nicht aber die bewährten Mitarbeiter.

Herrnstadt war seit 1930 für den Nachrichtendienst der Roten Armee tätig, nachdem er ein Jahr vorher in die KPD eingetreten war. Danach wechselte er von der Redaktion des »Berliner Tageblatts« zur Arbeit eines Auslandskorrespondenten über, war in Prag, Warschau und Moskau tätig. Ein paar Jahre später arbeitete er auch schon für andere, nicht deutsche Blätter, u. a. für »L'Europe«. Während des Zweiten Weltkrieges fand man ihn im Generalstab der Roten Armee, und er war, wie Anton Ackermann, Mitautor der vorbereitenden Dokumente für die Gründung des Nationalkomitees Freies Deutschland und später auch für die Arbeit in der SBZ. Nach 1945 übernahm er verschiedene Arbeiten im Journalismus, gründete zusammen mit anderen die »Berliner Zeitung« und war dann ab 1949 Chefredakteur des »Neuen Deutschlands«, das in den kritischen Tagen 1953 die von Ulbricht verurteilte fehlerhafte – er wollte wohl beim Zentralorgan der SED nicht sagen »feindliche« – Linie verbreitet hatte. Nach dem 15. Plenum des ZK wurde er nach Merseburg ins Zentralarchiv geschickt (1954).

In einem Bericht schildert Wolfgang Leonhardt, wie er sich in Moskau beim Chefredakteur der Zeitung »Freies Deutschland«, der damals Rudolf Herrnstadt war, vorstellen mußte. Bis dahin hatte er diesen Namen noch nie gehört, auch auf der Kominternschule, die er absolviert hatte, nicht: »›Politische Schulen interessieren mich nicht ... Sie werden viel zu lernen haben. Ich nehme an, sie sind sich im klaren darüber, daß Sie von ganz unten anfangen müssen?‹ Herrnstadt war höflich und kühl. Er benahm sich genau so, wie ich mir den Chefredakteur einer kapitalistischen Zeitung vorgestellt hatte, ich war völlig verwirrt ... Als ich seine ersten Artikel las, war ich begeistert. Sie waren irgendwie ›ganz anders‹. Als ich meiner Begeisterung Ausdruck gab, lächelten die anderen Redakteure und erzählten, daß er früher Auslandskorrespondent in Warschau gewesen sei. Was er aber in der Sowjetunion tat, lag wohl nicht nur für mich, sondern auch für die anderen Redakteure völlig im dunkeln.

Ich wußte nur, daß er mit Walja, einer hübschen Russin, verheiratet war, die wie ich in der Moskauer Staatlichen Hochschule für Fremdsprachen studiert hatte. Im Unterschied zu den anderen Redakteuren wohnte er nicht im ›Lux‹ und schien weniger Verbindung zur Emigrationsführung der KPD als vielmehr zu sowjetischen Stellen zu haben ... Was mich bei Herrnstadt immer wieder verblüffte, war die Mischung von westlichem Aussehen, westlicher Kleidung, westlichem Stil in seinen Artikeln, außerordentlicher Intelligenz, gepaart mit jener eiskalten Härte, die durch seine übertrieben höflichen Umgangsformen nur schwach verdeckt wurde.« (Wolfgang Leonhardt, Die Revolution entläßt ihre Kinder, S. 350)

Leonhardt schildert die weitreichenden Verbindungen, von denen er bei seinen Botendiensten Kenntnis erhält. Bei krassen taktischen Wendungen änderte Herrnstadt kurz vor Druckbeginn auf eigene Faust die strittigen Formulierungen und hatte auch die Vollmacht dazu. In dieser undurchsichtigen Atmosphäre fühlte sich Wolfgang Leonhardt nicht wohl und war froh, als er von Anton Ackermann als Sprecher am Sender »Freies Deutschland« angestellt wurde.

Karl Schirdewan traf nach dem Krieg mit Herrnstadt zusammen. Er entwirft aus diesen Begegnungen ein interessantes Psychogramm:

»Ich hatte ihn 1946 während meines Kuraufenthaltes in einem Lungensanatorium in Sülzhayn im Südharz kennengelernt. Er war wie ich Patient. Wir hatten bald miteinander Kontakt und nutzten viele Spaziergänge zu ausgiebiger Diskussion. Er offenbarte sich mir als früherer Kundschafter, der mit beachtlichem Erfolg für die Sowjetunion tätig gewesen war. Er gehörte zu den Glücklichen, die in der Stalin-Berija-Zeit nicht wie viele seiner russischen Freunde liquidiert worden waren. Durch offene politische Arbeit habe er sein weiteres Leben legalisiert ...

Unser Verhältnis zueinander war nahezu freundschaftlich. Er wirkte einsam und hatte eine gewisse Scheu gegenüber anderen Patienten, die aus dem antifaschistischen Widerstand kamen.

Eines Tages, nachdem er größeres Vertrauen zu mir gewonnen hatte, machte er mir den Vorschlag, als Resident – wahrscheinlich für den Berija-Apparat – im Ausland tätig zu werden. Ich lehnte ab. Meine politische Vergangenheit ließ einen solchen Gedanken überhaupt nicht zu. Ich hatte von Jugend an Parteiarbeit geleistet und war als Funktionär in der Arbeiterbewegung bekannt, während er als Redakteur im Rudolf Mosse Verlag Berlin mit Leichtigkeit in die Kundschafterarbeit habe hinüberwechseln können. Er war verstimmt über meine Ablehnung, und zum ersten Mal spürte ich eine gewisse Bösartigkeit in seinem Charakter.

Etwas später sprach er über seine Zukunft, er strebe nach einer führenden politischen Funktion in der Partei. Ihm schwebe vor, zumindest ein Landessekretär zu sein. Ich warnte ihn vor einem solchen Vorhaben. Er habe keine Erfahrungen in der Arbeiterbewegung sammeln können. Sein Intellekt allein würde nicht ausreichen, ein Führer der Arbeiterbewegung zu sein. Vielleicht wäre er doch erfolgreicher, wenn er seine Fähigkeiten als Journalist für die Partei einbringen würde. Auch dieser Rat verstimmte ihn vorübergehend.« (Karl Schirdewan, Aufstand gegen Ulbricht, S. 59 f)

Zaisser und Herrnstadt wurden auf der 15. Tagung aus dem ZK ausgeschlossen, ein halbes Jahr später auch aus der Partei. Karl Schirdewan war dabei: »Die Zentrale Parteikontrollkommission war Ende 1953 nach Aussprache mit beiden Genossen über die von ihnen eingereichten Stellungnahmen zu den gegen sie erhobenen Vorwürfen zu dem Beschluß gekommen, sie wegen ihres Verhaltens vor und nach dem 17. Juni 1953 aus der Partei ausschließen zu müssen. Diese Entscheidung wurde ihnen Mitte Januar 1954 getrennt auf einer Abschlußbesprechung, an der unter Leitung von Hermann Matern (dem Vorsitzenden der Zentralen Parteikontrollkommission) Walter Ulbricht, Heiner Rau und ich teilnahmen, bekanntgegeben.

Vor Beginn versuchte ich noch, Walter Ulbricht umzustimmen und von einem Parteiausschluß abzusehen. Für Wilhelm Zaisser setzte ich mich ein, weil er ein verdienter Revolutionär für die Sache des Sozialismus sei, als General Gomez im spanischen Bürgerkrieg sein Leben eingesetzt habe. Für Herrnstadt bat ich um Verständnis, weil er im Auftrage des Politbüros Vorschläge für die 15. Tagung des ZK erarbeitet und dabei von seinem Recht auf freie Meinungsäußerung Gebrauch gemacht habe. Außerdem war eine kritische Wertung der Tätigkeit des Politbüros vor dem 17. Juni entsprechend der Lage erwartet worden. Walter Ulbricht antwortete mir nur, daß die vorliegende Entscheidung von Moskau getragen und nichts mehr zu ändern sei. Außerdem wäre Berija nach dem Urteil des Sondertribunals in Moskau hingerichtet worden.«

Es existiert ein Redeausschnitt von Walter Ulbricht, der auf dem 15. Plenum gehalten, aber nicht veröffentlicht worden ist. Das Schlußwort, auch als Geheimrede bezeichnet, enthält die Vorwürfe an Herrnstadt und Zaisser, aber auch an andere Mitglieder des Politbüros. Aus diesem Schloßwort, das ausführlich gehalten ist, geht folgendes hervor:

Herrnstadt war in den kritischen Tagen immer an der Seite Ulbrichts und wurde von ihm mit der Abfassung der offiziellen Dokumente betraut. Von ihm stammt das Kommunique des Politbüros vom 9. Juni (das hier schon behandelt wurde) und der Entwurf für den Beschluß des Politbüros, der die notwendigen Veränderungen in der Partei, einschließlich der neuen Personalvorschläge, enthielt und der nächsten ZK-Sitzung zum Beschluß vorgelegt werden sollte. Ein Dreierkopf, Herrnstadt, Ulbricht und Rau saßen zusammen und gingen, manchmal auch mit hinzugezogenen Fachleuten, die Probleme durch.

Neben den Wirtschaftsfragen, mit denen sich Heinrich Rau beschäftigte, nahmen die Personalfragen den entscheidenden Platz ein. Herrnstadts Bestreben war es, die Machtfülle des Generalsekretärs, der wie in Moskau nunmehr auf den Titel eines »1. Sekretärs« zurückgestuft werden sollte, zu beschneiden. Das bisherige Sekretariat, in dem auch Nichtmitglieder des Politbüros saßen, sollte aufgelöst werden und ein »großes Sekretariat« ausschließlich mit Mitgliedern des Politbüros gebildet werden, gewissermaßen das Exekutivgremium des größeren Politbüros, in dem auch Mitglieder außerhalb des Parteiapparates saßen, die in der Plankommission o. ä. zentralen Stellen tätig waren und daher außerhalb der Sitzungen in ihren Ämtern anwesend sein mußten

Der Plan von Herrnstadt und Zaisser und ihren möglichen Auftraggebern bestand nun darin, Walter Ulbricht die Anleitung des Parteiapparates wegzunehmen und damit seine Stellung in der Partei zu brechen. In der vorbereitenden Sitzung des Politbüros für die ZK-Tagung gingen die Wogen hoch bei der Behandlung der Personalien. Über jeden Kandidaten wurde abgestimmt, selbst über die Vorsitzenden Pieck und Grotewohl. Aber diese Formalien bissen sich an Ulbricht fest, der seinerseits gegen Grotewohl und Ebert sprach, die beide als Sympathisanten der Anti-Ulbricht-Linie zugerechnet wurden. Eindeutig für Ulbricht sprachen sich nur Matern und Honecker aus. Die zum Teil leidenschaftlichen Anklagen gegen Ulbricht wurden gestützt durch Zaisser und Herrnstadt. In diesen Diskussionen schlug Zaisser vor, Herrnstadt zum 1. Sekretär zu wählen. Ulbricht sollte im Sekretariat ein Mitglied unter anderen sein. Damit hätte Herrnstadt den Parteiapparat in seine Hand bekommen. Es ist nicht ganz klar, ob Zaisser auch in dieses neu zu formierende Sekretariat kommen sollte. Die Strategie dieser Gruppe war also, Ulbricht wegen seiner Herrschaftsgelüste und seines schroffen, rücksichtslosen Arbeitsstils ins zweite Glied zu schieben und die entscheidenden Leitungspositionen im Parteiapparat an Herrnstadt und im Ministerium für Staatssicherheit und Polizei an Zaisser zu geben, dessen Stellung, ebenso wie bei Berija, mit der Parteileitung noch enger verbunden sein sollte, mit einfachen Worten: Herrnstadt regiert die Partei, Zaisser den Machtapparat.

Um diese Hauptfrage geht das Schlußwort Ulbrichts auf dem 15. Plenum, nachdem er in seinem Referat bereits auf die »kapitulantenhafte Gruppe« der beiden hingewiesen hatte.

Zaisser wirft er vor, daß er bereits im Frühjahr 1952 in einer Dienstbesprechung mit den Länderchefs der Sicherheitsorgane gesagt habe, »es sei nicht ausgeschlossen, daß die Sowjetunion im Interesse der Erhaltung des internationalen Friedens einen Kompromiß eingeht und sich von der DDR zurückzieht«. Ulbricht: »Dieser Standpunkt entspricht der politischen Position Berijas, die wiederum mit der Konzeption Churchills im Zusammenhang steht.«

Ein weiterer Vorwurf: Zaisser war der Meinung, »er müsse sich von der Arbeit im Ministerium für Staatssicherheit etwas zurückziehen, weil er wichtige Funktionen in der Parteiführung übernehmen müsse. Was ist geschehen? Man sprach über die Frage, daß man im Innenministerium (wie in Moskau) die Kräfte einheitlich zusammenfassen will. Genosse Zaisser hat Besprechungen über diese Frage mit zwei Offizieren geführt. Genosse Grotewohl und ich haben von dieser Besprechung nichts gewußt ... Wie kommt es, daß diese Besprechungen geführt werden, ohne daß man vorher mit uns spricht? Daraufhin sagte er: Ich wollte zuerst mit ihnen eine Verständigung herbeiführen. Daraufhin ich: Mich interessiert nicht, mit welchen Offizieren du gesprochen hast, mich interessiert, warum das Politbüro nichts davon weiß, warum zumindest Grotewohl und Ulbricht davon keine Kenntnis hatten.

Wenn ich den Fall Berija gekannt hätte, hätte ich ja etwas ganz anderes getan. Die beiden Leute, mit denen Zaisser die Besprechung geführt hatte, waren nämlich Sonderbeauftragte von Berija. Das sind die ›Musterbeispiele der Kollektivität‹, die ich hier aufzähle. Und weil Ulbricht mit diesen ›Musterbeispielen‹ der Kollektivität, der Arbeit der Führung, wie sie Zaisser sich vorstellt, nicht einverstanden ist, weil Ulbricht derjenige ist, der keine Angst vor dem Minister der Staatssicherheit hat, deswegen führen sie den Kampf gegen ihn ... Mit Ulbricht fängt man an. Dann kommt Matern, dann Genosse Honecker und dann die anderen. Genosse Herrnstadt geht dann los, gegen diesen Parteiapparat, den er so haßt. Warum haßt du denn den Parteiapparat? Du sagtest, weil er so bürokratisch ist. Ich will dir sagen, warum, weil keine Aussicht bestand, daß er dir gehorchen würde.«

Die beiden Offiziere, mit denen Zaisser seine Besprechungen über ein einheitliches Innenministerium geführt hatte, waren die

Vertrauten Berijas, Fadejkin und Sudoplatow. Letzterer hat während der Verhöre den Plan Berijas dargelegt:

»Der Plan Berijas sah einen wiedervereinigten deutschen Staat mit einer Koalitionsregierung vor. Bei der Vereinigung sollten die vier Siegermächte paritätisch mitwirken. Berija aber ging es dabei vorrangig um die politischen und wirtschaftlichen Interessen der Sowjetunion. Für die Sondierungsgespräche im Westen (mit denen Sudoplatow beauftragt war), stellte er folgende Punkte heraus: 1. eine Verlängerung der deutschen Reparationen an die Sowjetunion; 2. ein Wiederaufbauprogramm für Rußland, die Ukraine, Weißrußland und das Baltikum; die Kosten sollten westliche Sponsoren, in erster Linie die Deutschen, aufbringen. Es sollten neue Industriebetriebe geschaffen und ein großes Eisenbahn- und Autobahnnetz in der Sowjetunion angelegt werden. Berija dachte an eine technische Hilfe mit deutscher Beteiligung in einer Höhe von 10 Milliarden Dollar. Wenn die Sowjets den illusorischen sozialistischen Aufbau der DDR unterstützen wollten, argumentierte er, müßten sie binnen zehn Jahren nicht weniger als zwanzig Milliarden Dollar investieren, inklusive Belieferung der DDR und Polens mit Rohstoffen und Lebensmitteln. Die schwere Bürde wollte er loswerden. Statt dessen strebte er ein breit angelegtes Wirtschaftsabkommen mit dem Westen an. Dieses Abkommen wollte er durch politische Absprachen mit Amerika, England und Frankreich unter der Schirmherrschaft der Vereinten Nationen absegnen lassen.«

Dieser abenteuerliche Plan war der Hintergrund für die Bezeichnung »kapitulantenhaft« und »den Imperialisten in die Hände gespielt« in den Beschlüssen und Verlautbarungen.

Die Änderungen in der Struktur der Parteiführung, gegen Ulbricht gerichtet, fanden in der entscheidenden Politbürositzung durch den anwesenden Beauftragten des Hohen Kommissars Semjonow eine einfache Antwort. Er erklärte es als zweckmäßig, wenn das alte Sekretariat in der bisherigen Struktur bestehen bliebe. Wahrscheinlich hatte sich Semjonow vor dieser Sitzung gedrückt und seinen gerade in Berlin eingetroffenen Mitarbeiter Miroschnitschenko in die brodelnde Sitzung geschickt. Nachdem nun Zaisser den Vorschlag machte, Herrnstadt zum 1. Sekretär dieses Sekretariats zu wählen, schlug sich auch Grotewohl auf die Seite Ulbrichts, und damit war die Front seiner Gegner erst einmal gespalten.

Vor einer Sitzung des 15. Plenums, als Herrnstadt und Zaisser zur Diskussion sprechen mußten, fragte Herrnstadt »Wirst du sagen, was wirklich war?« Zaisser erwiderte: »Das kann man nicht machen, das könnte der Sowjetunion schaden.«

Karl Schirdewan erwähnt nicht, daß die Frau Wilhelm Zaissers, Else, von ihrer Funktion als Ministerin für Volksbildung abgelöst wurde. Das war sicherlich nicht der persönlichen Nähe zu dem nunmehr als Unperson betrachteten Berija-Mann geschuldet, sondern sie selbst war in Verdacht, auf ihrem Posten ebenfalls an der Zersetzung der DDR mitgearbeitet zu haben. Seit ihrer Übersiedlung nach Moskau 1932 war sie immer in der Ausbildung von Kadern der Komintern und der Roten Armee tätig gewesen. Von Beruf Lehrerin, arbeitete sie zuletzt, vor ihrer Rückkehr nach Deutschland, bis 1947 am Militärinstitut für Fremdsprachen der Roten Armee. In ihrem Lebenslauf macht ein Aufenthalt in Mukden (chinesische Mongolei) darauf aufmerksam, daß sie bereits 1929/30 in diesem Zentrum der ostasiatischen Spionage der Sowjetunion gearbeitet hatte.

In der DDR hatte sie in verschiedenen Funktionen an der Verbreitung der russischen Sprache Anteil, arbeitete sei 1950 als Direktorin des Deutschen Pädagogischen Zentralinstitutes in Berlin und gab die Zeitschrift »Pädagogik« heraus, die besonders dafür bekannt war, die Sowjetpädagogik zu propagieren. Ein Jahr später schon Staatssekretärin im Ministerium für Volksbildung, folgte sie 1952 Paul Wandel als Minister. Unter ihrer Leitung wurde der prinzipienlose Kampf gegen die Junge Gemeinde an den Oberschulen aufgenommen, und damit ist sie die Hauptverantwortliche für die Spannungen der Regierung mit den Kirchen, die am 20. April zum Brief des Bischofs Dibelius mit dem Antrag auf Strafverfolgung an den Generalstaatsanwalt der DDR führte (anzusehen: Anhang S. 198).

Der Hohe Kommissar

Am 28. November 1962 schreibt Rudolf Herrnstadt an Wladimir Semjonowitsch Semjonow: »Ich bin heute gezwungen, mich an Sie zu wenden. Neun Jahre habe ich es nicht getan.« Seine Ehre, so meint er, ist ein weiteres Mal angegriffen in dem dem VI. Parteitag der SED vorzulegenden Entwurf der achtbändigen »Geschichte der deutschen Arbeiterbewegung«. Dort wird die Gruppe Zaisser/Herrnstadt wiederum revisionistisch und kapitulantenhaft genannt, die den Aufbau des Sozialismus in der DDR hinauszögern wollte. Diese Fraktion der Kapitulanten sei von Berija unterstützt und vom Zentralkomitee unter Leitung Walter Ulbrichts zerschlagen worden. Gegen diese Formulierungen in der offiziellen Geschichtsdarstellung der SED über den 17. Juni 1953 wendet sich Rudolf Herrnstadt und bittet den zum Stellvertretenden Außenminister der UdSSR avancierten Semjonow um Klarstellung der wahren Verhältnisse. Er soll bestätigen, daß Herrnstadt dem Klassengegner nicht in die Hände gearbeitet hat.

Semjonow kannte die deutschen Probleme seit dem Jahre 1945, als er in der Sowjetischen Militäradministration (SMAD) und nach der Gründung der DDR in der Sowjetischen Kontrollkommission (SKK) arbeitete, sehr genau. Am 20. April 1953 wurde er nach Moskau zurückberufen und erschien kurze Zeit später als Hoher Kommissar wieder in Berlin. Wie auch die verschiedenen Ränge bezeichnet wurden, an Semjonow ging kein Weg vorbei. Er und sein Stellvertreter Judin, ein Philosophieprofessor, wußten über alle Vorgänge in der Leitung der SED und DDR Bescheid und beeinflußten sie ihrerseits aktiv. An allen ZK- und Politbürositzungen nahmen sie teil, bekamen alle Protokolle und berichteten den Moskauer Stellen über die offiziellen Meinungen und die Nuancen der persönlichen Meinungen der einzelnen Politiker.

Herrnstadt war einer seiner Informanten und zugleich Instrument für die Durchsetzung der sowjetischen Politik als Mitglied im höchsten Parteigremium und als Chefredakteur des Zentralorgans: »Acht Jahre lang hatten Sie mit mir eng zusammengearbeitet und mich zu beliebiger Tages- und Nachtstunde zu finden gewußt.« Dann hatte ihn Semjonow in »die Angelegenheit Berija hineingemischt« und nach der Wendung zum Neuen Kurs fallen lassen.

Wir erfahren aus Herrnstadts Aufzeichnungen, daß Semjonow am 17. Juni die Leitung der DDR übernommen hatte und in Karlshorst Grotewohl und Ulbricht seine Anweisungen gab, wobei Herrnstadt anwesend war. Zweifellos hat Semjonow an der Taktik, wie die SED den Neuen Kurs erarbeiten und begründen sollte, entscheidenden Anteil, vor allem an dem kurzen Zeitpunkt bis zu seiner Veröffentlichung am 9. Juni und dessen Formulierung durch Herrnstadt. Diesem war der Kurswechsel zu schnell geplant, er hielt für die »überzeugende und fortreißende Begründung« einen Zeitraum von zwei Wochen für erforderlich, womit er sicher Recht hatte. Aber Semjonow antwortete »scharf und von oben herab: In 14 Tagen werden Sie vielleicht schon keinen Staat mehr haben«.

Eine halbe Stunde nach Verhängung des Ausnahmezustandes am 17. Juni traf um 13.30 Uhr Marschall Sokolowski aus Moskau ein. Seine erste Frage richtete er an Zaisser, warum dessen Apparat keine Warnungen gegeben habe: »Wie konnte diese Sache (die Unruhen) passieren? Das verstehe ich nicht. Solche Dinge stellt man doch nicht von einem Tag auf den anderen auf die Beine. Dazu ist doch eine Organisation erforderlich.« Zaisser antwortete in unbefriedigender Weise.

Auch an der nächsten Sitzung des Politbüros nahmen Semjonow und Sokolowski teil. Seit diesem Zeitpunkt änderte sich das Verhalten des geschickten Diplomaten mehr und mehr, und er rückte von Zaisser und Herrnstadt ab. Von Schirdewan wissen wir, daß er bereits über Kaderfragen für das Politbüro nachdachte und Gespräche führte.

Semjonow hatte in den Jahren 1952 und 53 mit der deutschen Frage seine Schwierigkeiten. Zweifellos hatte er dafür zu sorgen, daß die Stalin-Noten als Kurs beachtet würden. Daraus erklärt sich auch der Hinweis eines Agenten an das Ostbüro der SPD, daß in der SKK schroffe Kritik an den Beschlüssen der II. Parteikonferenz geübt worden sei. Wie bekannt, hatte Stalin in seinem Grußtelegramm den Sozialismus nicht erwähnt, und im Oktober 1952 hielt er eine Rede auf dem 19. Parteitag der KPdSU, in der er darauf abzielte, daß die volksdemokratischen Parteien nach dem Versagen der Bourgeoisie nunmehr die bürgerlichen Rechte für nationale Unabhängigkeit und Souveränität (gegen die Vorherrschaft der USA) übernehmen müßten.

Ulbricht dagegen rief seit der II. Parteikonferenz zum Sturz des Bonner Vasallenregimes und zum unversöhnlichen Sturz der Adenauer-Regierung auf. Die friedliche Einigung würde zurücktreten und die bewaffnete Auseinandersetzung infrage kommen, so die interne Meinung.

Damit wurden die Widersprüche, die Semjonow bemerkte und nach Moskau berichtete, immer größer, einen Krieg wegen der DDR wollte Stalin auf keinen Fall führen. Am Jahresanfang 1953 wandte sich die DDR-Regierung mit einer Bitte um Wirtschaftshilfe nach Moskau und wurde abschlägig beschieden. Nach Stalins Tod am 5. März wurde der Entschluß gefaßt, daß sich die DDR am eigenen Schopf aus der Krise ziehen müsse, und der Druck auf die eigene Bevölkerung wurde verstärkt.

In diesen Tagen muß Berija, der Innenminister wurde, die Linie der Stalin-Noten wieder aufgegriffen haben, allerdings mit der Konsequenz, auf eigene Faust in Übereinstimmung mit dem Westen zu handeln. Er hatte bereits im Herbst weiter am Abschluß eines Friedensvertrages gearbeitet und Geheimverhandlungen angebahnt, indem er über den Außenminister Dertinger dessen alten Bekannten und Bonner CDU-Minister Lemmer wissen ließ, die UNO-Aufsicht über gesamtdeutsche Wahlen, die Adenauer als Bedingung gestellt hatte, sei nicht »hoffnungslos strittig«. Nunmehr wolle sich die sowjetische Politik ohne Rücksicht auf die SED ernstlich um die Wiedervereinigung bemühen, sofern Gesamtdeutschland neutralisiert werde. Moskau würde für ein neutrales Deutschland einen hohen Preis zahlen.

Während der heißen Diskussionen im Politbüro, am 13. Juni, schlug Semjonow seinen Vorgesetzten vor, »die Vormachtstellung der SED-Führung vorübergehend abzubauen und in der DDR eine neue Regierung mit bürgerlichen Vorzeichen einzusetzen«, wie ein Informant an die Organisation Gehlen berichtete. Er begann auch sofort mit Verhandlungen für den Vorsitzenden des Ministerrates mit dem früheren LDPD-Vorsitzenden Hermann Kastner. Auch mit Nuschke soll er gesprochen haben. Ob ein vorgesehenes Gespräch mit Altreichskanzler Wirth stattgefunden hat, ist nicht genau zu klären. Kastner floh 1956 in die BRD, nachdem seine Tätigkeit für den westdeutschen Geheimdienst ruchbar geworden war. Zweifellos waren das die wieder aufgenommenen Überlegungen vom Frühjahr 1952, aktiviert nach Stalins Parteitagsrede, in der kein Kurs auf den Sozialismus gefordert wurde. Interessant an diesem Versuch, die Verhandlungen aufzunehmen, ist der Gruß an Lemmer, den Otto Grotewohl ausrichten ließ, mit Wissen und auf Bitten Semjonows natürlich, worauf sich eine Verwandte Grotewohls meldete und ihm vorschlug, sofort in die BRD überzulaufen.

Nunmehr versuchten die beiden Beauftragten Berijas, mit Sondervollmachten in die DDR entsandt, den vertraulichen Weg erneut aufzunehmen. Sie versuchten noch zwei Tage vor der Verhaftung Berijas, über eine Verbindung der Agentin Soja Rybkina mit der Schauspielerin Olga Tschechowa, eine Mitarbeiterin Adenauers zu kontaktieren, wen ist nicht bekannt. Berija wollte nicht begreifen, daß der Einsatz des sowjetischen Militärs am 17. Juni diesen Weg versperrt hatte.

Gleichzeitig mit diesen unübersichtlichen Aktionen der Berija-Leute, von denen Semjonow sicherlich gewußt hat, er war schließlich Hoher Kommissar, wird im Politbüro mit seinem Wissen eine Kampagne mit dem Ziel der Entmachtung Walter Ulbrichts geführt. Eine Diskussion an dessen Arbeitsstil gab es bereits seit 1951, aber er scherte sich nicht darum. Nunmehr war die Stimmung, die eigenen Fehler hätten den 17. Juni erst ermöglicht, soweit vorgedrungen, daß Elli Schmidt in den Vorbereitungen zum 15. Plenum sagte: »Der ganze Geist, der in unserer Partei eingerissen ist, das Schnellfertige, das Unehrliche, das Wegspringen über die Menschen und ihre Sorgen, das Drohen und Prahlen – das erst hat uns so weit gebracht und daran, lieber Walter, hast du die meiste Schuld, und das willst du nicht eingestehen, daß es ohne alledem keinen 17. Juni gegeben hätte.«

Am 26. Juni wird Berija verhaftet, auch eine Folge der Berichte Sokolowskis an Schukow, der seit Stalins Tod als Stellvertretender Verteidigungsminister wieder in Moskau war und seinen Vertrauensmann, den Generalstabschef, nach Berlin entsandt hatte, um das Kommando zu übernehmen. Dessen erste Frage wegen der Ursachen galt Zaisser, sicher nicht zufällig. Wie aus den Verhandlungen des Juli-Plenums in Moskau hervorgeht, spielten für die Verurteilung der Deutschland-Pläne Berijas die Ausführungen eines Mannes eine besondere Rolle, der jahrelang mit Berija eng zusammengearbeitet hatte, A. P. Sawenjagin. Er war formell Stellvertreter des Ministers für mittleren Maschinenbau, real für die Produktionsvoraussetzungen der Atom- und Wasserstoffbombe verantwortlich. Dieses Ressort, von der Uranproduktion bis zum Testgelände, unterstand dem Staatssicherheitchef Berija, und er schildert die Arbeitsweise seines Chefs, mit dem er nicht nur einmal ernsthaft aneinandergeriet. So wurde die Freigabe der ersten Wasserstoffbombentestexplosion ohne einen Partei- oder Regierungsbeschluß mit einem einzigen Federstrich erteilt.

Sawenjagin, selbst ZK-Mitglied, führt aus: »Nun zur Deutschen Demokratischen Republik. Den einfachen Parteimitgliedern und Funktionären war unverständlich, wie man sich auf den Gedanken an eine Vereinigung von West- und Ostdeutschland überhaupt einlassen konnte. Dies würde bedeuten, 18 Millionen Menschen und die DDR den bourgeoisen Machthabern auszuliefern. Das liegt auf der Hand. Man darf die deutsche Frage nicht auf diesem Wege lösen. Darüber hinaus gibt es auch noch besondere Überlegungen, die man nicht außer acht lassen darf. In der DDR wird viel Uran abgebaut, möglicherweise ebenso viel, wie den Amerikanern gegenwärtig zur Verfügung steht. Dieser Umstand war Berija bekannt, und er wäre verpflichtet gewesen, darüber das Zentralkomitee zu unterrichten, um diese Überlegung in die Beschlußfassung einfließen zu lassen.«

Semjonow analysierte die neuen Machtverhältnisse im Kreml, und es dürfte ihm nicht schwer gefallen sein, für sich die Schlußfolgerungen aus den neuen Umständen zu ziehen.

So stimmte er zu, daß die Anti-Ulbricht-Fraktion aus der Parteiführung entfernt wurde. Nachdem Berija Ende des Jahres 1953 erschossen worden war, wurden die Untersuchungen Materns, des Vorsitzenden der Zentralen Parteikontrollkommission, abgeschlossen. Seit Januar 1954 arbeitete Zaisser privat als Übersetzer, Herrnstadt als Archivar in Merseburg. Alte Verdienste zählten von nun ab nicht mehr.

Auf den anklagenden Brief hat Herrnstadt nie eine Antwort bekommen. Von 1978 vertrat Semjonow die Sowjetunion als Botschafter in Bonn, heute lebt er pensioniert im Rheinland.

Verhandlungen in Moskau

Schon während der 15. Tagung des ZK war es klar geworden, daß die Anforderungen zur Verbesserung der Lebenslage, die im Referat von Grotewohl angekündigt waren, aus eigener Kraft nicht aufzubringen sein würden. Heinrich Rau hatte die Arbeitsgruppe für Wirtschaft geleitet, und es ist als sicher anzunehmen, daß bei dieser Arbeit ein ständiger Kontakt zur SKK und nach Moskau bestanden hat. So war es nur der Abschluß eines längeren Arbeitsprozesses, wenn am 20. August 1953 mehrtägige Verhandlungen auf Regierungsebene in Moskau stattfanden. In den Gesprächen, die zur Verkündung des Neuen Kurses Anfang Juni stattfanden, hatte auch die Sowjetunion ihren Anteil an der Verschärfung der Lage eingestanden, wenn auch nur knapp und verschämt: »Keine gegenseitigen Vorwürfe!« Damit war klar, daß sie ihren Beitrag an der wirtschaftlichen Belastung der DDR reduzieren mußte. Das geschah auf folgende Weise:

Die ausstehenden Reparationsleistungen der DDR gegenüber der Sowjetunion und Polen betrugen noch etwas mehr als 2,5 Milliarden Dollar. Diese Schuld wurde erlassen. Die 1952 an die DDR zurückgegebenen SAG-Betriebe waren nicht unentgeltlich überschrieben worden, die 66 Betriebe stellten finanzpolitsch gesehen eine Schuld dar. Auch diese Schulden wurden erlassen.

Die noch restlichen 33 SAG-Betriebe wurden unentgeltlich zurückgegeben. Zu diesen Großbetrieben zählten die Werke Leuna, Buna, das Ernst-Thälmann-Werk Magdeburg und das Sachsenwerk Niedersedlitz, das Eisenhüttenwerk Thale und das Walzwerk Hettstedt. Ihr Wert betrug 27 Milliarden Mark. In einigen dieser Werke war während der sowjetischen Verwaltung durchaus investiert worden. Das Walzwerk Hettstedt hatte zum Beispiel für 32 Millionen Mark investiert und Generalreparaturen für 48 Millionen Mark durchgeführt. Dadurch konnte seine Produktion von 32 000 Tonnen (1947) auf 240 000 Tonnen (1953) gesteigert werden.

Eine weitere Reduzierung der Besatzungskosten von 2,2 Milliarden Mark (= 12 % der Staatseinnahmen) im Jahre 1949 auf 5 % des Budgets im Jahre 1954 wurde festgelegt: Die Versorgung der Truppen erfolgte von nun ab zu drei Vierteln aus eigenen Lieferungen der Sowjetunion.

Für Sofortlieferungen von Waren an die Bevölkerung noch im Jahr 1953 in Höhe von 590 Millionen Rubel wurde ein auf zwei Jahre berechneter Kredit mit 2% Verzinsung in Höhe von 485 Millionen Rubel gewährt. Darunter war ein Anteil von 135 Millionen Rubel in freien Devisen für den Einkauf auf dem Weltmarkt.

Die Bevölkerung konnte zur Verbesserung der Versorgung damit rechnen, daß in der zweiten Hälfte des Jahres 1953 zusätzliche Lieferungen von Butter, Pflanzenölen, Ölsaaten, Reis, Fleisch, Baumwolle, Steinkohle, Walzwerkerzeugnissen, Aluminium und dem dringend benötigten Kupfer, Blei, Nickel und anderen seltenen Rohstoffen eintrafen.

Die Moskauer Verhandlungen zeigten deutlich, daß die Sowjetunion von dem Kurs, die DDR auszubeuten und dann die Grenze zum Westen an der Oder zu errichten, abgegangen war. Die neue nachstalinsche Regierung hatte verstanden, daß ihre Politik gegenüber Deutschland eine andere Basis bekommen mußte. Die DDR sollte nunmehr gestärkt, nicht aufgegeben werden. Es wurde vereinbart, daß am 1. Oktober die diplomatischen Vertretungen in Botschaften umgewandelt werden sollten. Semjonow wurde Botschafter. Auf der Außenministerkonferenz der Siegermächte im Januar 1954 in Berlin machte Molotow noch einmal den Vorschlag, eine neutrale gesamtdeutsche Regierung zu bilden, in beiden Staaten eine Volksbefragung über den Generalvertrag und die EVG abzuhalten und über die Stärke und Bewaffnung der Polizeikräfte Festlegungen zu treffen, aber die Westintegration der BRD war schon so weit fortgeschritten, daß keine Zustimmung erwartet werden konnte.

Die Konsequenz daraus war, daß im März die Sowjetunion eine Erklärung über ihre Beziehungen zur DDR veröffentlichte, in der die volle Souveränität erklärt wurde: »Die Deutsche Demokratische Republik wird die Freiheit besitzen, nach eigenem Ermessen über ihre inneren und äußeren Angelegenheiten einschließlich der Frage der Beziehungen zu Westdeutschland zu entscheiden.«

Was ist aus dem 17. Juni 1953 geworden?

Die Reaktionen auf den 17. Juni und danach waren in beiden deutschen Staaten unterschiedlich. In Westdeutschland wurde sofort eine Lesart festgelegt, die späteres Verhalten gegenüber der DDR völlig offenließ und die bis heute gilt: der spontane Arbeiteraufstand gegen die kommunistische Regierung, also gegen die Ideologie der Arbeiterbewegung, gegen den Sozialismus-Kommunismus. Das ging in die Hirne ein, zumal in jedem Jahr der 17. Juni ein gesetzlicher Feiertag war und bezahlt wurde. Er bescherte zugleich den Bundesbürgern die ewig gleichen Reden und immer wieder das Bild von der Sowjetzone, die kein richtiger Staat sein durfte und auf der Unterdrückung der Bevölkerung beruhte.

In der DDR gab es in der Formulierung, die zuerst Otto Grotewohl während der Diskussion im Politbüro über die Wertung der Ereignisse fallen ließ, die Lesart vom konterrevolutionären, faschistischen Putschversuch. Daß die Unruhen konterrevolutionär gewesen sind, ist zweifellos richtig, daß sie eine faschistische Zielstellung hatten oder von und mit faschistischen Elementen organisiert waren, ist nicht nachweisbar. In provokatorischer und demagogischer Manier wurde durch politische Losungen und durch zerstörerisches Wirken des angeheizten Straßenmobs der Weg in ein unbeherrschbares Chaos begonnen, zumal die Sicherheitsorgane ungefestigt und unerfahren waren. Sie standen völlig gelähmt, da falsch geführt, vor den bisher im streikfreien Staat unbekannten aufrührerischen Erscheinungen. Die Arbeiter haben sich an Zerstörungen kaum beteiligt, sie betrachteten ihre Teilnahme an den Streiks als einen Denkzettel für die Regierung und hatten damit auch Erfolg: Das Tempo der Investitionen wurde gemindert und damit der Lebensstandard erheblich erhöht. Ihr wesentliches Ziel bestand darin, ihre Arbeitskraft gerecht entlohnt zu sehen. Weitere Beschneidungen wollten sie nicht hinnehmen.

Die politischen Forderungen wurden von westlicher Seite in die Streiks hineingetragen.

Die von beiden Seiten geforderte Einheit hatte entgegengesetzte Inhalte. Wie sie auch immer formuliert waren, man verstand sich gegenseitig nicht mehr. Auf jeden Fall rückte die Einheit in immer größere Ferne, die Bevölkerung glaubte nicht mehr daran, denn die Unterschiede in Ost und West, auf allen Gebieten des Lebens, waren schon stark ausgeprägt. Den ersten Versuch einer Analyse der Vorgänge unternahm im Westen Arnulf Baring im Jahr 1965. Im Osten ist keine umfassende, die Vorgänge differenziert betrachtende Analyse bekannt geworden. Das liegt nicht nur an der Taktik, daß man nicht rückwärtsgerichtet, sondern aufbauend nach vorn diskutieren solle, sondern an der Konzeptionslosigkeit der Sowjetunion in der deutschen Frage und den Absichten von Berija. Erst fast vierzig Jahre später nahm Gorbatschow dessen Taktik wieder auf und übergab die DDR an den Westen, ein angeblicher Kommunist einen angeblich kommunistischen Staat.

Die Jugend in der DDR wuchs ohne konkrete Erinnerungen und ohne tiefere Unterrichtung über die Unruhen im Jahre 1953 auf. Ihr Wissen beschränkte sich auf die bekannten Formeln. Die Tage der Schande sollten in Vergessenheit geraten.

Ein besonderes Kapitel der DDR in Bezug auf den 17. Juni war das Schicksal des Buches von Stefan Heym »5 Tage im Juni«. Heym, dieser politische Kopf, hatte einen alten Kommunisten, meinen Freund Erich Wendt, angerufen, und ihn am Abend des 17. Juni gefragt, was er tun solle. Wendt, damals Leiter des Aufbau-Verlages, habe kurz geantwortet: »Schreib!« und ihn noch auf eine Stelle in Stalins Werken, Band 7, Seite 27 hingewiesen. Heym schlägt nach und entdeckt einen Artikel, in dem Stalin verschiedene Empörungen und Aufstände gegen die Sowjetmacht auf die Unterdrückung der Kritik, die sich dann in gewalttätiger Form äußert, zurückführt. So beginnt Heym eine Serie von mehreren Aufsätzen »Gedanken zum 17. Juni 1953«. Diese sechs Artikel werden in einer Massenbroschüre von 300000 Exemplaren vom FDGB unter dem Titel »So liegen die Dinge« gedruckt, aber dann wieder eingestampft. Der Grund war offensichtlich der Artikel Stalins, den er zitiert hatte, und in der zweiten Auflage in gleicher Höhe fehlte kein Wort – außer eben dieser Artikel des großen Weisen. Der Aufstand von Kronstadt und der 17. Juni werden einfach gleichgesetzt? Da sei Ulbricht vor.

Heym hätte es also wissen müssen, aber er beginnt einen Roman, der unter Betriebsarbeitern in Berlin spielt und in dem deren Schicksal in den Tagen vom 13. bis zum 17. Juni behandelt wird. Er ließ den Roman vervielfältigen und schickte ihn an Personen, die in irgendeiner Beziehung zum 17. Juni bekanntgeworden waren und bat um deren Meinung. So bekam ich den Sonderdruck im Jahre 1958 in die Hände, er war im Besitz des 2. Sekretärs der Bezirksleitung Halle, Gerhard Frost, der nach dem 17. Juni in Buna als Kreissekretär gearbeitet hatte. Ich fand das Buch nützlich und hilfreich und war erstaunt, als in der Kulturkommission des ZK, der ich seit 1954 angehörte, von Alfred Kurella und Alexander Abusch eine vernichtende Kritik geäußert wurde. Kurella erklärte, er würde eine Aussprache mit Stefan Heym führen. In seinem »Nachruf« berichtet der Autor über diese Zusammenkunft in seinem Hause.

Das Buch wurde nicht gedruckt, und so blieb der Stand der Dinge, bis Honecker an die Spitze der Partei kam. Stefan Heym gab mir das überarbeitete Manuskript 1973 oder im Frühjahr 1974, als wir seinen Roman »Lassalle« im Verlag Neues Leben, dessen Leiter ich damals war, zur Veröffentlichung vorbereiteten. Ich gab es ins Lektorat und zog an allen notwendigen Strippen, denn es war klar, daß ohne Zustimmung von Erich Honekker eine Veröffentlichung nicht möglich sein würde. Schließlich konnte sie erreicht werden, aber dann bekam Heym ein weitaus lukrativeres Angebot von Bertelsmann und vergab die Rechte in den Westen. Er schrieb mir dann in sein Autorenexemplar, zur Frankfurter Messe 1974 erschienen: »Ich hätte gewünscht, Ihre Ausgabe signieren zu können – aber es wird noch sein.« Hier allerdings irrte er, in der DDR ist sein Buch nicht erschienen, heute, fast dreißig Jahre später, fast vergessen.

Wir trafen uns wieder in den aufgeregten Tagen um die Jahreswende 1989/90, aber es war keine Zeit mehr, über Literarisches zu sprechen. Ich wollte, daß er im Fernsehen (DFF) eine eigene Sendereihe über die Geschichte der DDR mit Personen der Zeitgeschichte übernehmen sollte, aber er lehnte ab, er sei für diese Unternehmung nicht mehr jung genug. Dabei fragte ich ihn, warum er am 4. November 1989, wo er eine leidenschaftliche, kluge Rede auf dem Alexanderplatz hielt, nicht zum nahegelegenen Ministerrat marschiert wäre und eine Provisorische Regierung gebildet hätte, die meisten der Demonstranten wären doch gefolgt. Er antwortete, er hätte beim Reden daran gedacht, aber ein Blutbad befürchtet.

In der DDR war die Erinnerung an den 17. Juni auf einige

Zeilen in einschlägigen Veröffentlichungen verbannt, zugleich wurde nach und nach der Anteil der DDR-eigenen Kräfte an der Niederschlagung des Putsches überhöht, bis es dann im Jahre 1984 in einer Zeittafel sogar hieß: »Konterrevolutionärer Putschversuch in Berlin und einigen anderen Städten der DDR niedergeschlagen. Die Mehrheit der Arbeiterklasse, der werktätigen Bauern und der anderen werktätigen Schichten sowie die bewaffneten Organe der DDR bereiteten den Putschisten eine Niederlage. Die Werktätigen werden dabei von den auf dem Territorium der DDR stationierten sowjetischen Truppen unterstützt.« Das ist eine völlige Verdrehung der Machtverhältnisse.

Warum lag der Deckel so fest auf der Wahrheit? Die entscheidenden Gründe für die Unruhen blieben im Dunkel der Archive, sie sind auch heute nicht vollständig bekannt, da sie die Verstrickungen der Geheimdienste betreffen. Der entscheidende Punkt für das Eingreifen der Roten Armee, ohne das der Arbeiter-und-Bauern-Staat verlorengegangen wäre, dürfte aber der wertvolle Schatz der DDR, das Uranvorkommen, gewesen sein. Im Kalten Krieg der Blöcke gab der Besitz der Atombombe – ohne Uran kann sie nicht funktionieren – den Ausschlag. Und nach dem Tod Stalins entschloß sich die Sowjetunion auf Drängen der Militärs zu einer anderen Deutschlandpolitik. Der internationale Kampf um die staatliche Anerkennung der DDR begann und führte sie in die UNO.

Anhang

BESCHLUSS DES MINISTERRATES DER DDR VOM 28. MAI 1953

In der am Donnerstag, dem 28. Mai 1953 unter Vorsitz des Ministerpräsidenten Otto Grotewohl stattgefundenen Sitzung ist der Ministerrat dem von breiten Kreisen der Werktätigen ausgedrückten Wunsche nach genereller Überprüfung und Erhöhung der Arbeitsnormen nachgekommen und hat Maßnahmen beschlossen, durch welche die Arbeitsnormen mit den Erfordernissen der Steigerung der Arbeitsproduktivität und der Senkung der Selbstkosten in Übereinstimmung gebracht werden sollen. Im Rahmen dieser Maßnahmen ist das Ziel gesetzt, bis zum 30. Juni 1953 zunächst eine Erhöhung der für die Produktion entscheidenden Arbeitsnormen im Durchschnitt von zehn Prozent sicherzustellen.

Entsprechend dem Beschluß des Ministerrates haben die zuständigen Ministerien und Staassekretariate für jeden Betrieb Kennziffern für die Erhöhung der Arbeitsnormen festzulegen, die von den Werkleitungen für die Betriebsabteilungen des jeweiligen Werkes aufzuteilen sind. In Übereinstimmung mit den Zentralvorständen der entsprechenden Gewerkschaften haben die zuständigen Minister und Staatssekretäre sofort die allgemeine Überprüfung der Arbeitsnormen für die ihnen unterstehenden Betriebe anzuordnen. Die Betriebsleiter haben die Überprüfung der Arbeitsnormen in ihren Betrieben bis zum 30.Juni 1953 in Übereinstimmung mit den Betriebsgewerkschaftsleitungen zu veranlassen. Entsprechend den Ergebnissen der Überprüfung der Arbeitsnormen sind die neuen erhöhten Arbeitsnormen so festzusetzen, daß die festgelegten Kennziffern in jedem Betrieb mindestens erreicht werden.

BESCHLUSS DES PRÄSIDIUMS DES ZENTRALKOMITEES DER KPDSU VOM 27. MAI 1953

übergeben einer Delegation des ZK der SED mit Otto Grotewohl, Fred Oelßner, Walter Ulbricht, die vom 2. bis 4. Juni 1953 in Moskau weilte.

Über Maßnahmen zur Gesundung der politischen Lage in der Deutschen Demokratischen Republik

Infolge der Durchführung einer fehlerhaften politischen Linie ist in der Deutschen Demokratischen Republik eine äußerst unbefriedigende politische und wirtschaftliche Lage entstanden.

Unter den breiten Massen der Bevölkerung, darunter auch unter den Arbeitern, Bauern und der Intelligenz, ist eine ernste Unzufriedenheit zu verzeichnen in bezug auf die politischen und wirtschaftlichen Maßnahmen, die in der DDR durchgeführt werden. Das kommt am deutlichsten in der massenhaften Flucht der Einwohner der DDR nach Westdeutschland zum Ausdruck. So sind vom Januar 1951 bis April 1953 447 000 Personen nach Westdeutschland geflüchtet, darunter über 120 000 lediglich während der vier Monate des Jahres 1953. Einen bedeutenden Teil der Geflüchteten machen werktätige Elemente aus. Unter den 1953 Geflüchteten befinden sich: Arbeiter – etwa 18 000, mittlere und Kleinbauern, Handwerker und Rentner – etwa 9 000, Angestellte und Angehörige der werktätigen Intelligenz – etwa 17 000, Hausfrauen über 24 000.

Von den Einheiten der Kasernieren Polizei sind nach Westdeutschland 8 000 Mann geflüchtet. Es fällt auf, daß sich unter den innerhalb der vier Monate des Jahres 1953 nach Westdeutschland Geflüchteten 2 718 Mitglieder und Kandidaten der SED und 2 610 Mitglieder der FDJ befinden.

Als Hauptursache der entstandenen Lage ist zu erkennen, daß gemäß den Beschlüssen der 2. Parteikonferenz der SED, gebilligt vom Politbüro der KPdSU (B), fälschlicherweise der Kurs auf einen beschleunigten Aufbau des Sozialismus in Ostdeutschland genommen worden war, ohne Vorhandensein der dafür notwendigen realen sowohl innen- als auch außenpolitischen Voraussetzungen.

Die sozial-wirtschaftlichen Maßnahmen, die in Verbindung damit durchgeführt werden, und zwar eine Beschleunigung der Entwicklung der Schwerindustrie, die dabei auch keine gesicherten Rohstoffquellen hat, eine jähe Einschränkung der Privatinitiative, die Interessen einer breiten Schicht der kleinen und mittleren Eigentümer in Stadt und Land beeinträchtigen, der Entzug der Lebensmittelkarten für alle Privatunternehmer und Freischaffenden, besonders eine übereilte Schaffung der Landwirtschaftlichen Produktionsgenossenschaften ohne eine dafür notwendige Grundlage auf dem Dorf haben dazu geführt, daß auf dem Gebiet der Versorgung der Bevölkerung mit Industriewaren und Nahrungsmitteln ernste Schwierigkeiten entstanden, daß der Kurs der Mark stark gefallen ist, daß eine große Anzahl der kleinen Eigentümer wie Handwerker, Gewerbetreibende usw. ruiniert sind, und haben bedeutende Schichten der Bevölkerung gegen die bestehende Macht gestimmt. Es ist soweit gekommen, daß zur Zeit über 500 000 Hektar Land verlassen (sind) und brachliegen, und die wirtschaftlich denkenden Bauern, die sonst stark an ihrem Landstück hängen, begannen, massenhaft ihr Land und ihre Wirtschaft zu verlassen und sich nach Westdeutschland zu begeben.

Die politische und ideologische Arbeit, geführt unter der Lenkung der SED, entspricht nicht den Aufgaben der Stärkung der Deutschen

Demokratischen Republik. Insbesondere wurden ernste Fehler in bezug auf die Geistlichen begangen, die in einer Unterschätzung des Einflusses der Kirche unter den breiten Massen der Bevölkerung in groben Administrierungsmaßnahmen und Repressalien ihren Ausdruck fanden.

Als ein grober Fehler ist auch die Unterschätzung der politischen Arbeit unter der Intelligenz anzuerkennen. Dadurch erklären sich teilweise die in einem bedeutenden Teil der Intelligenz vorhandenen Schwankungen, Unbeständigkeit und sogar ein feindliches Verhalten zur gegenwärtigen Ordnung. Das alles verschafft eine ernste Gefahr für die politische Beständigkeit der Deutschen Demokratischen Republik.

Zur Verbesserung der entstandenen Lage ist notwendig:

1. Unter den heutigen Bedingungen ist der Kurs auf eine Forcierung des Aufbaus des Sozialismus in der DDR, der von der SED eingeschlagen und vom Politbüro des ZK der KPdSU (B) in seinem Beschluß vom 8. Juli 1952 gebilligt worden war, für nicht richtig zu halten.

2. Zur Gesundung der politischen Lage in der DDR und zur Stärkung unserer Positionen sowohl in Deutschland selbst als auch in der Deutschlandfrage auf der internationalen Ebene und zur Sicherstellung und Ausbreitung der Basis einer Massenbewegung für die Schaffung eines einheitlichen, demokratischen, friedliebenden unabhängigen Deutschlands ist der Führung der SED und der Regierung der DDR die Durchführung folgender Maßnahmen zu empfehlen:

a) Ein künstliches Aufbringen der Landwirtschaftlichen Produktionsgenossenschaften, die sich in der Praxis nicht bewährt haben und die eine Unzufriedenheit unter den Bauern hervorrufen, ist einzustellen. Alle bestehenden Landwirtschaftlichen Produktionsgenossenschaften sind sorgfältig zu überprüfen, und diejenigen, die auf einer unfreiwilligen Basis geschaffen sind oder die sich als lebensunfähig gezeigt haben, sind aufzulösen. Es ist im Auge zu behalten, daß unter den heutigen Bedingungen in der DDR nur eine einfachere Form der Produktionskooperierung der Bauern, wie die Genossenschaften zur gemeinsamen Bearbeitung des Bodens, ohne daß die Produktionsmittel vergesellschaftet werden, mehr oder weniger lebensfähig sein kann. Solche Genossenschaften können, wenn ihnen eine zustehende Hilfe gewährt wird, zu einem anziehenden Beispiel für das Bauerntum werden.

b) Es sind die bestehenden Maschinen-Ausleihstationen zu stärken und die neue MTS nach Möglichkeit zu schaffen als der wichtigste

Hebel der Einwirkung im Dorfe und als Hauptmittel der Hilfeleistung an die werktätigen Bauern zur Hebung der Produktivität der Landwirtschaft. Neben der Hilfe an die Genossenschaften zur gemeinsamen Bearbeitung des Bodens sollen die Maschinen-Ausleihstationen auch individuelle Bauernwirtschaften auf Grund der Ausleihverhältnisse bedienen.

c) Die Politik der Einschränkung und der Ausdrängung des mittleren und kleinen Privatkapitals ist als eine vorzeitige Maßnahme zu verwerfen. Zur Belebung des wirtschaftlichen Lebens der Republik ist es notwendig, eine breite Heranziehung des Privatkapitals in verschiedenen Zweigen der kleinen und Gewerbeindustrie, in der Landwirtschaft sowie auch auf dem Gebiet des Handels für zweckmäßig zu halten, ohne dabei seine Konzentrierung in großem Ausmaß zuzulassen. Bei der Verteilung der materiellen Ressourcen ist die Zuteilung von Rohstoffen, Heizmitteln, Elektroenergie und die Bereitstellung von Krediten an die Privatunternehmen vorzusehen. Das existierende System der Besteuerung der Privatunternehmer, das praktisch den Drang zur Beteiligung an dem Wirtschaftsleben tötet, ist in der Richtung einer Linderung der Steuerdrucks zu revidieren. Die Kartenversorgung mit Lebensmitteln für die Privatunternehmer sowie auch für die Freischaffenden ist wiederherzustellen.

d) Der Fünfjahrplan der Entwicklung der Volkswirtschaft der DDR ist zu revidieren in der Richtung einer Lockerung des überspannten Tempos der Entwicklung der Schwerindustrie und einer schroffen Vergrößerung der Produktion der Massenbedarfswaren und der vollen Sicherung der Versorgung mit Lebensmitteln, um schon in der nächsten Zeit das Kartensystem der Versorgung mit Lebensmitteln abzuschaffen.

e) Notwendige Maßnahmen zur Sanierung des Finanzsystems zur Herabsetzung der administrativen und Sonderausgaben sowie zur Stärkung und Hebung des Kurses der Mark der DDR sind durchzuführen.

f) Maßnahmen zur Stärkung der Gesetzlichkeit und Gewährung der Bürgerrechte sind zu treffen, von harten Strafmaßnahmen, die durch Notwendigkeit nicht hervorgerufen werden, ist abzusehen. Die Gerichtsunterlagen der bestraften Bürger (sind) zu prüfen zwecks Befreiung der ohne genügende Gründe zur Verantwortung gezogenen Personen. Unter diesem Gesichtspunkt sind entsprechende Änderungen in der bestehenden Strafgesetzgebung vorzunehmen.

g) Eine breite Entfaltung der politischen Arbeit unter allen Volksschichten bei entscheidender Ausrottung der Elemente von nackter Administrierung ist als eine der wichtigsten Aufgaben der SED zu betrachten. Es ist eine solche Lage zu erreichen, daß die Regierungsmaßnahmen vom Volke verstanden werden und unter der Bevölkerung selbst Unterstützung finden.

Besondere Aufmerksamkeit ist der politischen Arbeit unter der Intelligenz zu widmen, um zu gewähren, daß die Hauptmasse der Intelligenz sich der aktiven Teilnahme an der Durchführung der Maßnahmen zur Stärkung der bestehenden Ordnung zuwendet. Zur Zeit und in der nächsten Zukunft ist es notwendig, sowohl in der DDR als auch in Westdeutschland, die Aufgaben des politischen Kampfes für die Wiederherstellung der nationalen Einheit Deutschlands und zur Abschließung eines Friedensvertrages zum Mittelpunkt der Aufmerksamkeit der breiten Massen des deutschen Volkes zu machen. Dabei ist es notwendig, die politische und wirtschaftliche Lage in der DDR zu berichtigen und zu stärken und den Einfluß der SED unter den breiten Arbeitermassen und anderen demokratischen Schichten in Stadt und Land bedeutend zu vergrößern. Die bis zu dieser Zeit durchgeführte Propaganda über die Notwendigkeit des Übergangs der DDR zum Sozialismus ist als unrichtig zu betrachten, da sie die Parteiorganisationen der SED zu unzulässig vereinfachten und hastigen Schritten sowohl auf dem politischen als auch auf dem wirtschaftlichen Gebiet treibt. Dabei ist die bedeutende Stärkung der Rolle des Blocks der demokratischen Parteien und Massenorganisationen sowie der Nationalen Front des demokratischen Deutschlands im Staats- und Gesellschaftsleben der DDR als notwendig zu betrachten.

h) Mit einem nackten Administrieren in bezug auf die Geistlichen ist Schluß zu machen, und die schädliche Praxis der groben Einmischung der Behörden in die Angelegenheiten der Kirche ist einzustellen. Alle Maßnahmen, die direkte Interessen der Kirche und der Geistlichen einengen, sind aufzuheben, und zwar: Beschlagnahme der caritativen Kirchenanstalten [Alten- und Waisenheime], Abnahme brachliegender kirchlicher Bodenflächen durch lokale Behörden, Entziehung der für die Kirche festgelegten Subventionen usw. Die Verfolgung der einfachen Teilnehmer der kirchlichen Jugendorganisation »Junge Gemeinde« ist einzustellen und die politische Arbeit unter ihnen zum Schwerpunkt zu machen. Es ist im Auge zu halten, daß Repressalien gegenüber der Kirche und den Geistlichen nur dazu beitragen können, den religiösen Fanatismus der rückständigen Schichten der Bevölkerung zu stärken und ihre Unzufriedenheit zu vergrößern. Darum muß das Hauptkampfmittel gegen den reaktionären Einfluß der Kirche und der Geistlichen eine tüchtig durchdachte Aufklärungs- und Kulturarbeit sein. Als die Grundform der antireligiösen Propaganda ist eine weite Verbreitung der wissenschaftlichen und politischen Kenntnisse unter der Bevölkerung anzustreben.

3. Die Gewährung der wirtschaftlichen Hilfe an die DDR seitens der UdSSR, insbesondere auf dem Gebiet der Lebensmittelversorgung, ist als notwendig zu erkennen.

4. Der Hohe Kommissar der UdSSR in Deutschland, Genosse Semjonow, und der Befehlshaber der sowjetischen Besatzungstruppen, Genosse Gretschko, sind verpflichtet, die bestehenden Mängel in der Ausübung des Besatzungsregimes durch sowjetische Truppen zu beseitigen. Maßnahmen sind zu treffen, um zu gewähren, daß die Stationierung der sowjetischen Besatzungstruppen möglichst wenig die direkten Interessen der Zivilbevölkerung beeinträchtigt, insbesondere sind alle durch die sowjetischen Truppen besetzten Räume der Bildungsanstalten, Krankenhäuser und Kulturstätten freizumachen.

5. Vom Standpunkt ausgehend, daß die politische und wirtschaftliche Lage der DDR einer der wichtigsten Faktoren nicht nur in der Lösung der allgemeinen Deutschlandfrage, sondern auch in der Sicherung des Friedens und der internationalen Grundprobleme ist, sind in der Zukunft bei der Bestimmung der gesamten politischen Lage für diese oder jene Zeitperiode und bei der Durchführung jeder konkreten Maßnahme zur Stärkung der DDR wie auch die Lage in Deutschland im Ganzen und die internationale Lage zu berücksichtigen.

6. Da zur Zeit die Hauptaufgabe der Kampf für die Verteidigung Deutschlands auf demokratischer und friedlicher Grundlage ist, müssen die SED und die KPD, als Bannerträger im Kampf für die nationalen Bestrebungen und für die Interessen des ganzen deutschen Volkes, die Durchführung einer elastischen, auf maximale Zersplitterung der Kräfte des Gegners und die Ausnutzung jeglicher oppositioneller Strömungen gegen die käufliche Clique Adenauers gerichtete Taktik gewährleisten. Weil die Sozialdemokratische Partei Westdeutschlands, der bisher noch bedeutende Massen der Werktätigen folgen, gegen die Bonner Verträge, wenn auch ungenügend konsequent auftritt, ist die total feindliche Position gegenüber dieser Partei für die heutige Periode zu verwerfen, und ist zu versuchen, wo und wenn es möglich ist, gemeinsame Aktionen gegen die Adenauersche Politik der Spaltung und der imperialistischen Knechtung zu organisieren.

AUS DEM KOMMUNIQUE DES POLITBÜROS DER SED VOM 9. JUNI 1953

Das Politbüro des Zentralkomitees der SED hat in seiner Sitzung vom 9. Juni 1953 beschlossen, der Regierung der Deutschen Demokratischen Republik die Durchführung einer Reihe von Maßnahmen zu empfehlen, die der entschiedenen Verbesserung der Lebenshaltung aller Teile der Bevölkerung und der Stärkung der Rechtssicherheit in der Deutschen Demokratischen Republik dienen. Das Politbüro des ZK der SED geht davon aus, daß seitens der SED und der Regierung der Deutschen Demokratischen Republik in der Vergangenheit eine Reihe von Fehlern begangen wurden, die ihren Ausdruck in Verordnungen und Anordnungen gefunden haben, wie zum Beispiel der Verordnung über die Neuregelung der Lebensmittelkartenversorgung, über die Übernahme devastierter (verlassener) landwirtschaftlicher Betriebe, in außerordentlichen Maßnahmen der Erfassung, in verschärften Methoden der Steuererhebung usw. Die Interessen solcher Bevölkerungsteile wie der Einzelbauern, der Einzelhändler, der Handwerker, der Intelligenz wurden vernachlässigt. Bei der Durchführung der erwähnten Verordnungen und Anordnungen sind außerdem ernste Fehler in den Bezirken, Kreisen und Orten begangen worden. Eine Folge war, daß zahlreiche Personen die Republik verlassen haben. Das Politbüro hat bei seinen Beschlüssen das große Ziel der Herstellung der Einheit Deutschlands im Auge, welches von beiden Seiten Maßnahmen erfordert, die die Annäherung der beiden Teile Deutschlands konkret erleichtern.

Aus diesen Gründen hält das Politbüro des ZK der SED für nötig, daß in nächster Zeit im Zusammenhang mit Korrekturen des Planes der Schwerindustrie eine Reihe von Maßnahmen durchgeführt werden, die die begangenen Fehler korrigieren und die Lebenshaltung der Arbeiter, Bauern, der Intelligenz, der Handwerker und der übrigen Schichten des Mittelstandes verbessern. Auf der Sitzung am 9. Juni hat das Politbüro Maßnahmen auf dem Gebiet des Handels und der Versorgung, auf landwirtschaftlichem Gebiet und auch hinsichtlich der Erleichterung des Verkehrs zwischen der Deutschen Demokratischen Republik und Westdeutschlands festgelegt.

Um die Erzeugung von Waren des Massenbedarfs zu vergrößern, die von kleinen und mittleren Privatbetrieben hergestellt werden, und um das Handelsnetz zu erweitern, wird vorgeschlagen, den Handwerkern, Einzel- und Großhändlern, privaten Industrie-, Bau- und Verkehrsbetrieben in ausreichendem Umfange kurzfristig Kredite zu gewähren. Die Zwangsmaßnahmen zur Beitreibung von Rückständen an Steuern und Sozialversicherungsbeiträgen, die bis zum Ende

des Jahres 1951 entstanden sind, sollen für Klein-, Mittel- und Großbauern, Handwerker, Einzel- und Großhändler, private Industrie-,
Bau- und Verkehrsbetriebe, das heißt in der gesamten privaten Wirtschaft, ausgesetzt werden.

Wenn Geschäftseigentümer, die in letzter Zeit ihre Geschäfte geschlossen oder abgegeben haben, den Wunsch äußern, diese wieder zu
eröffnen, so ist diesem Wunsch unverzüglich Rechnung zu tragen.
Außerdem soll die HO zur besseren Versorgung der Bevölkerung
sofort Agenturverträge mit dem privaten Einzelhandel abschließen.

Das Politbüro schlägt ferner vor, daß die Verordnungen über die Übernahme devastierter landwirtschaftlicher Betriebe aufgehoben werden
und die Einsetzung von Treuhändern wegen Nichterfüllung der Ablieferungspflichten oder wegen Steuerrückständen untersagt wird. Die
Bauern, die im Zusammenhang mit Schwierigkeiten in der Weiterführung ihrer Wirtschaft ihre Höfe verlassen haben und nach Westberlin oder nach Westdeutschland geflüchtet sind (Kleinbauern,
Mittelbauern, Großbauern), sollen die Möglichkeit erhalten, auf ihre
Bauernhöfe zurückzukehren. Ist das in Ausnahmefällen nicht möglich, so sollen sie vollwertigen Ersatz erhalten.

Das Politbüro schlägt ferner vor, daß alle im Zusammenhang mit der
Überprüfung der Oberschüler und der Diskussion über die Tätigkeit
der Jungen Gemeinde aus den Oberschulen entfernten Schüler sofort
wieder zum Unterricht zuzulassen sind und daß ihnen die Möglichkeit gegeben wird, die versäumten Prüfungen nachzuholen. Ebenso
sollen die im Zusammenhang mit der Überprüfung der Oberschulen
ausgesprochenen Kündigungen und Versetzungen von Lehrern rückgängig gemacht werden. Die in den letzten Monaten ausgesprochenen Exmatrikulationen an Hochschulen und Universitäten sollen sofort
überprüft und bis zum 20. Juni 1953 entschieden werden. Bei Imma-
trikulationen an den Hochschulen und Universitäten dürfen befähigte
Jugendliche aus den Mittelschichten nicht benachteiligt werden.

Ferner empfiehlt das Politbüro der Regierung der Deutschen Demokratischen Republik, die Justizorgane zu beauftragen, diejenigen Verurteilten sofort zu entlassen, die nach dem Gesetz zum Schutz des
Volkseigentums zu ein bis drei Jahren verurteilt worden sind, mit Ausnahme der Fälle, in denen schwere Folgen eintraten.

ARTIKEL IN DER ZEITUNG »NEUES DEUTSCHLAND« AM 17. JUNI ZU DEN VORGÄNGEN AM 16. JUNI, VON RUDOLF HERRNSTADT

Eine ernste Lehre – nur engste Verbundenheit mit den Massen verhindert Provokationen

Berlin (Eig. Bericht). Am Dienstag ließ sich ein Teil der Bauarbeiter des demokratischen Sektors von Berlin zu einer Demonstration verleiten, die von den in Westberlin sitzenden Urhebern als Provokation zur Störung der immer stärker werdenden Verständigungsbewegung unter den Deutschen gedacht war. Unsere eigenen Fehler, die unzulässigen administrativen Maßnahmen der Baubetriebsleitungen zur Erhöhung der Normen, die sich in vielen Fällen in direkten Lohnkürzungen für die Bauarbeiter auswirkten, hatten den Provokateuren einen günstigen Boden für ihre Umtriebe geschaffen.

Diese unstatthaften und schädlichen administrativen Methoden zur Erhöhung der Arbeitsnormen traten in den letzten Wochen in vielen Betrieben zutage. Das Politbüro der SED schlug deshalb am gestrigen Tage vor, daß der Beschluß der Regierung vom 28. Mai gemeinsam mit den Gewerkschaften überprüft werden soll, und daß die von den einzelnen Ministerien angeordnete obligatorische Erhöhung der Arbeitsnormen als unrichtig aufzuheben ist.

Die Erregung der Berliner Bauarbeiter über die falsche, teilweise gewalttätige Form der Normenfestsetzung auf zahlreichen Baustellen wurde von den in Westberlin sitzenden Feinden des friedlichen Aufbaus der DDR und im demokratischen Sektor Berlins und ihren Agenten dazu benutzt, einen Teil der Bauarbeiter des demokratischen Sektors von Berlin, teilweise durch üble Methoden der Gewalt und Verhetzung, zum Verlassen ihrer Baustellen zu veranlassen. Einem jugendlichen Bauarbeiter wurde z. B. das Fahrrad weggenommen und ihm zugerufen: »Mitkommen, sonst kriegst du es nicht wieder!« Am Fernheizwerk versuchte ein Mann im braunen Zivilanzug, der einen großen Schäferhund an der Leine führte, die Bauarbeiter zur Arbeitsniederlegung aufzurufen. Als er von Passanten und Bauarbeitern gefragt wurde, wer er sei und was er mit den Bauarbeitern und ihren Normen zu tun habe, verzog er sich unter wüsten Schimpfworten.

Im Verlauf der Demonstration, die ohne jede Behinderung durch die Volkspolizei durchgeführt wurde, konzentrierten die Provokateure ihre Aktivität vor allem darauf, alle Mitteilungen über die Erklärung des Politbüros des ZK der SED unmöglich zu machen. Unter den Linden versuchten die Provokateure, den Demonstrationszug der Bauarbeiter durch das Brandenburger Tor nach Westberlin zu führen. Dies verbrecherische Spiel wurde von den demonstrierenden Bauarbeitern selbst verhindert. Sie stellten sich den Provokateuren entgegen und leiteten ihren Zug in die Wilhelmstraße.

Die Mehrheit der Bauarbeiter des demokratischen Sektors von Berlin hatte die Teilnahme an der Demonstration abgelehnt. An einer Baustelle in der Behrenstraße bedrohten einige Provokateure die Bauarbeiter und schrien sie an, vom Bau herunterzukommen. Ein großer breitschultriger Bauarbeiter trat ihnen ruhig entgegen. »Wir haben euch schon gehört«, sagte er, »und beschlossen, daß wir diesen Weg nicht mit euch gehen.« Auf der Baustelle ging die Aufbauarbeit weiter. Angewidert von dem verbrecherischen Treiben der Provokateure im Demonstrationszuge, verließen bereits während der Kundgebung am Haus der Ministerien große Gruppen von Bauarbeitern den Zug, so daß zuletzt nur ein Teil der ursprünglichen Demonstranten zur Stalinallee zurückkehrte.

Aus dieser Demonstration der Bauarbeiter ergeben sich eine Reihe ernster Lehren. Die wichtigste ist: es muß endgültig und radikal Schluß gemacht werden mit jeglicher Methode des Administrierens in der Normenfrage. Die Forderungen der Bauarbeiter nach Verbesserung der Arbeitsorganisation und nach Überprüfung tatsächlich falsch berechneter Normen müssen unbedingt beachtet werden. Die IG Bau-Holz des FDGB muß sich dabei zum wirklichen Interessenvertreter der Bauarbeiter machen und darf nicht als Anhängsel der Betriebsleitungen auftreten.

Wenn die westberliner Provokateure glauben, sie könnten die Arbeiter des demokratischen Sektors von Berlin vor ihren Kriegskarren spannen, wie es ihnen für einige Stunden mit einer Gruppe von Bauarbeitern gelungen war, so irren sie sich gewaltig. Die Berliner Werktätigen, einschließlich der Bauarbeiter, scharen sich noch enger um die Regierung der Deutschen Demokratischen Republik, die ihnen den Weg der friedlichen Entwicklung zur Verbesserung des Lebens, zum wachsenden Wohlstand, zur Einheit Deutschlands und Berlins weist. Das trat besonders in den gestrigen Abendstunden zutage, als die Bevölkerung an der Beruhigung der westberliner Provokateure aktiv teilnahm.

EGON BAHR »ZU MEINER ZEIT«
Der 17. Juni im RIAS

Mein erster Kommentar als Chefredakteur galt dem Tod Stalins am 5. März 1953: »So sehr menschlich verständlich es auch ist, wenn die Bevölkerung in allen unterdrückten Gebieten – und das gilt nicht nur für die Zone – jetzt den Atem anhalten mag und neue Hoffnung auf eine schnelle Wende ihres Schicksals hegen möchte, niemand wird überrascht sein dürfen, daß auch Stalin, wenn auch der mächtigste Repräsentant, aber doch nur Repräsentant eines Systems war.« Ich warnte vor falschen Hoffnungen, als die neue kollektive Führung, Berija, Molotow und Malenkow, Friedenssignale aussandte. »Wir wissen heute, daß die Sowjetunion Entspannung will; ob sie den weltweiten Ausgleich will, wissen wir bis zur Stunde nicht.« Ich hielt es für unwahrscheinlich, daß sich die Machtinteressen des Kreml ändern würden; außerdem mußten die neuen Herren sich erst mal stabilisieren, bevor sie wirklich den Mumm zu interessanten Verhandlungskonzepten finden konnten. Noch am 11. Juni fand ich: »Der Drang zum Verhandlungstisch sagt noch nichts aus über die Vorstellung des Kreml von dem Verhandlungsergebnis. Dazu kommt, daß den Sowjets vor den Bundestagswahlen nichts willkommener sein kann, als dem Westen zu suggerieren, die Verhandlungsbereitschaft bedeute schon das Versprechen zu einer ehrlichen Beseitigung des Ost-West-Konflikts.« Das war, zugegeben, in der Sprache des Kalten Krieges auch das Ergebnis der Erfahrung aus dem vergangenen Jahr: Wenn nicht einmal das Angebot Stalins Verhandlungen gebracht hat, was wollte die neue Riege anbieten, was interessant genug wäre, den Westen zur Unterbrechung des Ratifizierungsprozesses zu veranlassen?

Wir spürten, daß in der Zone der Druck zunahm und die Unzufriedenheit wuchs, weil die Normen erhöht wurden. Die Menschen sollten mehr arbeiten für gleiches Geld und wollten das nicht einfach hinnehmen. Diskussionen in Betrieben wendeten sich zunächst noch gegen die Vertreter des Freien Deutschen Gewerkschaftsbundes (FDGB), damit aber politisch schon gegen die SED; denn diese Gewerkschaften waren weniger Interessenvertreter ihrer Mitglieder als »Transmissionsriemen« der regierenden Partei. Der Druck wurde so groß, daß etwas Unerhörtes passierte: Die Regierung korrigierte sich zu einem »neuen Kurs«. Das hatten wir nicht erwartet.

Die Regierung gab nach, zeigte Schwäche, und darauf flog der Deckel vom Kessel, der unter Überdruck stand. Auch das hatten wir im Funkhaus nicht vorausgesehen.

Wir hörten und berichteten, daß Bauarbeiter, die in der Renommierstraße, der Stalin-Allee, arbeiteten, ihre Baustellen verließen und zum Haus der Ministerien marschierten, um der Regierung ihre Forderungen vorzutragen. Sie riefen Kollegen auf, sich anzuschließen, was auch Passanten veranlaßte mitzugehen. So bildete sich schnell ein Zug. Und da es nur genehmigte Demonstrationen gab, machte die Polizei in der Annahme den Weg frei, sie hatte nur aus Versehen von dieser Demonstration noch nichts gehört. Es gab noch keine Funksprechmöglichkeit. So waren es schon einige Tausend, die vor dem

Haus der Ministerien ankamen (früher Görings Luftfahrtministerium, später Sitz der Treuhand).

Lenin hatte die Etappen der Revolution analysiert: Sie beginnt mit wirtschaftlichen Forderungen, aus denen politische werden. An jenem Dienstag dauerte dieser Prozeß eine Stunde. Er begann mit dem Verlangen »Nieder mit den Normen« und mündete drei Kilometer weiter in die Forderung nach freien Wahlen. Die dritte Etappe ist erreicht, wenn die bewaffneten Verbände auf die Seite des Volkes übergehen. Das geschah am nächsten Tag.

Am Nachmittag des 16. Juni erschien eine Abordnung der Streikenden mit dem Wunsch, der Rias solle zum Aufstand in der Zone aufrufen. Ich sehe sie noch vor meinem Schreibtisch mit den leuchtenden Augen des revolutionären Feuers. Ich fragte, ob es irgendwelche Vorbereitungen gäbe, irgendwelche Verbindungen zu anderen Städten, irgendeine Organisation. Sie verneinten; das spiele keine Rolle. dem Aufruf würden die Massen folgen. Aber ich wußte, daß es ohne Organisation keine Revolution geben kann. Außerdem: Mit welchem Recht durften wir Menschen zu Taten aufrufen, die erfolglos bleiben müßten und denen wir danach nicht würden helfen können? Es war zudem zweifelhaft, ob die Amerikaner zustimmten; denn in einer solchen Situation konnten wir nicht hinter ihrem Rücken handeln.

Die Bauleute waren enttäuscht. Wir hatten sie etwas beruhigt, indem wir mit ihnen zusammen ihre Forderungen formulierten, fünf oder sechs Punkte aufschrieben und ihnen zusagten, wir würden diese Forderung des Streikkomitees senden.

Drei Stunden später kam Ewing (der Kontrolloffizier) aufgeregt, blaß, fast zitternd und gab zum ersten- und letztenmal einen klaren Befehl: Die Forderungen des Streikkomitees dürfen ab sofort nicht mehr gesendet werden, Anordnung des amerikanischen Hochkommissars McCloy. Der habe angerufen und gefragt, ob der Rias vielleicht den dritten Weltkrieg beginnen wolle. Ich habe damals nicht gesehen, daß die Amerikaner damit, ungeachtet der Vier-Mächte-Rechte in Deutschland und Berlin, im Grunde der Sowjetunion überließen, was sie mit ihrem Teil des besetzten Landes machte. Ewing hatte eine ganz andere Gefahr im Auge: Was passiert, wenn die Sowjets ihre Panzer rollen lassen, im Ostsektor, und dann vielleicht weiterrollen lassen über die Sektorengrenze nach West-Berlin? Das war die Kriegsgefahr. Ich antwortete, das sei politisch unmöglich. Woher wollen Sie das wissen, fragte er; und garantieren können Sie es schon gar nicht, selbst wenn Sie vielleicht recht haben.

Am Abend kam die Meldung, die Streikenden wollten sich morgen früh um sieben Uhr am Strausberger Platz versammeln. Das war riskant; denn ein paar Leute sind schnell verhaftet. Es mußten also so viele dort sein, daß man sie nicht verhaften konnte. Da wir nicht aufrufen konnten, holten wir den DGB-Vorsitzenden Ernst Scharnowski aus dem Bett und überzeugten ihn. Er erhob die Forderung, und die konnten wir senden.

Wir blieben im Funkhaus und fanden kaum Schlaf. Am frühen Morgen des 17. Juni schickten wir einen unserer Amis im Jeep in den Ostsektor, um sich umzuschauen. Er kam zurück: Es seien Tausende; der ganze Sektor »summe«.

Am Vormittag erschien der Leiter unserer Nachrichtenabteilung, Hanns Werner Schwarze, mit der unglaublichen Äußerung Adenauers, das Ganze sei eine Provokation der Sowjets. Ich untersagte, diesen Unsinn zu melden; wir sollten den Bundeskanzler nicht so blamieren. Etwas später trafen sich die Chefredakteure der Zeitungen, Agenturen und Rundfunkstationen beim Bundesbevollmächtigten Heinrich Vockel, um die Lage zu erörtern. Der hatte die Äußerung Adenauers auch schon bekommen und bat mich, beim Chef des Kanzleramts, Staatssekretär Globke, anzurufen. Vielleicht sei ich überzeugender als er in der Schilderung der Lage. Die Zusammenkunft flog auf durch die Meldung, daß die Stahlarbeiter aus Hennigsdorf im Norden, schon in der Zone, sich auf den Marsch gemacht hätten durch den französischen Sektor in Richtung Innenstadt. Am Mittag wurde der Ausnahmezustand verkündet. Wir riefen auf, ihn zu befolgen. Alles andere wäre Blutvergießen gewesen. Rebellion gegen die Besatzungsmacht ging nicht.

Mein Kommentar einen Tag später mußte die bittere Realität zu dem Erfolg ins Verhältnis setzen: Die Ostberliner hatten nicht nur gegen die Normen, sondern für die Einheit demonstriert. Die SED hatte die Ordnung nicht aufrechterhalten können. Sie war auch in den Augen der Besatzungsmacht kleiner geworden. Der Ausnahmezustand, durch die Sowjets verhängt, war das klare Eingeständnis. »Der 16. und 17. Juni 1953 ist für die Geschichte unserer Stadt nicht weniger ehrenvoll als für die Tradition der Arbeiterschaft; es ist ein außenpolitisches Faktum erster Ordnung. Nicht nur, weil das Ausland einen unwiderlegbaren Beweis für den Willen zur deutschen Einheit bekam, nicht nur, weil hier der Welt – ich glaube zum erstenmal – bewiesen wurde, daß ein Teil des deutschen Volkes die Möglichkeit gefunden hat, unorganisiert in einem totalitären Regime den Willen zur Freiheit bekunden zu können, sondern weil hier im wahrsten Sinne des Wortes die Brüchigkeit eines verhaßten Regimes demonstriert wurde.«

An diesem Donnerstagabend kam ein Mann in nassen Kleidern ins Funkhaus. Er war durch einen Kanal geschwommen, um zu berichten, daß auch in der Stadt Brandenburg ein Aufstand stattgefunden hatte. Es war die erste Nachricht, daß die Sache nicht nur auf Berlin begrenzt war. Es dauerte acht oder zehn Tage, bevor sich das Bild verdichtete, bei weitem noch nicht vollständig, daß in anderen Städten ähnliches geschehen war. Als wir die Berichte verglichen, stellten wir zu unserer Überraschung fest: Überall waren die Forderungen, die wir in meinem Zimmer mit der Streikleitung aus der Stalin-Allee formuliert hatten, und zwar auch in dieser Reihenfolge, übernommen worden. Gerade weil es keine Organisation gegeben hatte, war unbestreitbar: Der Rias war, ohne es zu wissen und ohne es zu wollen, zum Katalysator des Aufstandes geworden. Ohne den Rias hätte es den Aufstand so nicht gegeben.

Der Haß der SED auf den Rias war verständlich. Die Verschwörungstheorie, die Anschuldigungen, wir hätten das bewußt herbeigeführt: Quatsch. Der Westen wurde, wie auch später in Ungarn und Polen, selbst überrascht. Stefan Heym erwies sich in seinem Roman über den 17. Juni als Gefangener des Kalten Krieges. Er würde ihn nicht mehr so schreiben können, versicherte er mir in einem Gespräch, als es die DDR noch gab.

Wichtiger: Zum erstenmal wurden Verantwortung und Macht eines elektronischen Mediums deutlich, das, ohne den zeitraubenden Vorgang des Denkens und ohne von Grenzen aufgehalten zu werden, Menschen verbindet, die am Lautsprecher hängen, und sie innerhalb weniger Stunden zu gleichem Verhalten veranlaßt. In den Jahrzehnten seither ist das Netz des Rundfunks ungeheuer verdichtet und globalisiert worden. Und ein neues Netz der bewegten, sogar farbigen Bilder ermöglicht, daß praktisch die Menschheit gleichzeitig Augenzeuge erregender Vorgänge werden kann. Es gibt viele Gründe für den Zusammenbruch der Warschauer-Pakt-Staaten; die stille Revolution der Kommunikation ist gewiß nicht die geringste Ursache für die Implosion des Sowjetreichs.

Diese Revolution ist nicht beendet. Man kann Rechtlosen immer schlechter verbergen, welche Rechte sie vermissen, und den Armen immer weniger, wie angenehm das Leben im Reichtum ist, im Osten nicht und im Süden nicht. Die Revolution der Medien wird gewaltige Veränderungen in Europa wie global bewirken, unausweichlich; nur die spannende Frage, ob auf revolutionärem Weg, durch Gewalt, Krieg, oder evolutionär, ist noch nicht beantwortet. Bisher scheint die Welt darauf ebensowenig vorbereitet, wie wir es in der Mitte Europas am 17. Juni 1953 gewesen sind.

MEMORANDUM DES PSYCHOLOGICAL STRATEGY BOARD VOM 17. JUNI 1953

von John M. Anspacher
an Mr. George A. Morgan
über Mr. Mallory Browne

Betr.: Ostberliner Unruhen

State Department und CIA stimmen überein, daß die heutigen Unruhen in Ostberlin die spontane Folge auf eine geplante gestrige Demonstration waren. Obwohl nicht völlig bekannt, geht man davon aus, daß die Sowjets die gestrige Demonstration gegen die erhöhten Arbeitsnormen organisiert haben, um diese wieder abzuschaffen. Die Arbeiter haben jedoch über Nacht die Initiative ergriffen und den Ausstand über die Pläne der Sowjets hinaus ausgeweitet. Aus Presseberichten und einem Gespräch mit Berlin wissen wir, daß die Russen Panzer und Kanonen nach Ost-Berlin verlegt haben und daß es schon drei Opfer gab. ...

Das State Department (GER) hat einen Bericht an Mr. Smith für das heutige Treffen vorbereitet. Dieses Papier beinhaltet die wichtigsten Informationen über die Vorgänge in Berlin und in Paragraph 4 die Richtlinien an die US-Medien. Wichtig ist die Notiz im letzten Paragraphen dieser Richtlinie.

Einige ergänzende Ideen entstanden während meines Gesprächs mit den Deutschen, die das beigefügte Papier entworfen haben. Diese wurden jedoch weitestgehend nicht einbezogen, weil das State Department die Situation mit Vorsicht behandelt. Ich möchte diese Ideen jedoch für Sie darlegen, damit Sie sie bei der heutigen Mittagsbesprechung, wo das Thema natürlich aufkommen wird, verwenden können.

a) Der Widerstand gegen das Sowjetsystem sollte in der ganzen Zone verstärkt werden. Nicht unbedingt gewaltsam – eher passiv –, aber die Möglichkeit, daß steigende Unruhe jederzeit in offene Gewalt übergeht, würde die Russen in der Zone zu einer bewaffneten Gewaltdemonstration zwingen. Damit wären die psychologischen Auswirkungen dessen, was die Sowjets unter dem »Arbeiterparadies« und einer »friedvollen Vereinigung« verstehen, völlig klar.

b) Immer mehr Volkspolizisten sind in den letzten 24 Stunden geflohen. Das ist besonders wichtig angesichts der Flucht von Otto Nuschke heute morgen und der Beteiligung der Vopos an den militärischen Manövern zur Zerschlagung der Aufstände. Es ist offenbar möglich, die gesamte Vopo-Struktur zu untergraben.

c) Beachtet werden sollte auch der Bumerang-Effekt auf die Kampagne der Sowjets, um die Ostdeutschen zu Demonstrationen gegen die Adenauer-Regierung anzustacheln. Jetzt haben sie ihre Revolte, die sie in den vergangenen sechs Monaten anstrebten, jedoch im umgekehrten Sinne.

d) Mit dem Vorbehalt, kein Chaos in Westberlin zu schaffen, wäre es aber sinnvoll, wenn man die Ostdeutschen dazu bewegen könnte, die Grenze zwischen der Sowjetzone und Ostberlin zu »verwischen«. Die Sowjets werden dies als Grund nutzen, um ihren Sektor von der Sowjetzone abzuriegeln. Jede Hebelbewegung, die wir vereiteln müssen, kann in diesem Zusammenhang nützlich sein.

e) Obgleich jeder Ost-West-Gewaltausbruch infolge von Sympathiedemonstrationen in den Westsektoren zu vermeiden ist, sollte man jedoch Nutzen aus der Präsenz von sowjetischen Wachen vor dem Rundfunkhaus (in der Masurenallee) und an den Denkmälern in den Westsektoren ziehen.

f) Der Präsident sollte eine hochrangige Erklärung abgeben, unsere Position in Westberlin betonen und den Sowjets klarmachen, daß ihre Taktik in bezug auf die Einheit Berlins, die deutsche Einheit usw. nichts bringt. Er sollte auch klar sagen, daß wir einerseits nicht gerne sehen, wie Ostdeutsche wehrlos der sowjetischen Militärgewalt ausgeliefert sind, andererseits wir aber ihren Geist bewundern und dankbar sind, daß sie ihren Unwillen mit der kommunistischen Tyrannei zeigen.

g) Je mehr wir die Kommunisten zwingen, den Deutschen nachzugeben, sich zurückzuziehen oder hochrepressive Maßnahmen zu ergreifen, desto mehr drängen wir sie in die Defensive.

h) Der Ost-West-Reiseverkehr sollte stärker für unsere Fluchtoperationen genutzt werden. Über diskrete deutsche Kanäle sollten die Ostberliner und Ostdeutschen gewarnt werden, sich offen dem Militär entgegenzustellen. Sie sollten sich in ihrem Enthusiasmus nicht beschießen lassen oder undurchführbare Maßnahmen ergreifen, die sie später der Gnade der kommunistischen Behörden ausliefern.

i) Drei Opfer hat es heute in Ost-Berlin bereits gegeben, Arbeiter, die ernsthaft verletzt wurden. Wenn eines dieser Opfer zu einem Todesfall würde, wäre es wichtig, diese Person sofort in der ganzen Welt als Märtyrer hinzustellen.

Abhängig vom Zeitpunkt seines Todes wird sein Tod auch beim Rosenberg-»framework« benutzt werden können. Während sie nach dem Leben der Rosenbergs schreien, töten die Kommunisten einen ihrer eigenen für eine weit geringfügigere Sache, um es milde auszudrükken. Für die Sicht auf lange Zeit würde ich unbedingt vorschlagen, daß jede mögliche Betonung auf zwei Aspekte der aktuellen Entwicklung in Berlin gelegt wird. Der erste ist, daß diese geringen Entspannungen (gemeint ist der Neue Kurs) sich nicht als wirkliche Taten auslegen lassen, in dem Sinn, wie der Präsident diese Worte am 16. April benutzte;

der zweite ist, daß Frieden und Einigkeit in Deutschland nicht vor Gewehrmündungen zustandekommen. Weiterhin würde ich stark betonen, daß großangelegte Anstrengungen unternommen werden, um die sozialdemokratische Meinung, besonders in den abhängigen Staaten und Skandinavien, gegen die sowjet-kommunistische Einheit auf der Basis dieser Kampagne zu mobilisieren. Dies ist nicht der Weg zu den Vier-Mächte-Verhandlungen. Wenn es das ist, was die Sowjets wollen, ist das nicht der Weg, es zu bekommen. Es wird vorgeschlagen, daß PBS sofort die Möglichkeiten einer sowjetischen Ausnutzung dieser Situation studiert, um jedem Vorteil, den die Sowjets psychologisch zu erhalten hoffen, vorbeugen zu können.

John M. Anspacher

Anm. Eine handgeschriebene Notiz auf dem ersten Blatt unten lautet: »George, ich stimme zu, aber mir scheint dies der Moment zu sein, um mit der CIA hart zuzuschlagen und verdeckt Schwierigkeiten zu machen. M. B.«

TELEFONISCHER BERICHT DES HOHEN KOMMISSARS SEMJONOW VOM 17. JUNI 1953 AUS BERLIN

An Genossen W. M. Molotow
An Genossen N. A. Bulganin
Wir berichten von der Lage in Ostberlin und der DDR um 14 Uhr, Berliner Zeit.
Das Bürohaus der DDR-Regierung (Haus der Ministerien), das von Demonstranten angegriffen wurde, ist nach dem Eintreffen von Panzern befreit worden. Die Demonstranten wurden außerdem vom Gebäude des ZK der SED und vom Polizeipräsidium verdrängt. Die deutsche Polizei und unsere Truppen eröffneten das Feuer auf Demonstranten vor dem Polizeipräsidium. Wir haben keine Informationen über Tote und Verwundete.
In den Bereichen Alexanderplatz und Pankow wurden Barrikaden und Straßensperren von Demonstranten errichtet. Die Provokateure organisierten einen Angriff auf die Buchhandlung »Das internationale Buch«. In einigen Regierungsgebäuden und Geschäften wurden Fensterscheiben eingeworfen.
Bis unsere Truppen aktive Maßnahmen zur Beilegung der Unruhen ergriffen, setzten sich die Demonstranten gegen den Widerstand der Deutschen Volkspolizei und der Kasernierten Volkspolizei erfolgreich durch, welche es in den meisten Fällen nicht schafften, sie zurückzuhalten. Mit dem Beginn der aktiven Intervention unserer Truppen

begann sich die Lage zu stabilisieren. Die Demonstranten verliefen sich, nachdem Panzer auffuhren.

Um 12 Uhr wurde auf unsere Instruktionen hin der U- und S-Bahn-Verkehr eingestellt, um die Ankunft weiterer Provokateure aus West-Berlin zu unterbinden. Um 13 Uhr wurde der Ausnahmezustand in Berlin verhängt. In den letzten Stunden kann man in Berlin eine gewisse Abnahme von Störungen wahrnehmen. Verschiedene Arbeitergruppen haben die Demonstrationen verlassen und sind entweder zurück zur Arbeit oder nach Hause gegangen.

Nach und nach normalisiert sich die Lage in der DDR wieder.

Die gefährlichste Situation besteht in Görlitz an der deutsch-polnischen Grenze, wo ein Mob von 3 000 Menschen SED-Büros, das Gefängnis und die Gebäude des Sicherheitsdienstes und des Rates des Kreises zerstörte. Ein verstärktes Panzerbataillon wurde in Görlitz stationiert.

Die Störungen erreichten bedeutende Ausmaße in Halle. Etwa 1 000 Arbeiter aus den Leuna und Buna Werken, von denen die meisten betrunken waren, überwältigten den Polizeischutz der Werke. In Magdeburg setzten Provokateure das Gebäude des SED-Stadtkomitees und das Gefängnis in Brand und lieferten sich eine Schießerei mit DDR-Sicherheitseinheiten. Im Stadtzentrum wurden sowjetische Truppen stationiert.

In Berlin wurden etwa 70 Personen verhaftet.

Den sowjetischen Truppen in der DDR, den Einheiten der Volkspolizei und der Kasernierten Polizei wurde befohlen, wenn nötig, die Waffen einzusetzen, um die Anstifter der Unruhen zu verhaften und zu bestrafen.

Wir werden von den weiteren Entwicklungen berichten.

Semjonow

Anm. Der Bericht wurde in 14 Kopien mit Geheimhaltungsstufe an die Mitglieder des Präsidiums des ZK und im Außenministerium verteilt.

BEFEHL!

Ueber die Stadt Halle ist der

Ausnahmezustand

verhängt. Demonstrationen, Versammlungen und Zusammenrottungen jeder Art sind verboten.

Jeder Aufenthalt auf den Straßen ist von 21. 00 bis 4 Uhr verboten.

Im Falle von Widerstand wird von der Waffe Gebrauch gemacht!

Halle, den 17. Juni 1953

Chef der Garnison und Militärkommandant der Stadt Halle (Saale)

»ZIELE UND MASSNAHMEN DER VEREINIGTEN STAATEN ZUR AUSNUTZUNG DER UNRUHEN IN DEN SATELLITENSTAATEN« VOM 26. JUNI 1953

Vorbemerkung: Im Auftrage des Nationalen Sicherheitsrates hat das PSB den Maßnahmeplan PSB D-45 ausgearbeitet, um eine mögliche Reaktion der USA auf die Unruhen in Osteuropa aufzuzeigen. Das Board hat am 24. Juni eine Zusammenfassung des PSB D-45 angenommen. Der Plan zielt auf eine aggressive psychologische Kriegsführung, um die Unruhe hinter dem Eisernen Vorhang zu nutzen und zu verstärken, indem Widerstandszellen geschaffen, die Fluchtbewegung angekurbelt, Piratensender eingeschleust und sogar wichtige Staatsbeamte eliminiert werden. (Diese Teile des Dokuments unterliegen seit kurzem der Geheimhaltung.) Der NSC hat dem Plan am 25. Juni mit Ergänzungen zugestimmt. Eisenhower hat der Politikdirektive am folgenden Tag beigepflichtet.

Mit der Genehmigung des Präsidenten am 26. Juni wurden die Empfehlungen des PSB mit den Ergänzungen des NSC zur Durchführung durch alle Abteilungen und Agenturen der US-Regierung angewiesen. Der Präsident betonte für Punkt 2 a den passiven Widerstand.

Bericht des NSC über vorläufige Ziele und Maßnahmen der Vereinigten Staaten zur Ausnutzung der Unruhen in den Satellitenstaaten:

1. Psychologische Ziele

a) Der Widerstand gegen die kommunistische Unterdrückung im gesamten Satelliten-Europa muß bis zur Massenrebellion in den vom Sowjetmilitär kontrollierten Gebieten genährt werden. Es muß immer so aussehen, als ob er spontan entstanden ist.

b) Unterminierung der Satelliten-Behörden.

c) Die Unruhe in den Satellitenstaaten muß als klarer Beweis für den beginnenden Zerfall des Sowjetempires genutzt werden.

d) Die freie Welt, besonders Westeuropa, muß überzeugt werden, daß der Freiheitswille und der Haß auf die fremde Unterdrückung hinter dem Eisernen Vorhang stärker und der Widerstand gegen den Totalitarismus hoffnungsvoller ist, als angenommen wird.

2. Maßnahmeplan – Phase 1 (Beginn spätestens in 60 Tagen)

a) In Ostdeutschland und anderen Satellitengebieten verdeckten Widerstand bis zur Massenrebellion mit dem Ziel organisieren, Druck nach Reformen auf die kommunistischen Behörden auszuüben, sie zu diskreditieren und die offene Sowjetintervention zu provozieren.

b) Es sind feste Widerstandszellen zu schaffen, die später weiträumig ausgedehnt werden können.

c) Das Fluchtprogramm gezielt auf Polizeioffiziere, Militärs (besonders Piloten) und Sowjetmilitärs intensivieren.

d) In der freien Welt die Aktivitäten der Regierungen, Kirchen, Gewerkschaften anregen, um psychologische Auswirkungen hinter dem Eisernen Vorhang zu erzielen:

1. Internationale Kampagnen, um die Märtyrer der ostdeutschen Revolte zu ehren.

2. Enthüllung der Sowjetrepression durch Gewerkschaften und Forderungen nach Untersuchung der ökonomischen und Arbeitsbedingungen.

e) Betonung der US-Unterstützung für die deutsche Einheit auf der Grundlage freier Wahlen nach einem Friedensvertrag.

f) NSC 142/2 Freiwillige Freiheitskorps (gemeint sind Kampfgruppen) realisieren und alsbaldige Gespräche mit den alliierten Regierungen aufnehmen.

g) Die Sowjetrepression gegen die ostdeutsche Revolte vor die UNO bringen.

f) Piratensender einschleusen, um die Fluchtbewegung anzuregen.

i) Eliminierung wichtiger Beamter.

3. Maßnahmeplan – Phase 2 (erfordert längere Vorbereitung in Abhängigkeit von der Entwicklung)

a) Untergrundorganisationen aufbauen, ausbilden und ausrüsten, die auf Weisung im großen Maßstab Überfälle durchführen oder längere Kämpfe führen.

b) US-Unterstützung für freie Wahlen in den Satellitenstaaten und Zusammenarbeit mit der westeuropäischen Gemeinschaft und den folgenden Rückzug aller ausländischen Truppen aus Deutschland, Österreich und den Satelliten.

c) Neue verdeckte Organisationsformen auf der Basis folgender Konzepte

1. Verschwörungen von Sowjetoffizieren vortäuschen, die einen ehrenhaften Frieden mit dem Westen erreichen wollen.

2. Kooperation des Widerstandes in den Satelliten mit Nationalisten in nichtrussischen Sowjetrepubliken.

3. Kulturelle Aufrufe an Sowjetintellektuelle.

d) Einbeziehung von Nationalisten in der UdSSR in Phase 2 des Projektes »Freiwillige Freiheitskorps«.

e) Weiträumige, systematische Propaganda-Operationen mit Ballons in den Satellitenstaaten.

FORDERUNGEN DER ZEISSARBEITER, ZUSAMMENGEFASST AM 7. JULI 1953

1. Freie und geheime Wahlen für die Einheit Deutschlands
2. Aufhebung der Nachtschicht
3. Haushaltstag für sämtliche Frauen
4. Rente für Kriegerwitwen
5. Zeiss-Statut
6. Wegfall der HO
7. Anfrage, wann der Rest der Spezialisten aus der UdSSR kommt
8. Sofortige Freilassung der Inhaftierten vom 17.6.1953
9. Eine aktuelle Tageszeitung
10. Freilassung der Kriegsgefangenen und Zivilgefangenen
11. Schichtausgleich für Jugendliche unter 18 Jahren
12. Bessere Versorgung mit Arbeitskleidung und Bettwäsche
13. Bessere Qualität der Textilien und Schuhwaren
14. Aufbesserung der Waisenrente
15. Wöchentliche Lohnzahlung
16. Senkung der Preise
17. Wegnahme der Bilder am Fahrstuhl
18. Bessere Versorgung mit Brennmaterial
19. Bessere Belieferung mit Mangelwaren
20. Wegfall der Beschlagnahme der Paketpost aus dem Westen
21. Wegfall der Zonengrenzen
22. Lockerung und schnellere Abfertigung der Pässe, Aufenthaltsgenehmigungen
23. Mehr Sorge der Werktätigen um Wohnverhältnisse
24. Freigabe der Ostgebiete
25. Bessere Versorgung mit Medikamenten für Kranke
26. Rückgabe der Eigenheime der Firma Carl Zeiss
27. Neue Schulreform
28. Wegnahme der Vertrauensärzte
29. Wiederzulassung der freiwilligen Renten- und Krankenversicherungen
30. Abschaffung des Prämiensystems
31. Prozente für Weihnachten
32. Eine Unterstützung für nicht gesteuerte ältere Leute
33. Abbau der zu hohen Gehälter

REDE DES MINISTERS FÜR SCHWERINDUSTRIE, FRITZ SELBMANN, IN BUNA AM 16. JULI 1953

»Aus den politischen Forderungen nehme ich eine heraus, die in mehreren Resolutionen erschienen ist: die Forderung nach Freilassung aller Verhafteten. Vielleicht habt Ihr geglaubt, daß ich über diese Frage nicht sprechen werde. Aber ich will doch darüber sprechen. Zunächst habe ich in einigen Resolutionen gelesen: Freilassung der Verhafteten nicht nur des 17. Juni, sondern aller politischen Gefangenen. Aller? Das heißt auch solcher wie die KZ-Bestie Dorn in Halle. Will man das? Ich glaube nein. Die Forderung auf Freilassung aller politischen oder wegen politischer Delikte verurteilten Gefangenen, das ist eine Forderung, die nicht im Interesse der Arbeiterklasse liegen kann, da selbstverständlich die Freilassung von Feinden der Arbeiterklasse nur der Arbeiterklasse schaden kann.

Manche Arbeiter sagen: Dann laßt die vom 17. Juni frei. Wir haben eine ganze Menge freigelassen. Ihr selbst wißt, daß von den Verhafteten aus dem Bunawerke 9 vor Gericht gestellt und daß von diesen 9 noch 5 freigelassen wurden. Aber wenn man die Forderung auf Freilassung der Verhafteten stellt, was hat man sich denn gedacht am 17. Juni? Hat man gedacht, man kann randalieren, man kann arbeitswillige Arbeiter bedrohen, man kann mit der Spitzhacke Möbel zerschlagen, man kann Volkspolizisten in den Bauch treten oder zusammentrampeln und hinterher geschieht nichts? Was hat man sich denn gedacht?

Wir haben viele, die nur geringfügig schuldig waren, wieder auf freien Fuß gesetzt. Wir unterschieden zwischen verbrecherischen Elementen und irregeleiteten Arbeitern. Wir werden das auch in Zukunft tun. Wir werden in Durchführung unseres neuen Kurses uns nicht beirren lassen durch die Manöver der Gegner, wir werden uns auch nicht verleiten lassen zu einer Rachepolitik gegen Arbeiter, die einmal gegen uns Stellung genommen haben. Das werden wir nicht tun. Aber für faschistische Provokateure gibt es keine Gnade, gibt es keine Gnade im Interesse unseres Volkes, im Interesse unserer Nation, im Interesse unseres Landes und im Interesse unserer Zukunft.

Ihr werdet mich fragen, ob diese Nacht welche verhaftet wurden. Ja, diese Nacht sind welche verhaftet worden. Teilweise aus Vorsichtsgründen und teilweise wegen strafbarer Handlungen. Ich sage ausdrücklich: Niemand, der unschuldig oder geringfügig schuldig ist, wird in Haft bleiben. Wer schuldig ist, wird bestraft werden, und es wird darüber öffentlich Rechenschaft abgelegt. Sicherlich befindet sich der eine oder andere darunter, den wir schon nach kurzer Haft, ich weiß nicht, ob nach Stunden oder Tagen, nach Hause schicken werden.

Aber wer glaubt, daß man in der Frage der Freilassung von Verhafteten, die schuldig sind, eine Kraftprobe mit uns machen kann, muß auf diese Kraftprobe gefaßt sein.

Seht, Freunde! Am 17. Juni war die Lage eine ganz andere als heute. Heute wissen wir, daß wir uns schon wieder stützen können auf das Vertrauen von Millionen von Arbeitern, die langsam und zaghaft, aber doch wieder das Vertrauen gewinnen, daß sie mit uns gehen, und daß sie uns helfen wollen, den schweren Weg, den wir mit dem neuen Kurs beschritten haben, zu Ende und zum Ziele zu führen. Diesen Arbeitern sind wir es schuldig, daß der Prozeß, der jetzt im Gang ist zur Durchsetzung eines neuen politischen Kurses, der der Verbesserung der Lebenslage der Arbeiter und der Werktätigen dient, nicht gestört wird.

Wer interessiert ist an der sachlichen Regelung von Fragen, braucht nicht zu streiken. Er kann meinetwegen seinem Unwillen einmal Luft machen, weil man nicht auf ihn hört oder seine Wünsche nicht richtig beachtet. Ja! Aber wer die Fragen, die man berechtigterweise diskutieren kann, verbindet mit agitatorischen Forderungen, die dem Arsenal der Feinde unseres Landes entnommen sind, muß damit rechnen, daß er als Feind auftritt und als Feind behandelt wird.

Liebe Kollegen! Mir wäre es viel lieber, wenn ich in einer angenehmeren Weise heute sprechen könnte. Ich bin ja nicht ein Arbeiterfunktionär von heute und gestern. Ich selbst habe wahrscheinlich viel mehr Streiks organisiert, als viele von Euch oder als die meisten von Euch überhaupt mitgemacht haben.

Laßt mich zusammenfassen: Ich bin der Meinung, daß man die Wünsche, Forderungen und Fragen, die in den vielen Versammlungen Eures Werkes laut geworden sind und teilweise ihren Niederschlag in Beschlüssen und Resolutionen gefunden haben, daß man sie so behandeln muß, wie ich sie charakterisiere:

1. Forderungen und Wünsche betrieblicher Art. Sie sind in gründlichen Aussprachen und ernster Arbeit von Werkleitung, gewerkschaftlicher Organisation und Belegschaft zu lösen. Was an mir liegt, werde ich dazu tun, dort, wo vielleicht der gute Wille noch nicht ganz vorhanden ist, diesem guten Willen etwas nachzuhelfen.

2. Forderungen, die allgemein gerichtet sind auf Verbesserung der Löhne und Regelung von Lohnproblemen. Zu einem Teil hat die Regierung diesen Forderungen bereits Rechnung getragen, und sie wird in der weiteren Entwicklung sowohl den Fragen der Entwicklung des Lohnes wie der Entwicklung der Preise höchste Aufmerksamkeit schenken.

3. Fragen, die offensichtlich nicht aus den Herzen der Arbeiter kom-

men, von denen die Arbeiter, wie es zum Beispiel in der Karbid-Fabrik der Fall war, nicht einmal wissen, was sie zu bedeuten haben, ja, die sie nicht einmal kennen, aber sagen: das, was die von G 2 und 3 gefordert haben, wollen wir auch. Forderungen, von denen wir sicher sind, daß dahinter Menschen und Elemente stehen, die nicht die Sache der Arbeiter und die nicht die Sache Deutschlands vertreten. Über solche Forderungen, das möchte ich unmißverständlich sagen, wird nicht geredet, wird nicht diskutiert, wird nicht verhandelt. Wer sie vertritt, handelt als Feind und wird als Feind behandelt werden.

Wir appellieren an den gesunden Geist der Arbeiter, an ihr Klassenbewußtsein, dieses Klassenbewußtsein, das immer den Provokateur verabscheut hat, dieses Klassenbewußtsein, das eines der wesentlichen Merkmale des deutschen Arbeiters, insbesondere dieses Gebietes ist, an den Stolz des Arbeiters, daß er es ablehnt, sich von fremden Klassen dienenden Menschen mißbrauchen zu lassen für durchsichtige und für undurchsichtige Zwecke. Wir appellieren an den Stolz des Arbeiters, der sich seiner Kraft bewußt ist, aber auch seines Verstandes, seiner Klugheit, seiner Vernunft, und der weiß, daß alle die Fragen, die wir miteinander zu regeln haben, in einem Staat, in dem alle Voraussetzungen geschaffen sind, daß die Werktätigen das entscheidende Wort reden, geregelt werden können, ohne daß wir deshalb faschistischen Provokationen Raum geben müßten.«

»Das Schlußwort, das ich in der heutigen Versammlung nicht halten konnte, werde ich jetzt über die Funkanlage sprechen, da der Abbruch der Versammlung mich an dem Schlußwort gehindert hat. Seid Ihr nicht auch der Meinung, daß die Art, wie diese Versammlung durch einen Teil der dort anwesenden Delegierten zum Ausklang gebracht wurde, ein Zeichen der Schwäche ist für diejenigen, die glaubten, mit dem Auszug aus dem Saal ihrer Meinung Ausdruck zu geben?

Ich habe mir mehr als 10 Redner in dieser Diskussion angehört. Einige haben sehr wichtige und sehr wesentliche Dinge gesagt. Viele haben Dinge gesagt, die mir nicht angenehm geklungen haben. Aber ich habe keinen unterbrochen. Ich habe Euch sprechen lassen, weil ich daran interessiert bin, Eure Meinung und die Meinung der Belegschaft zu hören. Ihr habt eine Antwort verlangt auf eine Reihe von Fragen, und als ich im Begriff war, die Fragen, die Ihr angeblich im Namen Eurer Kollegen gestellt habt und auf die Ihr Euren Kollegen eine Antwort geben solltet, zu beantworten, in dem Augenblick sind die Vertreter der Belegschaften, die in dieser Versammlung waren, oder wenigstens ein Teil von ihnen, einfach ausgerissen.

Seid Ihr nicht der Meinung, daß das ein Zeichen von Schwäche ist? Seid Ihr nicht der Meinung, daß Ihr damit, wenn Ihr es wirklich ehrlich meint mit dem, was Ihr in der Versammlung gesagt habt, allen einen schlechten Dienst erwiesen habt, und daß Ihr damit das Vertrauen, das Ihr angeblich von Euren Kollegen in den Betrieben habt, wirklich schlecht unter Beweis gestellt habt?

Nun, ich will zu einigen Hauptfragen, die in der Diskussion gestellt wurden, Stellung nehmen.

Die erste Frage, die von allen Diskussionsrednern angeschnitten wurde, ist die Frage der Neuwahl der Gewerkschaftsleitung. Ich habe in meinem Referat bereits gesagt: Wenn die Gewerkschaftsleitung schlecht ist, haben die Mitglieder der Gewerkschaft das Recht, sich eine neue Leitung zu wählen. Das steht in den Statuten des Freien Deutschen Gewerkschaftsbundes, das ist gewerkschaftliches Recht, das ist gewerkschaftliche Gepflogenheit, das heißt also, in jeder Gewerkschaft kann man, wenn die Gewerkschaftsfunktionäre nicht mehr ihre Aufgaben erfüllen, neue Leitungen wählen. Das habe ich in meinem Referat bereits gesagt, und das wiederhole ich jetzt noch einmal.

Aber solche Wahlen müssen ordentlich und richtig durchgeführt werden, sie können nicht durchgeführt werden unter Terror, sie können nicht durchgeführt werden unter dem Druck streikender und randalierender Belegschaftsteile, sondern solche Neuwahlen der Gewerkschaftsleitung müssen nach altem gewerkschaftlichem Brauch ordentlich und richtig vorbereitet werden, damit dann gewerkschaftliche Organe zustande kommen, die die Interessen der Belegschaft tatsächlich vertreten. Ich habe also gar nichts gegen Neuwahl der Gewerkschaftsleitungen. Ich habe aber sehr viel dagegen, durch Druck und durch Terror eine Lahmlegung der Gewerkschaftsarbeit im Betrieb zu erreichen, ohne daß dadurch neue und arbeitsfähige Gewerkschaftsorgane geschaffen werden.

Eine zweite Frage ist in der Diskussion angeschnitten worden, die Frage: Trennung von Partei und Gewerkschaft. Einer der Diskussionsredner sagte: Ein Gewerkschaftsfunktionär kann nicht Parteifunktionär sein. Das ist eine ganz neue Theorie. Seit wann ist dieser Kollege eigentlich in der Gewerkschaft? Weiß er nicht, daß, solange es überhaupt Gewerkschaften gibt, es immer Funktionäre der Gewerkschaften gegeben hat, die gleichzeitig hohe Parteifunktionäre waren? Muß ich ihn daran erinnern, daß der alte August Bebel ein Funktionär im Holzarbeiterverband gewesen ist, muß ich ihn daran erinnern, daß die Führer der Gewerkschaften vor 1933 sämtlich hohe Funktionen in der Sozialdemokratischen Partei hatten, muß ich ihn daran erinnern, daß die Führer der Gewerkschaften in Westdeutschland, im DGB, also Freytag usw., sämtlich hohe Funktionen in der sozialdemokratischen Partei haben? Was ist das also für eine neue Theorie, ein Gewerkschaftsfunktionär kann nicht gleichzeitig Parteifunktionär sein? Ich sage Euch ganz offen, das ist eine faschistische Theorie, das ist eine Theorie der Spaltung der Arbeiter, wie das ein Diskussionsredner richtig und zutreffend gesagt hat.

Nun eine dritte Frage, die mir besonders wichtig erscheint, nämlich die wiederholt vorgetragene Forderung auf Freilassung politischer Gefangener. Nun, ein Diskussionsredner hat schon richtig gesagt, wenn irgendwo gefordert wird, Freilassung aller politischen Gefangenen, dann ist das eine arbeiterfeindliche Forderung, dann ist das keine Forderung, die im Interesse der Arbeiter liegt, denn Freilassung aller politischen Gefangenen, das heißt auch Freilassung derjenigen Gefangenen, die sich gegen die Arbeiterklasse vergangen haben und die wegen Verbrechen gegen die Arbeiterklasse in Haft sitzen. Sollen auch sie entlassen werden? Offensichtlich sind die Drahtzieher dieser Forderung der Meinung, daß man mit ihr die Massen in Bewegung bringen kann, aber ebenso offensichtlich nicht im Interesse der Arbeiter, sondern zum Schaden der Arbeiter.

Ich bin absolut damit einverstanden, daß man sich ernsthaft darüber unterhält, die Benachrichtigung der Angehörigen von Verhafteten durchzuführen. Es ist mir bekannt, daß es eine Anweisung des Ministeriums für Staatssicherheit gibt, daß nach jeder Verhaftung unmittelbar eine Benachrichtigung der Angehörigen erfolgen muß. Wenn also ein Verhafteter sich in den Händen der Organe der Staatssicherheit befindet, so erfolgt eine solche Benachrichtigung. Die Angaben, daß eine solche Benachrichtigung nicht erfolgt sei, sind meistens nicht nachzuprüfen, so daß man nicht weiß, ob damit nicht ein demagogisches Spiel getrieben wird.

Ich wiederhole hier nochmals: Kein Unschuldiger wird bestraft werden, kein Unschuldiger wird unnötigerweise lange fest gehalten werden. Aber wer schuldig ist, wird bestraft werden, und da werden wir auch keinem Druck weichen. Ich bin absolut bereit, in den einzelnen Fällen, die mir genannt worden sind, mich zu erkundigen und festzustellen, was tatsächlich ist. Ich bin bereit, wenn ich Nachricht darüber erhalte, sie auch dem Werk mitzuteilen. Aber ich muß ausdrücklich sagen, wir werden keinem Druck weichen, der dahin geht, durch Streik, durch Randalieren, durch Terror uns zu zwingen, Feinde der Republik und Feinde der Arbeiterklasse auf freien Fuß zu setzen.

Ein Diskussionsredner sagte: Gebt uns die Gewähr, daß wir frei und offen reden können. Jawohl, jeder kann frei und offen reden. Wir können nicht zulassen, daß zum Streik gehetzt wird. Das ist schon etwas anderes, als frei und offen reden. Wir können nicht zulassen, daß Arbeiter gewaltsam von der Arbeit abgehalten werden. Das ist etwas ganz anderes als frei und offen reden. Wer bei uns seine Meinung sagt, seine Beschwerden vorbringt, Wünsche äußert, kritisiert, kann absolut frei und offen reden. Aber nicht zulassen werden wir Hetze zum Streik, Aufruf zu Unruhen, Abhaltung von Arbeitern von der Arbeit. Diese Dinge werden wir nicht zulassen, sie haben mit Redefreiheit nicht das geringste zu tun.

Und noch eine vierte Frage. Ein Diskussionsredner sagte: Abzug der Polizei, und ein großer Teil der Versammlung hat dabei geklatscht. Nun, liebe Kollegen, wir haben doch nicht gern Polizei im Werk. Es macht uns doch keinen Spaß, daß wir Polizei im Werk haben müssen. Und wir werden die Polizei sofort abziehen, sobald Ruhe herrscht, sobald keine Gefahr mehr besteht für unser Werk, für unsere Produktion und für die Arbeiter, die arbeitswillig sind. In dem gleichen Augenblick, wo diese Gefahr beseitigt ist, das heißt, wo ordentlich im Betrieb gearbeitet wird, keine Gefahr mehr besteht für das Werk, für die Produktion und für die arbeitswilligen Arbeiter, in dem gleichen Augenblick werden wir froh sein, wenn wir die Polizeikräfte aus dem Werk abziehen können.

Damit komme ich zum Schluß. Ein Diskussionsredner hat, es war der zweite Diskussionsredner, ein sehr gutes Wort gesagt. Er sagte, wenn der Streik vom 15. Juli irgendeinen Sinn haben soll, dann muß jetzt Ruhe und Ordnung herrschen, um sachlich verhandeln zu können. Jawohl, das ist richtig. Wenn das, was gestern passiert ist im Werk und teilweise heute, einen Sinn haben soll, dann muß es doch den Arbeitern irgendeinen Vorteil bringen, dann muß es zu irgendwelchen Verhandlungsresultaten führen. Aber ich sage ganz offen: Solange gestreikt wird, solange im Werk keine Ruhe und keine Ordnung herrschen, wird nicht verhandelt. Ihr hindert dadurch nur die Erfüllung der Wünsche, auch wenn sie berechtigt sind. Darum appelliere ich an Euch. Sorgt jetzt dafür, daß im Werk wieder eine Atmosphäre der ruhigen, ordentlichen und sachlichen Verhandlung geschaffen wird, damit unsere Partei, damit unsere Regierung, damit die Werkleitung daran gehen können, die Aufgaben in Angriff zu nehmen, die ich in meinem Referat geschildert habe, den neuen Kurs unserer Partei und Regierung durchzuführen und damit zu sorgen für eine Verbesserung des Lebens aller Arbeiter.«

BRIEF DES BISCHOFS DER EVANGELISCHEN KIRCHE, OTTO DIBE-LIUS, AN DEN GENERALSTAATSANWALT DER DDR VOM 20. APRIL 1953

Seit einiger Zeit werden in der Öffentlichkeit, besonders in der Presse, schwere Angriffe gegen die Junge Gemeinde erhoben. Die Angriffe haben sich immer mehr verstärkt und das Ausmaß einer systematischen Agitation gegen die Junge Gemeinde und die kirchliche Jugendarbeit und damit auch gegen die Evangelische Kirche als solche angenommen.

Trägerin dieser Agitation ist vor allem die in Berlin erscheinende Zeitschrift »Junge Welt«. Sie befaßt sich nahezu in jeder Nummer mit der Jungen Gemeinde und greift sie mit schweren Beschimpfungen und verleumderischen Behauptungen an. In der Ausgabe vom 10. April 1953, unter der Überschrift »Schläger und Hetzer unter religiöser Maske« heißt es u. a.: »Es ist für jeden bereits offensichtlich geworden, daß die ›Junge Gemeinde‹ unter der Maske der Religion im Auftrag Westberliner Terror- und Spionagezentralen die Einheit der Jugend zu spalten versucht.«

Im April d. J. hat die »Junge Welt« eine Sondernummer als Extrablatt herausgebracht, das sich ausschließlich mit der Jungen Gemeinde und mit anderen kirchlichen Arbeitszweigen befaßt. Diese Ausgabe trägt an ihrer Kopfseite in großen Schlagzeilen die Überschrift »Junge Gemeinde – Tarnorganisation für Kriegshetze, Sabotage und Spionage im USA-Auftrage«. In dem dazu gehörigen Text finden sich u. a. folgende Sätze:

»Es erweist sich, daß die heuchlerische, mit christlichem Schein verbrämte ›Junge Gemeinde‹ direkt durch die in Westdeutschland und vorwiegend in Westberlin stationierten amerikanischen Agenten- und Spionagezentralen angeleitet wird. Der christliche Glaube vieler junger Menschen wird durch eine geschickt aufgebaute religiöse Staffage mißbraucht, um sie unter Vorspiegelung angeblich kirchlicher Betätigung nicht nur gegen die Deutsche Demokratische Republik aufzuhetzen, sondern auch zu feindlichen Handlungen, die schweren Strafen unterliegen, aufzuwiegeln. Somit ist die ›Junge Gemeinde‹ nichts weiter als ein verlängerter Arm der Terrororganisation BDJ.«

In derselben Nummer wird auf Seite 2 unter der Schlagzeile »Der ›Kaisersekretär‹ Althausen« gegen alle Leiter der Jungen Gemeinde mit der Behauptung, daß sie unter dem Vorwande auftreten, Vertreter des Christentums zu sein, der Vorwurf der Heuchelei erhoben.

In ihrer Ausgabe vom 17. April 1953 spricht die »Junge Welt« unter der Überschrift »Sie wollen die Spuren ihrer Verbrechen verwischen« von den »Umtrieben der illegalen ›Jungen Gemeinde‹, die unter dem

Deckmantel der Kirche zum Kriege hetzt und Sabotage und Spionage in unserer Republik treibt«.

Nach einer Meldung des ADN sind von dem Vorsitzenden der FDJ auf der 5. Tagung des Zentralrates der Freien Deutschen Jugend diese Angriffe der »Jungen Welt« zum Anlaß genommen, die Junge Gemeinde als »illegale Organisation« zu kennzeichnen, die »unter Anleitung imperialistischer Drahtzieher versuche, das friedliche Schaffen in der Deutschen Demokratischen Republik zu stören und den Kriegskurs der verräterischen Adenauer-Clique zu erleichtern.«

Diese Agitation, die auch noch durch zahlreiche Beispiele von Angriffen gegen einzelne Persönlichkeiten innerhalb der Jungen Gemeinde und ihre Arbeit belegt werden könnte, hat zu einer unerträglichen Diffamierung der Jungen Gemeinde geführt und für die ihr Angehörenden schwerwiegende Folgen gehabt. So sind vor allem zahlreiche Schüler von den Oberschulen verwiesen oder von der Reifeprüfung zurückgestellt und Studenten relegiert worden, nur weil sie sich zur Jungen Gemeinde oder zur Studentengemeinde bekannten und dem Drängen, sich von der Jungen Gemeinde zu lösen, nicht nachgegeben haben. Belege hierfür stehen in großer Zahl zur Verfügung.

Die Angriffe gegen die Junge Gemeinde sind sachlich in keiner Weise begründet. Dadurch sind die in der Deutschen Demokratischen Republik geltenden Gesetze gröblich verletzt worden.

Artikel 6 Absatz 1 der Verfassung der Deutschen Demokratischen Republik bestimmt, daß alle Bürger vor dem Gesetz gleichberechtigt sind [...] In Artikel 41 der Verfassung ist jedem Bürger die volle Glaubens- und Gewissensfreiheit zugesichert und die ungestörte Religionsausübung unter den Schutz der Republik gestellt. Nach Artikel 42 der Verfassung werden private oder staatsbürgerliche Rechte durch die Religionsausübung weder bedingt noch beschränkt.

Diese verfassungsmäßigen Rechte stehen auch denjenigen Bürgern der Deutschen Demokratischen Republik zu, die sich zur Jungen Gemeinde bekennen. Sie werden aber dauernd verletzt und empfindlich beeinträchtigt durch die fortlaufenden Verunglimpfungen und Bedrohungen, die sich aus den erwähnten Presseangriffen ergeben. Diese Angriffe verstoßen auch gegen § 166 StGB. Die Junge Gemeinde ist keine Organisation, sondern ein Teil der Gesamtgemeinde und der gesamten Kirche.

Da nach dem Gesetz über die Staatsanwaltschaft der Deutschen Demokratischen Republik vom 23. Mai 1952 Ihnen, Herr Generalstaatsanwalt, die höchste Aufsicht über die strikte Einhaltung der Gesetze der Deutschen Demokratischen Republik übertragen ist, bitte ich Sie, gemäß §§ 10ff. dieses Gesetzes darauf hinzuwirken, daß die geschilderten Verfassungs- und Gesetzesverletzungen abgestellt werden. Zugleich beantrage ich, gegen die für die dargestellten Presseangriffe Verantwortlichen, insbesondere gegen die Schriftleitung der »Jungen Welt«, ein Strafverfahren einzuleiten.

gez. Dibelius

HELMUT MÜLLER: FDJ UND JUNGE GEMEINDE

Der Flaute in der FDJ-Arbeit, der nachlassenden Anziehungskraft und sinkenden Autorität sollte, entsprechend der 8. Tagung des ZK der SED, vor allem durch ein umfassendes frohes Jugendleben entgegengewirkt werden.

Das war eine Orientierung auf »größere Breite«. Macht man einen Zeitsprung von einem Jahr, so trifft man auf keinen Sprung der FDJ nach vorn. Verfolgt man die Spur dieses Jahres, so ist unschwer zu erkennen, daß der Zentralrat der FDJ der Orientierung auf diesen Schwerpunkt nicht folgte. Erklärungen von der Notwendigkeit einer grundsätzlichen Änderung in der FDJ-Arbeit waren Worte geblieben. In Vorbereitung und verstärkt in Auswertung des IV. Parlaments der FDJ wurde viel mehr nach dem alten Stiefel der Routine verfahren: Umfassende Aufgabenstellung und dabei vor allem Politik und Ideologie, Ideologie und Politik, patriotische Erziehung und Werbung für die bewaffneten Schutz- und Sicherheitsorgane, marschieren und schießen, hohe Leistungen in Industrie und im Bauwesen, Patenschaften über große Investitionsobjekte, Bildung von LPG, fleißig und diszipliniert lernen und studieren. Das frohe Jugendleben – singen, tanzen, wandern, sportliche Betätigung – blieb eine Aufgabe unter vielen, blieb das »fünfte Rad am Wagen«.

Da alle grundsätzlichen Beschlüsse des Verbandes in der Parteiführung abgesegnet wurden, trägt diese auch die Mitverantwortung für diese enge Linie, für das Abweichen von dem Kurs, auf die Masse der Jugend erst einmal einzugehen, ihnen gewinnende Angebote zu machen und sie in deren Realisierung einzubeziehen. Erklärt das die auffallende Zurückhaltung Walter Ulbrichts auf der oben erwähnten ZK-Tagung? Da das Leben des Verbandes vielerorts regelrecht abstarb, entstand für viele Jugendliche ein Vakuum. In dieses stieß vor allem in den Dörfern und Oberschulen die »Junge Gemeinde«, wie sich die »jungen Glieder der evangelischen Kirche« bezeichnen.

Im Mai 1948 sicherten der für Kirchenfragen zuständige Mitarbeiter der SMAD, Jeromalow, und der Jugendspezialist Stepanow dem Kirchenrat Hildebrandt für die »Junge Gemeinde« eine »freie Bewegung auf der Grundlage der Bestimmungen der Besatzungsmacht« zu. Das umfaßte die Durchführung von Bibel- und Gebetsstunden, von Sing- und Musikstunden, die Vorbereitung von Gottesdiensten und Rüstzeiten. Genehmigt wurde ein Abzeichen, ein Kreuz auf einer silbernen Erdkugel. Analog lauteten dann auch Festlegungen der 1. DDR-Verfassung und einer Verordnung der Regierung der DDR vom 29. März 1951. Ende des Jahres 1951/Anfang des Jahres 1952 wurden 1320 solche Gruppen bei der evangelischen und 368 bei der katholischen Kirche gezählt. Viele Pfarrer überschritten bald den zugebilligten Rahmen und entwickelten Laienspielgruppen, verschiedene Arbeitsgemeinschaften, organisierten Wanderungen und Sportveranstaltungen, führten Ausspracheabende zu sehr weltlichen Themen durch. Ausgebildete Leiter – über die die FDJ nicht verfügte – und eine reichliche Ausstattung mit zweckdienlichem Material sorgten für Zuspruch. In manchen Dörfern und Schulen besuchten bald 50 bis 70% der Mädchen und Jungen die Zusammenkünfte. Mehr und mehr nahm die Tätigkeit der »Jungen Gemeinde«, angeleitet und instruiert von zentralen Instanzen um den durch seine Aktivitäten in der Nazizeit bekannten Bischof Dibelius, den Charakter einer Organisation an. Verschiedentlich wurde durch die Ausgabe von speziellen Ausweisen eine regelrechte Mitgliedschaft suggeriert. Immer stärker wurde eine Konfrontation mit der FDJ betont: Hier Religion und Glaube, dort Atheismus und Marxismus-Leninismus, hier Nächstenliebe und Verzeihung, dort Haß und Verfolgung, die in den »Argumentationen« der »Jugendkammer Ost« der evangelischen Kirche mit Sitz im Westberliner Zehlendorf angeleitet wurde. »Da man nicht zwei Herren dienen könne«, wurden viele Mädchen und Jungen vor die Alternative »Junge Gemeinde« oder FDJ gestellt.

Für den einheitlichen Jugendverband entstand Konkurrenz und die Gefahr der Spaltung. Wenn in schon erwähnten Dokumenten des Zentralrats nach der II. Parteikonferenz der SED zum »Kampf gegen die Spalter der Einheit der Jugend« aufgerufen wurde, so war das die Kampfansage an die »Junge Gemeinde«. Konkret bedient wurde diese erstmals in einem ganzseitigen Artikel der »Jungen Welt« vom 3. August 1952. Nun verschärfte sich die politische Gangart. Definiert wurde die »Junge Gemeinde« als »Instrument des amerikanischen und westdeutschen Geheimdienstes«, in dessen Auftrag und gemäß der von ihnen erteilten Aufträge sie »Zersetzungs- und Spaltungsarbeit« leistete. Die Zeit der stabsmäßigen Leitung des Kampfes gegen sie war gekommen. Ausgearbeitet wurde eine Beschlußvorlage für das Politbüro der SED und zur Koordinierung der Durchführung der getroffenen Entscheidungen eine Kommission unter Leitung Erich Honeckers gebildet.

Auf die umfangreichen Maßnahmen, die politisch-ideologisch sowie administrativ auf die »Einstellung jeglicher Tätigkeit und zur völligen Liquidierung dieser illegalen Organisation« gerichtet waren, wurden die Mitglieder des Zentralrats auf ihrer 3. Tagung im Dezember 1952 eingestimmt und in einer anschließenden Beratung der 1. Bezirkssekretäre regelrecht scharf gemacht. Den Rahmen dafür gab eine Würdigung des Geburtstags Stalins und die Schilderung der vom XIX. Parteitag der KPdSU gewonnenen Eindrücke durch Erich Honecker. Das sollte die richtige Kampfstimmung schaffen zum Verbieten. Zerschlagen der »Tarnorganisation für Kriegshetze, Sabotage und Spionage, die von westdeutschen und amerikanischen imperialistischen Kräften dirigiert wird«, wie es im Beschluß des Politbüros der SED vom 27. Januar 1953 heißt.

Der Part, den dabei die FDJ ganz konkret zu spielen hatte, war die Säuberung der FDJ-Leitungen, besonders an den Ober- und Hochschulen von aktiven Anhängern der »Jungen Gemeinde«, der Ausschluß von solchen Jugendlichen aus der FDJ, was an den Oberschulen automatisch die Relegation von der Schule und damit keine Aussicht auf ein Studium an einer Hochschule oder Universität nach sich zog. Gerichtliche Schauprozesse gegen Mitglieder der »Jungen Gemeinde«, denen klar kriegshetzerische sowie Agenten- und Sabotagetätigkeit nachgewiesen wurde, sollten propagandistisch ausgeschlachtet sowie die Unterstützung bei der Entfernung von Oberschullehrern, die die »Junge Gemeinde« fördern, gegeben werden.

Ich trat dazu in einer FDJ-Versammlung der Oberschule I in Gera-Stadt auf. Meine Argumentation stieß auf eine Wand des Schweigens, eine Front eisigen, wortlosen Widerstands. Keines der namentlich genannten Mitglieder wurde ausgeschlossen. Zurückweichen war nicht gestattet, also blieb nur der administrative Weg. Die FDJ-Leitung konnte dazu bewegt werden, die Ausschlüsse zu beschließen, das Folgende »regelte« der Direktor.

Offensichtlich schien nicht nur ich erfolglos zu agieren, denn Erich Honecker nahm die Trauersitzung des Zentralrats zum Ableben J. W. Stalins zum Anlaß, die Bezirke hart zu kritisieren. In der gesamten DDR kam es zu 832 Ausschlüssen aus der FDJ mit Relegation von der Oberschule. Für den Zentralrat zu wenig, politisch 832 zuviel.

Die Sache endete abrupt und mit einer Niederlage der FDJ. Auf Druck des Präsidiums der KPdSU, welches den gesamten Sozialismuskurs der SED abbremste, mußten alle gegen die »Junge Gemeinde« durchgeführten Maßnahmen zurückgenommen werden. Das Sekretariat des Zentralrats der FDJ vermerkte im Protokoll seiner Sitzung vom 10. Juni 1953, daß »die Überprüfung der Maßnahmen zur Jungen Gemeinde«

ergeben hat, daß die bisherige Haltung ihr gegenüber sich »als nicht richtig erwiesen habe, da sie die Entwicklung einer breiten patriotischen Bewegung erschwert und die Jugend in Gewissenskonflikte stürzte«. Ein Gespräch mir Vertretern der Kirchenleitung fand statt, die ausgeschlossenen Oberschüler konnten zurückkehren, die Entlassung oder Versetzung von Lehrern wurde aufgehoben u. a. m. Eine Befriedung der Beziehungen zwischen FDJ und Kirche bedeutete das allerdings in der Jugendarbeit nicht, denn bald versuchten Partei und Jugendverband, mit anderen Mitteln das gleiche Ziel zu erreichen. Die FDJ-Funktionäre, die an der Basis für die Verwirklichung der zentralen Direktiven eingetreten waren, sich gegen bedeutende Teile der eigenen Mitglieder und der Jugend gestellt hatten, waren die Blamierten und gerieten noch mehr in die Isolierung. Nicht wenigen verging die Lust, und sie zogen sich aus der politischen Arbeit zurück.

POLITISCHE LEITSÄTZE AUS DEM BESCHLUSS DES ZK DER SED VOM 26. JULI 1953
»DER NEUE KURS UND DIE AUFGABEN DER PARTEI«

Getragen von der hohen Verantwortung für die beschleunigte Herstellung der Einheit Deutschlands, für die Erhaltung des Friedens in Europa und für das Wohlergehen der Bevölkerung der Deutschen Demokratischen Republik, hat die Sozialistische Einheitspartei Deutschlands in den Beschlüssen des Politbüros vom 9. Juni und des Zentralkomitees vom 21. Juni 1953 eine Änderung des politischen Kurses in der Deutschen Demokratischen Republik vorgeschlagen, die von der Regierung angenommen wurde und zu den Beschlüssen des Ministerrats vom 11. Juni und der folgenden Zeit führte.

Das Wesen des neuen Kurses besteht darin, in der nächsten Zeit eine ernsthafte Verbesserung der wirtschaftlichen Lage und der politischen Verhältnisse in der Deutschen Demokratischen Republik zu erreichen und auf dieser Grundlage die Lebenshaltung der Arbeiterklasse und aller Werktätigen bedeutend zu heben. Durch die Steigerung der Erzeugung der Nahrungs- und Genußmittelindustrie und der Leichtindustrie auf Kosten der Schwerindustrie; durch die Entfaltung der Initiative des privaten Handels und der Privatindustrie sowie durch die Förderung der bäuerlichen Wirtschaften soll eine Verbesserung der materiellen Lage der Bevölkerung erzielt werden. Das gesamte öffentliche Leben soll weiter demokratisiert und gleichzeitig der Verkehr der Deutschen von Ost und West erleichtert werden. Diese Maßnahmen verfolgen zugleich das große nationale Ziel, die Kräfte des Friedens zu stärken und die Wiedervereinigung Deutschlands voranzubringen.

Die faschistische Provokation am 17. Juni

Die Verkündung und Durchführung des neuen Kurses hat die Kriegstreiber und Feinde der deutschen Einheit in Verwirrung gebracht und in Wut versetzt. Sie erkannten die große Gefahr, die der neue Kurs für die Verwirklichung ihrer verbrecherischen Kriegspläne, für die Verwirklichung des Generalkriegsvertrages bedeutet, und beschlossen deshalb, den von langer Hand vorbereiteten Tag X beschleunigt festzusetzen, um die Durchführung des neuen Kurses zu stören.

Die Politik der Partei, ihre Erfolge und ihre Fehler

Die Partei hat die in der Vergangenheit begangenen Fehler erkannt, anerkannt und offen ausgesprochen, um allen das Wesen des neuen Kurses verständlich zu machen und seine Durchführung zu erleichtern. Dabei war sich die Parteiführung bewußt, daß durch das offenmütige Bekennen der Fehler Schwierigkeiten entstehen konnten. Dennoch entschloß sie sich für diesen Weg und veröffentlichte das Kommunique vom 9. Juni, um den neuen Kurs weithin sichtbar zu machen.

Die freimütige Anerkennung der begangenen Fehler vor den breitesten Massen wurde von den Feinden ausgenutzt, um die Partei zu diskreditieren und lügnerisch zu behaupten, die ganze Politik der Partei sei falsch gewesen. Auch diese Behauptung diente dem Zwecke, die Partei von dem neuen Kurs abzubringen. Die Partei ließ und läßt sich jedoch durch keinerlei Verleumdung beirren und von dem Weg abdrängen, den sie als geschichtlich richtig und notwendig erkannt hat.

Chronik der Ereignisse in den Jahren 1952/53

1952

13. Februar: Der Ministerrat der DDR ersucht die vier Großmächte, beschleunigt einen Friedensvertrag mit Deutschland abzuschließen. Die Bundesregierung wird aufgefordert, diese Initiative zu unterstützen.

20.-25. Februar: Auf der NATO-Ratstagung in Lissabon wird Einigung über die militärische Sollstärke der EVG-Kontingente erzielt. Westdeutschland stellt 14 aktive Divisionen (Lissaboner Vereinbarung).

10. März: Die Regierung der UdSSR überreicht den Westmächten einen Entwurf über die Grundlagen eines Friedensvertrages mit Deutschland. Sie schlägt vor: Wiederherstellung Deutschlands als einheitlicher Staat, Abzug aller Besatzungstruppen binnen Jahresfrist nach Inkrafttreten des Vertrages, keine Beteiligung Deutschlands an Militärbündnissen, Aufstellung begrenzter nationaler Streitkräfte, keinerlei Beschränkungen der nationalen Friedenswirtschaft, Festlegung der deutschen Grenzen entsprechend dem Potsdamer Abkommen (1. Stalin-Note).

13. März: Westmächte und Bundesregierung lehnen den Vorschlag ab. Besatzungsmächte: Zuerst gesamtdeutsche Wahlen. Bundesregierung: Hallstein fordert Integration Europas bis zum Ural. Adenauer: Ziel seiner Politik ist die »Neuordnung in Osteuropa«.

1. April: Beginn der Besprechungen Stalins mit der SED-Führung über die Folgen der Ablehnung. Die Bewaffnung der DDR und die Entwicklung der Volksarmee wird festgelegt.

7. April: Fortsetzung der Gespräche. Stalin stimmt Entwicklung zum Sozialismus zu. Sie soll langsam und schrittweise und ohne programmatische Ankündigungen erfolgen.

9. April: Sowjetunion schlägt gesamtdeutsche Wahlen unter Kontrolle einer Kommission der Besatzungsmächte vor. Auch diese Note wird abgelehnt (2. Stalin-Note).

26. Mai: Adenauer und die Außenminister der drei Westmächte unterzeichnen in Bonn den »Vertrag über die Beziehungen der Bundesrepublik und den drei Westmächten« (Generalvertrag). Inhalt: Aufhebung des Besatzungsstatuts, beschränkte Souveränitätsrechte. Durch ein Junktim gekoppelt mit

27. Mai: Vertrag über die EVG, unterzeichnet in Paris. Inhalt: Bildung

einer westeuropäischen Armee unter Beteiligung des westdeutschen Kontingents. Nach der Wiedervereinigung soll das ganze Deutschland einbezogen werden.

26. Mai: Ministerrat der DDR beschließt Maßnahmen zum Schutze der DDR. Entlang der Westgrenze und an der Ostseeküste wird eine Sperrzone errichtet.

9.-12. Juli: 2. Parteikonferenz der SED. Beschluß über die planmäßige Errichtung der Grundlagen des Sozialismus. Festigung des Staatsapparates als Hauptinstrument. Führende Rolle der Arbeiterklasse. Aufstellung bewaffneter Streitkräfte. Die führenden Gremien der CDU, LDPD, NDPD und DBD begrüßen den Beschluß der 2. Parteikonferenz.

23. Juli: Beschluß der Volkskammer über die Neugliederung des Verwaltungsaufbaus der DDR.

1953

15. Januar: Außenminister Dertinger (CDU) wird wegen Spionagetätigkeit verhaftet und in einem Prozeß (Juni 1954) zu 15 Jahren Zuchthaus verurteilt.

Februar/März: Verschiedene Prozesse gegen Agenten des amerikanischen Geheimdienstes und Sabotagetätigkeiten in Volkseigenen Betrieben.

5. März: Josef Wissarionowitsch Stalin verstorben.

Frühjahr: Ernste Versorgungsschwierigkeiten in der DDR. Eine Bitte um Unterstützung wird von der Sowjetunion abgelehnt.

März/April: Verschiedene Maßnahmen führen zur Verschlechterung der Lebensverhältnisse, was sich besonders auf Arbeiter und Bauern auswirkt. Mittelstand und Intelligenz werden Steuern auferlegt und Vergünstigungen entzogen. Preiserhöhungen für Fleisch, Zuckerwaren, Arbeiter- und Schülerrückfahrkarten, Entzug der Lebensmittelkarten für Selbständige. Repressalien gegen Säumige bei der Pflichtablieferung und Steuerschuldner. Die Zahl der Republikflüchtigen wächst, darunter viele Jugendliche.

April/Mai: Verstärkte Diskussionen gegen die Erhöhung der Arbeitsnormen. Erste Streiks, noch begrenzt, wachsende Unruhe in den Betrieben.

14. Mai: Beschluß der 13. Tagung des ZK der SED: Erhöhung der Normen bis 1. Juni um 10 Prozent.

28. Mai: Entsprechender Beschluß des Ministerrats. Administrative Durchsetzung bis 30. Juni durch die Betriebsleitungen.

Ende Mai: Analyse der Lage in der DDR durch das Präsidium des ZK der KPdSU: Beschluß über »Maßnahmen zur Gesundung der politischen Lage in der DDR«. In der Diskussion fordert Berija den Verzicht auf den Aufbau des Sozialismus in der DDR. Seine Agenten beginnen, die Lage in Deutschland zu verschärfen.

2./4. Juni: Grotewohl und Ulbricht nehmen Kritik entgegen.

Anfang Juni Erregte Diskussionen im Politbüro der SED über die Ursachen der Fehlentwicklungen. Scharfe Kritik am Leitungsstil Walter Ulbrichts. Formierung der Gruppe Herrnstadt/Zaisser.

9. Juni: Veröffentlichung des »Neuen Kurses« durch das Politbüro der SED. Eingeständnis begangener Fehler.

11. Juni: Rücknahme der Verordnungen, die zum Unwillen der Bevölkerung geführt haben. Verbesserungen werden verkündet.

16. Juni: Große Bauarbeiter-Demonstration in Berlin. In die ökonomischen Forderungen mischen sich nun, vom Westen hereingetragen, verstärkt politische Forderungen: Rücktritt der Regierung u. ä.

17. Juni: Ausbreitung der Unruhen auf die Industriezentren der DDR. Eingreifen der Sowjetarmee auf Anweisung der Moskauer Regierung, Verhängung des Kriegsrechts.

26. Juni: Verhaftung Berijas durch Marschall Schukow im Präsidium der KPdSU. Nach Abschluß der Untersuchungen durch ein Sondergericht am 23.12. als imperialistischer Agent und Feind des Volkes zum Tode durch Erschießen verurteilt.

Mitte Juli: Zweite Streikwelle in Mitteldeutschland mit dem Ziel, einen Generalstreik auszulösen. Bricht in sich zusammen.

26. Juli: 15. Plenum des ZK der SED: Formulierung der Politik des »Neuen Kurses«. Zerschlagung der Herrnstadt-Zaisser-Gruppe, den Anhängern Berijas.

22. August: Regierungsverhandlungen DDR-UdSSR in Moskau, Beendigung der Reparationszahlungen.

1. Oktober: Aufnahme diplomatischer Beziehungen zwischen UdSSR und DDR.

Ergänzende Literatur

Hans Georg Lehmann, Deutschland-Chronik, Bonn 1996
Matthias Judt, DDR-Geschichte in Dokumenten, Berlin 1998
Werden und Wachsen, Berlin 1974
Christoph Kleßmann, Die doppelte Staatsgründung, Bonn 1991
Geschichte der SED, Berlin 1978
Der neue Kurs und die Aufgaben der Partei, Berlin 1953
Das Herrnstadt-Dokument, Reinbek 1990
Wilfried Loth, Stalins ungeliebtes Kind, Berlin 1994
Einblicke, 50 Jahre EKO Stahl, Eisenhüttenstadt 2000
Kreisvorstand der PDS Gera, Der 17. Juni 1953 in Gera, 1993
Der Fall Berija, Protokoll des Plenums des ZK der KPdSU Juli 1953,
    Berlin 1999
Robert Havemann, Fragen, Antworten, Fragen, Berlin 1990
Fritz Selbmann, Acht Jahre und ein Tag, Berlin 1999
Stefan Heym, Im Kopf sauber, Leipzig 1954
Stefan Heym, 5 Tage im Juni, München 1974
Wolfgang Leonhardt, Die Revolution entläßt ihre Kinder, Köln 2001
Spurensicherung, Zeitzeugen zum 17. Juni 1953, Schkeuditz 1999
Karl Schirdewan, Aufstand gegen Ulbricht, Berlin 1995
Hermann Weber, Kleine Geschichte der DDR, Köln 1988
Harald Neubert (Hg.), Stalin wollte ein anderes Europa, Berlin 2003

Personeregister

ISBN 3-360-01042-6

© 2003 edition ost im Verlag Das Neue Berlin
Rosa-Luxemburg-Straße 39, 10178 Berlin
Alle Nachdrucke sowie Verwertung in Film, Funk
und Fernsehen und auf jeder Art von Bild-, Wort-
und Tonträgern sind honorar- und genehmigungspflichtig.
Alle Rechte vorbehalten.
Titel: Peperoni Werbeagentur, Berlin
Foto: Archiv edition ost
Printed in Germany

Die Bücher der edition ost und des Verlags Das Neue Berlin
erscheinen in der Eulenspiegel Verlagsgruppe.

www.edition-ost.de